PRÓSPEROS

Copyright © 2021 by Michele Borba

Licença exclusiva para publicação em português brasileiro cedida à nVersos Editora. Todos os direitos reservados. Publicado originalmente na língua inglesa sob o título: *Thrivers: The Surprising Reasons Why Some Kids Struggle and Others Shine*. Publicado pela editora © Penguin Random House LLC.

Diretor Editorial e de Arte: Julio César Batista

Produção Editorial: Carlos Renato

Capa: Elle Fortunato

Editoração Eletrônica: Juliana Siberi

Preparação: Rafaella A. de Vasconcellos

Revisão: Elisete Capellossa

Dados Internacionais de Catalogação na Publicação (CIP)
(Câmara Brasileira do Livro, SP, Brasil)

Borba, Michele

Prósperos: motivos surpreendentes pelos quais algumas crianças lutam e outras brilham / Michele Borba; tradução Soraya Borges de Freitas.

1. ed. - São Paulo: nVersos Editora, 2024.

Título original: Thrivers: the surprising reasons why some kids struggle and others shine.

ISBN 978-85-54862-66-4

1. Autoconfiança em crianças 2. Curiosidade infantil 3. Empatia nas crianças 4. Integridade 5. Otimismo nas crianças 6. Perseverança

(Psicologia) I. Título.

24-213812   CDD-155.418

Índices para catálogo sistemático:

1. Crianças : Desenvolvimento afetivo : Psicologia infantil 155.418

Aline Graziele Benitez - Bibliotecária - CRB-1/3129

Todos os direitos reservados. Nenhuma parte deste livro pode ser reproduzida ou usada de qualquer forma ou por qualquer meio, eletrônico ou mecânico, inclusive fotocópias, gravações ou sistema de armazenamento em banco de dados, sem permissão por escrito, exceto nos casos de trechos curtos citados em resenhas críticas ou artigos de revistas.

1ª edição – 2024

Impresso no Brasil – *Printed in Brazil*

nVersos Editora

Rua Cabo Eduardo Alegre, 36 – cep: 01257060 – São Paulo – SP

Tel.: 11 3995 - 5617

www.nversos.com.br

nversos@nversos.com.br

MICHELE BORBA, ED. D

PRÓSPEROS

Motivos surpreendentes pelos quais
algumas crianças lutam e outras brilham

Tradução de
Soraya Borges de Freitas

nVersos

Nota ao leitor:

Todas as citações neste livro são de entrevistas por telefone ou presenciais reais com adolescentes, pais e educadores. As histórias baseiam-se em casos de crianças, adolescentes e suas famílias e educadores que eu conheci e com quem trabalhei nos últimos anos. Algumas histórias são casos mistos de crianças que tratei ou entrevistei. Todos os nomes e algumas características que as identificam foram alteradas para proteger a privacidade dos indivíduos envolvidos. Todos os exemplos de colégios e centros terapêuticos foram reunidos a partir das minhas observações reais. As exceções são as crianças e adolescentes entrevistados em jornais ou mencionados em livros como exemplos de crianças que exibem as sete Forças de Caráter dos Prósperos. A estruturação do livro nas três partes "Coração, Mente e Vontade" baseia-se no trabalho antigo dos filósofos gregos e de Aristóteles, que escreveu: "Educar a mente sem educar o coração não é educação." Concordo plenamente.

*Com amor para Charlie,
que adora beisebol, cestas de basquete,
futebol americano, balões e Daniel Tiger.*

*E para a nossa nova Hazel: mal podemos esperar para descobrir
quem você é e do que gosta!
Que vocês dois prosperem!*

Sumário

Introdução: Aos trancos e barrancos: estamos criando uma geração de Esforçados, não de Prósperos, 13

PARTE 1 – CORAÇÃO NUTRIDO

Capítulo 1 Autoconfiança
Prósperos concentram-se em "quem", não em "o quê", 35

Capítulo 2 Empatia
Prósperos pensam em "nós", não em "mim", 67

PARTE 2 – MENTE EM DESENVOLVIMENTO

Capítulo 3 Autocontrole
Prósperos podem pensar bem e frear seus impulsos, 99

Capítulo 4 Integridade
Prósperos têm um forte código moral e o cumprem, 127

Capítulo 5 Curiosidade
Prósperos pensam fora da caixa, 147

PARTE 3 – CULTIVO DA VONTADE

Capítulo 6 Perseverança
Prósperos terminam o que
começam e não precisam de estrelas douradas, 177

Capítulo 7 Otimismo
Prósperos veem o lado positivo, 201

Epílogo, 229

Agradecimentos, 235

Notas, 237

Índice remissivo, 273

Guia para discussão do livro, 281

Como entrar em contato com a Dra. Michele Borba, 287

"Caráter é destino."
Heráclito, 535-475 a.C.
Atenas, Grécia

Introdução

Aos trancos e barrancos:
Estamos criando uma geração de Esforçados,
não de Prósperos

"É, tipo, como se a gente estivesse sendo produzido para fazer prova. Estamos perdendo as peças necessárias para sermos pessoas."
– Aaron, 12 anos, Los Angeles

Nossas crianças estão em apuros. Esse simples e terrível fato chegou até mim em casa quando falei pelo telefone com Eva, uma adolescente de 16 anos, às sete horas de uma noite de domingo. Ela parecia estressada, e eu perguntei se haveria um momento mais apropriado para conversarmos.

"Não, minha agenda está sempre lotada", ela disse, "e eu adoraria conversar sobre como tem sido ser uma adolescente hoje em dia."

Eva não se parece com uma adolescente com a qual a maioria de nós se preocuparia. Ela vive em uma área nobre perto de Newport Beach e frequenta uma escola particular bacana. Tem noção de seu privilégio. Seu sonho é ser aceita em uma faculdade de primeira linha com uma equipe de natação feminina da primeira divisão; UCLA e a Universidade do Texas são suas opções.

Então Eva acorda às quatro da manhã todos os dias da semana para o seu treino de natação particular às cinco da manhã e depois vai para a escola. Ela é uma excelente aluna com média ponderada de 4.3 e faz quatro aulas avançadas, além de aulas de nível intermediário de Francês III e Física. Depois da escola há ainda mais duas horas de treino de natação com o time; uma vez por semana cuida do jornal da escola e do grêmio estudantil. Chega em casa às 6:30 da noite, tem um jantar rápido em família e então mais três a quatro horas de lição de casa e 30 minutos de simulado para o SAT.

"Consegui 1.450 pontos da última vez e preciso conseguir pelo menos mais 100 para ter alguma chance de entrar nas minhas faculdades dos sonhos", explicou. Ela acaba indo para a cama à meia-noite.

Fiquei cansada só de ouvir. Eva tem uma média de cinco horas de sono por noite (o recomendado são de oito a dez horas, mas apenas 15% dos adolescentes chegam perto disso), de modo que ela está em privação do sono.

"O que você faz para se divertir?", pergunto.

"Eu tô moída na maior parte do tempo, então tento manter contato com meus amigos pelas redes sociais", ela ri. "Sei que tenho sorte de frequentar uma ótima escola e que meus pais me amam, mas eu me preocupo em desapontá-los se não entrar em Stanford – pois é para lá que eles querem que eu vá." E a adolescente admitiu que ela não era a única.

"Todos os meus amigos estão estressados e sobrecarregados. Estamos muito esgotados."

Bem-vindo à geração "aos trancos e barrancos". O grupo etário de Eva (a chamada Geração Z, daqueles nascidos a partir dos anos de 1990) é esperto e muito amado. Eles são mais inclusivos e têm a mente aberta[1]. ("Somos a primeira geração a ter bonecos que podem ser meninos, meninas, qualquer um ou os dois", Eva destaca. "Isso deve ser bom, certo?") Todos são bem-educados com grandes aspirações para a faculdade e seu futuro.

Mas eles também são menos felizes e mais estressados, solitários, depressivos e suicidas quando comparados com qualquer geração anterior – e essas descrições foram identificadas *antes* da pandemia de covid-19 e de toda a ansiedade que resultou dela.

Todos os meses eu ligava para saber como Eva estava, até que um dia fiquei surpresa por sua mãe responder. Pelo som da sua voz, dava para saber que algo estava errado. Por meio de lágrimas, ela explicou que sua filha estava no hospital sofrendo de depressão severa.

"Eu não percebi o quanto ela se sentia triste e sobrecarregada", chorava a mãe. "Eu achava que tinha dado tudo o que ela precisava para ser feliz e prosperar, mas eu estava muito errada. Eu não a ajudei a se divertir."

Eu ouço tantas histórias tristes semelhantes dos pais, mas sempre quando eles percebem que suas crianças não estão passando bem. Por que essas crianças lutam desse jeito, quando elas parecem ter tanto? Por que essa geração pode até se esforçar, mas não consegue prosperar? Eu resolvi ir mais fundo.

A GERAÇÃO DOS ESFORÇADOS

"Estamos prontos para a faculdade e a carreira, mas não estamos prontos para sermos 'seres humanos'."
– Erin, 16, Greer, Carolina do Sul

Alguns dias depois, eu estava do outro lado do país em uma escola de Ensino Fundamental de classe média em Boston. O segurança me acompanhou até a biblioteca, onde 12 alunos do Ensino Fundamental me aguardavam para compartilhar suas visões de como é ser uma criança hoje em dia. Todos foram escolhidos pelo orientador com base nos meus critérios: alunos diversos e articulados, com uma "tendência à cena social". Esse era meu vigésimo quinto grupo de foco estudantil, então eu fazia ideia do que esperar, mas ainda estava interessada em ver o que eles iam me dizer. Essa é uma geração singular que enfrentou uma pandemia, tiroteios em escolas, terrorismo e desastres naturais, além de uma pressão intensa para serem prósperos como nenhum outro grupo do passado.

"Me contem sobre sua geração", pedi.

Analisei os alunos na minha frente. Vi o mesmo de sempre: um grupo de crianças atentas, sinceras e claramente impressionadas com o fato de alguém querer ouvir suas opiniões.

Uma garota loira de 12 anos chamada Amelia foi a primeira a falar. "Nós somos com certeza a geração mais estressada, e só piora." O grupo concordou. (Eu ainda estou para ouvir uma criança discordar.)

"Seus pais sabem o quanto vocês estão estressados?" Cada uma das crianças negou com a cabeça.

"Nós escondemos a nossa ansiedade", explicou um menino de cabelo castanho usando uma camiseta da Nike. "Nem adianta contar para os nossos pais porque eles não entendem o que é ser uma criança."

Então eu pedi para esses adolescentes de 11, 12 e 13 anos descreverem seu grupo etário. Foi ouvindo seus comentários que eu sabia que estava na hora de alterar nossa rota parental.

"Todos os amigos que eu conheço dizem que se sentem estressados."

"Estamos solitários porque ficamos muito imersos nas redes sociais e perdemos a conexão cara a cara."

"Nossa geração sempre se concentra em tentar fazer tudo tão perfeitinho que estamos esgotados."

"Somos sempre comparados um com o outro, por isso nunca nos sentimos bons o bastante."

"Estamos sempre estressados com medo de fracassar, porque nossas notas importam demais."

"Nossas vidas estão corridas, mas somos seres sociais sem tempo para os amigos e solitários."

"Somos forçados a crescer rápido demais e precisamos de mais tempo para sermos crianças e termos amigos."

"Não sentimos paixão porque somos forçados a fazer tudo e não sabemos quem somos."

"Nossa geração teve simulações de confinamento desde o Jardim de Infância. Elas nos afetam depois de um tempo. E daí nós ficamos em quarentena por causa do lance com o coronavírus. É assustador!"

"Nós podemos parecer bem por fora, mas não estamos tão bem assim por dentro. Estamos meio perdidos."

Cada grupo de alunos com quem conversei – independentemente do código postal – compartilha descrições semelhantes. Essas são crianças muito amadas: cordiais, brilhantes, com oportunidades infinitas. Seus pais acham que têm tudo sob controle e que estão preparando seus filhos para o sucesso no futuro. Então por que eles estão tão mais infelizes do que as crianças no passado? Por que se esforçam tanto? Deixe que uma criança dê a melhor resposta.

Um quebra-cabeça de madeira inacabado está na mesa ao lado. A tampa da caixa mostrava crianças de diferentes países brincando juntas no mundo, mas faltavam peças. Um menino ruivo chamado Aiden ficou olhando para ele e, enfim, falou: "Esse quebra-cabeça nos representa: estamos tentando nos encaixar no mundo, mas não conseguimos, porque nos faltam algumas peças."

"Quais peças faltam?", perguntei.

"As peças sobre como ser uma pessoa, como nos darmos bem, como lidar com os erros, enfrentar o estresse, esse tipo de coisa – peças que constroem o seu caráter e o tornam humano. Mas estamos sendo criados para sermos produtos, então nós todos nos sentimos vazios."

E, de repente, o mistério do porquê de essa geração se sentir tão infeliz, desgastada, estressada e sozinha faz total sentido. Nós lhes dissemos que se eles se esforçarem por mais – mais curtidas, notas melhores, mais elogios – eles seriam felizes. Mas esses jovens Esforçados não estão felizes... e, além disso, não estão fazendo sucesso. Eles estão atrofiados, ansiosos e infelizes. Nós criamos uma geração de crianças que têm de tudo, mas nós nos esquecemos de dar a elas a coisa de que mais precisavam para ter sucesso: as qualidades mentais e morais que as tornam humanas.

O caráter é o que desenvolve a força interior, a autenticidade, a plenitude e ajuda a transformar as crianças que se esforçam pela próxima conquista, em jovens adultos com sucesso em um mundo acelerado e dinâmico. Quando as crianças não têm forças de caráter, tais como otimismo, curiosidade, empatia e perseverança, seu desenvolvimento fica incompleto. Elas não têm sucesso fora dos parâmetros tão minuciosamente definidos da escola e das aulas. Elas não estão prontas para o mundo incerto que as aguarda – um mundo que fica cada vez mais imprevisível a cada ano que passa. Em suma, elas acabam como pacotes lindamente embrulhados, mas sem os presentes dentro.

Não é tarde demais para colocar as peças que faltam no desenvolvimento dos nossos filhos, mas isso requer mudar nossa obsessão míope por pontos, notas e grandes currículos recheados para uma visão mais ampla do que eles precisarão para ter vidas significativas. No presente, nossos espertos, amados e eminentes candidatos de testes não conseguem começar sua vida e lidar com ela. O vazio de caráter em seu desenvolvimento enfraquece suas habilidades humanas e reduz seu potencial para o sucesso. O caráter é a peça ausente.

Mas há uma boa notícia: não é tarde demais. O caráter não é inato – você não nasce com ele. As forças de caráter podem ser ensinadas.

Na verdade, elas *devem* ser ensinadas.

Este livro mostra a pais, professores e outros educadores como introduzir essas peças ausentes no caráter para criar crianças fortes e resilientes com o pacote completo de coração, mente e disposição. Uma criança com caráter é o que eu chamo de Próspera – uma pessoa que está pronta e consegue se comprometer com o século XXI. Mas, primeiro, deixe-me dizer por que essa situação é tão terrível – e por qual motivo todos nós precisamos prestar atenção a ela.

POR QUE DEVERÍAMOS NOS PREOCUPAR?

"Há uma quantidade incrível de depressão e ansiedade. 70% dos meus amigos estão em terapia; 40% tomam remédio. Estamos sofrendo, mas ninguém faz nada até outra criança se suicidar."
– *Ava, 15 anos, Green Bay, Wisconsin*

Sou educadora educacional há mais de quatro décadas e trabalhei com centenas de pais, professores e crianças, sejam eles pobres ou privilegiados, por todos os Estados Unidos e em outros lugares do mundo. Vi tendências infantil e juvenil irem e virem, mas nunca fiquei mais preocupada com as crianças do que agora. A urgência em escrever este livro foi provocada por um *e-mail* de uma mãe desesperada buscando ajuda para sua comunidade suburbana:

> "Em dois anos e meio, 40 crianças se suicidaram em um raio de 32 quilômetros. A maioria é de meninos brancos, ricos e com alto nível de rendimento, que não usavam drogas, mas se enforcaram. Muitos se parecem com os seus e com os meus filhos. Os últimos sete casos foram de meninas – das de fogo."

Na semana seguinte, uma orientadora escolar entrou em contato comigo com um apelo semelhante:

> "Nossa comunidade está em crise, pois vivemos em um cinturão de suicídios e temos pouquíssimos terapeutas. Não sabemos a causa, mas há algo terrivelmente errado com nossas crianças."

A cada semana os educadores expressavam preocupações semelhantes.

> "Algo mudou nas crianças."

> "Elas parecem sobrecarregadas e ansiosas."

> "Elas estão sofrendo."

Eles também estavam preocupados com alunos mais jovens.

> "As crianças da terceira série também não conseguem se concentrar e se irritam com facilidade."

> "As crianças da primeira série têm dificuldade de lidar com a situação."

> "As crianças de cinco anos sentem medo de fracassar."

Um seminário em Palo Alto, na Califórnia, a 20 minutos de onde cresci, colocou a cena infantil em modo de crise. Voluntários entre os pais iniciaram um Programa de Vigilância depois de um número elevado de adolescentes se matarem nos trilhos de trem[2]. A taxa de suicídio entre crianças de dez anos nas duas escolas de alto desempenho é de quatro a cinco vezes maior do que a média nacional. Mas a epidemia de saúde mental não se restringe à Califórnia. Na última década, relatos de todo o país mostram que adolescentes e adultos estão mais deprimidos e sofrem com níveis mais elevados de distúrbios psicológicos do que seus antecessores[3].

Visite o banheiro da escola local e você encontrará números de telefone para prevenção do suicídio divulgados aos alunos.

Adolescentes confirmam que estão esgotados e preocupados com seu bem-estar e de seus colegas. Sara, uma brilhante ruiva de Austin, Texas, de 15 anos de idade, resumiu o que eu costumo ouvir: "A minha cabeça é o pior lugar em que eu posso estar, mas eu não conheço ninguém que se sinta bem com quem é. Não importa o quanto você trabalhe duro, nunca se sente boa o bastante."

Jack, um adolescente de Pittsburgh que disse que acabou de ter sido aceito em Yale, ainda se sente vazio. "No Ensino Médio, você não para de estudar, fazer provas, preencher inscrições e se preocupar. Eu nunca conseguia respirar."

Josh, um aluno secundarista de Wisconsin com dons musicais e uma média ponderada de 4.3, disse: "Nossos dias ficam tão abarrotados com escola, preparação para o SAT, estudos e atividades que eu nunca consigo fazer coisas para recarregar, como estar com meus amigos e tocar música. Estamos todos esgotados." Esgotados, e suas vidas estão apenas começando.

Eu queria poder contar a essas crianças uma coisa importante: As notas não importam.

Tá bom, talvez isso seja um pouco de exagero. As notas importam, é claro. Elas podem abrir as portas para a aprovação para uma bolsa de estudos, entrar em uma faculdade ou universidade e para uma oferta de emprego.

Mas ao afirmar que "notas não importam" eu quero dizer que elas não são mais um indicativo exato do sucesso, como foram até uma geração atrás – até mesmo porque a corrida por essas notas está mais acirrada do que nunca. Os processos de admissão atuais em faculdades tornaram-se desgastantes, frenéticos e, para falar a verdade, assustadores, mas, mesmo depois que os adolescentes recebem essas cobiçadas cartas de aceitação, não há alívio. Os sentimentos de ansiedade, solidão e vazio continuam, e até aumentam em muitos dos casos. O *New York Times* noticiou que, em 1985, 18% dos calouros de faculdades diziam se sentir "sufocados por tudo o que tinham de fazer". Em 2018, esse número elevou-se a 41%. Um a cada quatro estudantes universitários foi diagnosticado ou fez tratamento para alguma doença mental no ano anterior; um quinto de todos os alunos analisados cogitaram o suicídio[4], e as faculdades estão muito preocupadas.

Nós criamos uma geração de crianças que são realmente ótimas em alcançar o sucesso. Elas estão conseguindo, estudando e trabalhando duro. Também estão cheias de ansiedade e colocando uma pressão enorme sobre si. Elas são Esforçadas. Não importa o que fazem ou o quanto se esforçam, nunca se sentem "boas o bastante". E quando surgem os desafios, muitas vezes desistem por não terem a reserva interna e a prontidão que propiciam a força interior para aguentar.

Fiz uma palestra para 2.500 orientadores universitários e eles me confirmaram a existência de uma epidemia de problemas de saúde mental. Um orientador de Princeton me disse: "Os alunos são incrivelmente inteligentes, mas solitários. Falta alguma coisa." Um orientador de Harvard acrescentou: "É como se eles não tivessem alma." Um psicólogo de Stanford resumiu o que todos sentiam: "Eles estão vazios, e este é um comentário muito triste para a América." De fato.

Um terço dos alunos universitários abandona o curso no fim do primeiro ano. Os Estados Unidos agora têm a taxa mais elevada de abandono da faculdade no mundo industrial[5]. "Estresse, a incapacidade de lidar com expectativas e a parentalidade controladora, conhecida como helicóptero" são fatores citados como as causas principais[6].

Talvez o que nós deveríamos dizer às crianças não é que as notas não importam... mas que elas não são a *única* coisa que importa. Ensinar o contrário a elas é uma grande injustiça para as crianças.

TRANSFORMANDO ESFORÇADOS EM PRÓSPEROS

> *"Estamos crescendo em um ambiente muito competitivo e academicamente rigoroso, que provoca estresse e nos compara constantemente uns com os outros. Parece que somos criados para sermos números, não crianças. Estamos apenas esgotados."*
> *– Gabi, 17 anos, Chicago*

Ajudar as crianças a aprender a ter sucesso tem sido o trabalho da minha vida. Comecei minha carreira norte da Califórnia ensinando jovens em situação de risco. A maioria dos meus alunos vivia na pobreza, sofria abusos ou eram desafiados por dificuldades de aprendizado, emocionais ou físicas, e eu sempre me perguntei o que poderia fazer para ajudá-los a ter sucesso. Trabalhei no meu doutorado em Psicologia e Orientação Educacional, estudei resiliência e aprendi uma lição importante: *Prósperos são produzidos, não nascem assim.* As crianças claramente precisam de infâncias seguras, carinhosas e estruturadas, mas também precisam de autonomia, competência e atividades para florescer. Ter sucesso é um conjunto de habilidades adquiridas. Eu desenvolvi meios de ensinar essas habilidades aos meus alunos e descobri que elas melhoravam não só o desempenho acadêmico como também o comportamento, a confiança e o otimismo.

Nos anos seguintes ensinei as estratégias a educadores, psicólogos e orientadores em escolas, departamentos educacionais, centros de trauma, organizações, centros de acolhimento de menores, universidades e 18 bases do exército, e depois a centenas de pais em 48 estados dos Estados Unidos e 16 países. (Nunca vou me esquecer de um pai no Cairo que me agradeceu. "Eu sempre achei que a parentalidade fosse como ser um membro de uma cadeia alimentar na qual você basicamente mantinha seu filho nutrido e protegido. Eu não sabia que poderia realmente ajudá-lo a ser um ser humano bem-sucedido e capaz.") Reconheci que os atrasos no sucesso não se limitavam mais a populações de baixa renda ou com necessidades especiais. Hoje em dia, tanto crianças pobres como privilegiadas não conseguem ter sucesso, mas aquelas criadas em comunidades mais abastadas são especialmente propensas ao estresse agudo, à solidão, à depressão e ao sentimento de vazio.

Sunyia Luthar, uma professora de Psicologia da Arizona State University, descobriu que adolescentes estadunidenses de famílias da classe média alta são mais propensos a ter taxas elevadas de depressão, ansiedade e abuso de substâncias do que qualquer grupo socioeconômico de jovens[7]. "Os jovens privilegiados estão muito mais vulneráveis do que nas gerações anteriores", afirma Luthar. "A evidência aponta para uma única causa: a pressão por grandes conquistas"[8]. A garotada está achando impossível se adaptar às expectativas de sucesso irreais, e os adultos devem aceitar a culpa.

A raiz do problema do esgotamento e do estado deplorável da saúde mental das nossas crianças é nossa obsessão com o desenvolvimento das habilidades cognitivas delas porque nós supomos que essas habilidades e matérias que impulsionam o desempenho acadêmico são o santo graal para o sucesso. A parentalidade agora é um esforço desmedido para afinar o crescimento intelectual das crianças. Quanto mais coisas enfiamos nos cérebros das crianças, mais espertas elas ficam – ou assim achamos – e assim nossos papéis de criadores de crianças passaram de "pai" (um *substantivo*) a "exercer a parentalidade" (um *verbo*, uma *ação*). Desde o momento em que nossas crianças são pequenas, projetamos sua educação com a intensidade de um exército planejando uma batalha e nos afligimos a cada movimento. O prêmio cobiçado é a entrada em uma faculdade, e quanto mais prestigiosa a instituição, melhor. Tudo é uma oportunidade para aumentar o QI das crianças e estimular o desenvolvimento cognitivo, porque nós acreditamos que fazer isso melhora suas notas, sua pontuação, sua classificação e seus títulos. E como nós nos preocupamos!

Em Sherman Oaks, na Califórnia, as mães compartilhavam seus medos de uma pré-escola de alto nível não aceitar seus filhos *de dois anos de idade*. "A carreira educacional do meu filhinho vai acabar", uma delas exclamou. Um orientador de Boca Raton me disse que um pai tirou seu filho da escola na esperança de ele entrar em Harvard. "Você tem de começar cedo", o pai explicou. *A criança tinha cinco anos.*

Gus Knitt, o superintendente escolar de uma pequena comunidade em Wisconsin, me disse que os três últimos oradores de turma de Pardeeville afirmaram que suas memórias do colégio eram de estudar e fazer provas. (Os educadores agora estão alterando os dias da escola para liberar tempo de estudo para um aprendizado mais profundo, trabalhar em projetos e para uma conexão pessoal entre os alunos). Por onde quer que eu vá, pais e educadores me dizem que seus filhos estão esgotados. Dias alegres com brincadeiras improvisadas no tanque de areia, observando nuvens e empinando pipa são substituídos por sessões de estudo intensivo, tutoria e sessões para memorização de fichas. E, ao longo do caminho, nós estragamos a infância e deixamos nossos filhos se sentindo exauridos.

Os Prósperos sentem "temos tudo sob controle"; eles abordam o mundo em seus próprios termos porque sabem que podem controlar seu próprio destino. E assim eles continuam tentando, apesar dos desafios, e são mais propensos a se recuperar desses desafios e superar as adversidades com confiança. Os Esforçados podem ter esperanças e sonhos semelhantes, mas não têm a força interior e aquela mentalidade "eu consigo", de modo que, quando confrontados por obstáculos, não conseguem ter êxito. Mas o que torna essas crianças Prósperas ou Esforçadas? Nós agora sabemos essa resposta, e ela vem da ciência.

Nos últimos 50 anos, Emmy Werner, uma psicóloga da Universidade da Califórnia, em Davis, começou uma investigação pioneira de quatro décadas com centenas de crianças da ilha havaiana de Kauai. Quase um terço das crianças nasceu na pobreza ou enfrentava problemas, incluindo desarmonia familiar, doença mental dos pais e históricos familiares de abuso de substâncias. Werner esperava examinar o impacto de eventos estressantes no desenvolvimento da criança do nascimento aos 40 anos. Dois terços do grupo desenvolveram problemas graves, tais como: questões comportamentais, abuso de drogas e problemas de saúde mental. Mas alguma delas prosperou? As descobertas surpreenderam até Werner: uma a cada três dessas crianças desafiou as probabilidades e se tornou um adulto "competente, confiante e atencioso" e teve sucesso na escola e na vida, *apesar* da adversidade[9]. Outros psicólogos pioneiros estudaram crianças sem-teto, sujeitas a abuso, terrorismo, guerra e pobreza e ficaram maravilhados ao descobrirem que um número considerável superou o trauma[10]. Na verdade, muitas "tiveram resultados surpreendentemente bons, apesar das graves ameaças à adaptação ou ao desenvolvimento"[11]. Algumas pareciam até "resistentes ao estresse"[12]. Elas são Prósperas. Mas por quê?

Werner foi mais fundo e prestou mais atenção no *outro* terço: as crianças no grupo de alto risco que desafiaram e superaram as adversidades, *apesar* de seus apuros. Ela descobriu que, apesar de tipos consideravelmente diferentes de trauma, muitas crianças resilientes compartilhavam duas forças indiscutíveis: fortes laços com pelo menos um adulto incentivador e um conjunto de traços aprendidos que serviram como fatores protetivos em suas infâncias para ajudá-las a enfrentar o mundo em *seus próprios termos*[13]. As crianças não eram necessariamente talentosas, e elas não tinham pontuações tão impressionantes em provas, mas "usavam quaisquer habilidades que tinham com eficácia", Werner comentou. E, talvez, o mais importante: "Elas confiavam em si – não nos outros – para resolver seus problemas de forma que elas mesmas, e não suas circunstâncias, afetassem suas conquistas"[14].

A razão surpreendente pela qual algumas crianças se esforçam enquanto outras prosperam não é por causa de genes, médias ponderadas, pontuação do QI, esportes específicos, instrumentos, tipos escolares ou aulas de controle do estresse, mas sim por uma confiança em algumas Forças de Caráter que elas aprenderam ao longo do caminho para conduzir as próprias vidas em uma direção positiva. Esses traços e um defensor adulto atencioso servem para blindar as crianças do estresse para que elas possam continuar a ter sonhos com uma confiança calma, superar a adversidade e, enfim, triunfar. Melhor ainda, os traços podem ser promovidos e derivam de recursos e práticas comuns que podemos introduzir aos nossos filhos.

Aplicar a ciência da resiliência pode ajudar *todas* as crianças a terem sucesso; requer apenas uma troca de mentalidade. Em vez de usar intervenções e uma mentalidade de "consertar a criança", nós ensinamos a elas fatores protetivos para que elas possam manter a força em momentos incertos e desafiadores e se tornarem o seu melhor.

Este livro baseia-se na ideia de que as crianças estão estressadas, solitárias, sobrecarregadas e exauridas, porque estamos usando uma fórmula de desenvolvimento infantil equivocada e obsoleta que não estimula traços que as ajudem a florescer mental, moral e emocionalmente. Às vezes denominadas "habilidades não cognitivas", "traços de personalidade" ou "virtudes"[15]; eu as chamo de Forças de Caráter. Embora muitas vezes elas sejam banalizadas como "suaves e fofas", as qualidades de caráter são, segundo a ciência, igualmente importantes ao sucesso acadêmico e ao desempenho máximo, além de serem essenciais à resiliência e ao bem-estar mental.

As Forças de Caráter podem e devem ser ensinadas às nossas crianças. Fazer isso deterá a epidemia de esgotamento, servirá como proteção contra o estresse tóxico e a adversidade e ajudará a garotada a se ver como mais do que meras notas, mas como seres humanos que se esforçam para ser o seu melhor – em suma, Prósperos.

AS SETE FORÇAS DE CARÁTER ESSENCIAIS DOS PRÓSPEROS

> *"É tarde demais para consertar as coisas para os meus amigos, mas nós precisamos encontrar uma solução rápida antes que seja tarde demais para os garotos mais novos. Eles vão ficar piores porque já são pressionados demais, desde cedo."*
> – Sophia, 14 anos, Dallas

Na última década, eu analisei as pesquisas sobre traços da personalidade mais relacionados a melhorar as habilidades para o sucesso das crianças e identifiquei sete Forças de Caráter: autoconfiança, empatia, autocontrole, integridade, curiosidade, perseverança e otimismo. Incuti-las aumenta a obstinação mental, a competência social, a autoconsciência, a força moral e a agilidade emocional. Mas aprender essas forças também reduz a ansiedade e aumenta a resiliência, para que os jovens possam lidar com as adversidades, resolver problemas, dar a volta por cima, desenvolver relacionamentos saudáveis e aumentar a confiança – tudo de que eles precisam para levar vidas significativas e com sucesso.

A seleção de cada uma das sete Forças de Caráter baseou-se em seis critérios. Tais Forças:

1. Aumentam a resiliência das crianças, algo que foi comprovado por meio de pesquisas proeminentes.
2. Foram consideradas "essenciais" para o século XXI e para a disponibilidade mundial pela Rede de Informações Ocupacionais, a Pesquisa Pew, a Quarta Revolução Industrial e o Fórum Econômico Mundial.

3. Foram reconhecidas como forças universais que impulsionam a moral ou o caráter performativo.
4. Melhoram o desempenho na leitura e a aptidão acadêmica.
5. Podem ser ensinadas e não são fixadas ou baseadas em personalidade, QI ou renda.
6. Aumentam a saúde mental e o bem-estar.

Além disso, as crianças que eu entrevistei verificaram que os sete traços ajudaram a reduzir suas sensações de vazio. "Esses são os traços que nos ajudariam a sermos o nosso melhor na escola e na vida", disse um secundarista de San José. Temos trabalho a fazer: cada um dos sete traços também está em declínio na juventude americana.

A parte 1 mostra como ajudar seu filho a desenvolver forças para cultivar um coração afetuoso.

- **Autoconfiança**, para que ele reconheça suas forças, aceite suas fraquezas e possa aplicar esse conhecimento para ajudá-lo a encontrar o melhor caminho para o sucesso na vida;
- **Empatia**, para que ele consiga reconhecer e entender os seus sentimentos e necessidades, e os dos outros, e desenvolver relacionamentos saudáveis.

A parte dois trata de como ajudar seu filho a desenvolver as qualidades de uma mente forte.

- **O autocontrole** ajudará seu filho a aprender a pensar bem, controlar emoções fortes e insalubres, e a reduzir o estresse pessoal para que ele possa lidar com tudo que vier em seu caminho;
- **Integridade**, para que ele adote valores éticos que o ajudarão a desenvolver um código moral sólido e a guiar sua vida e relações com os outros;
- **A curiosidade** ajudará seu filho a se abrir às possibilidades, adquirir novas informações, fazer descobertas e incitar a criatividade de modo a inspirá-lo a seguir seus sonhos.

A parte três apresenta formas para ajudar seu filho a cultivar uma disposição determinada.

- **A perseverança** o encoraja a continuar quando tudo torna mais fácil desistir, e perceber que ele consegue lidar com os erros e aprender, com o fracasso, a triunfar em seus objetivos;

- **O otimismo** lhe dará as ferramentas para lidar com os desafios com uma perspectiva mais positiva, afastar a depressão, ter mais esperança em seu mundo e acreditar que a vida tem um sentido.

Embora cada força possa ser ensinada para as crianças desde o tanque de areia até o baile de formatura, a maioria delas nunca foi educada nos ensinamentos do caráter para enfrentarem uma enorme desvantagem na vida. *Prósperos* apresenta essas lições perdidas cruciais para as crianças terem sucesso.

O EFEITO MULTIPLICADOR

"Estamos esgotados por um trabalho duríssimo com objetivos quase impossíveis. Então não dormimos, não nos encontramos com amigos nem vemos a luz no fim do túnel. Por isso nos sentimos vazios."
– Ramon, 15 anos, Beverly Hills, Califórnia

Cada Força de Caráter melhora o potencial de sucesso de uma criança, bem como seu desempenho acadêmico, mas ela é sempre mais poderosa quando combinada com outra força por criar um efeito multiplicador. De fato, um motivo pelo qual os Prósperos estão mais habilitados a navegar pela vida é o uso de várias forças juntas.

A *Autoconfiança* com *Curiosidade* aumenta o autoconhecimento e desenvolve a autoafirmação e a criatividade.

O *Autocontrole* com *Perseverança* aumenta a chance de atingir um objetivo e alcançar o sucesso.

A *Empatia* com *Curiosidade* ajuda a encontrar um terreno comum e fortalece os relacionamentos.

O *Autocontrole* com *Integridade* freia as tentações para ajudá-lo a fazer o que é certo.

O *Otimismo* com *Perseverança* e *Curiosidade* aprofunda o aprendizado, aumenta a convicção e aperfeiçoa o fluxo.

A *Integridade* com *Curiosidade* e *Empatia* intensifica o propósito e pode iniciar um movimento social.

Juntar *qualquer* Força de Caráter com outra é uma estrada mais certa ao sucesso; coloque três traços juntos e você multiplicará as probabilidades de aumentar o potencial e o desempenho máximo. Mas há também um "fator de esgotamento": quando as Forças de Caráter *diminuem* no repertório de desenvolvimento da criança, suas probabilidades de sucesso diminuem e ela fica mais propensa a se sentir sobrecarregada, esgotada e vazia. É isso que está acontecendo com as crianças agora.

Acrescente doses pesadas e prolongadas de um estresse nocivo a qualquer traço e você terá um esgotamento. Maya, uma adolescente de 16 anos de Palo Alto, explicou perfeitamente: "Muito do esgotamento vem de trabalhar muito duro e ainda não ver qualquer resultado. Não importa o quanto você dê duro, ainda não há garantia de que entrará na faculdade, então você se pergunta: 'Pra que isso?' Você se sente sem propósito."

Toda a nossa energia foi para exercitar as habilidades cognitivas das crianças, negligenciando seu lado humano – a fonte da energia, da alegria, da inspiração e do sentido. A boa notícia é que focar no caráter pode mudar essa equação e ensinar aos seus filhos como encontrar felicidade, calma e admiração no mundo.

COMO USAR ESTE LIVRO

"Nada do que eu faço é o suficiente. Eu sempre tenho de fazer cada vez mais para satisfazer meus pais."
– Caden, 14 anos, Houston

A epidemia de Esforçados infelizes é real, mas pode ser curada. Este livro apresenta soluções para nos colocar de volta nos trilhos para criarmos crianças fortes, atenciosas, resilientes e prósperas. Cada capítulo está repleto de estratégias sustentadas por evidências e habilidades que você pode ensinar com facilidade ao seu filho, desde a pré-escola até o Ensino Médio. Eu também compartilharei as últimas descobertas científicas dos melhores neurocientistas, psicólogos, atletas olímpicos, acadêmicos do MIT, bem como grupos de elite da Marinha. Além disso, o tempo todo eu apresentarei histórias de crianças reais que enfrentaram obstáculos enormes, tais como: racismo, déficits de atenção, abuso e desafios físicos, mas tiveram sucesso porque seus pais as ajudaram a desenvolver essas forças. Você também encontrará listas de livros para várias idades e dúzias de formas fáceis de aumentar a força como parte de suas rotinas cotidianas.

O objetivo final é ajudar seu filho a adotar cada Força de Caráter como um hábito vitalício para aperfeiçoar seu potencial e ter sucesso. Cada traço também é composto de três habilidades e algumas capacidades a serem ensinadas que reduzem o esgotamento, aumentam o sucesso e estimulam a autossuficiência. Então, foque em uma habilidade por mês e pratique-a com seu filho – ou, ainda melhor, entre os membros da família – alguns minutos por dia até que ele consiga usá-la sem lembretes. Quando você não mais persuade, induz ou lembra, significa que seu filho internalizou a lição e pode usá-la sozinho em qualquer lugar e a qualquer momento.

Ao longo dos anos eu observei lições brilhantes sobre caráter e percebi que os melhores professores nunca usavam folhas de atividades ou aulas expositivas, mas as "entrelaçavam" em suas lições. Eu nunca vou me esquecer de um professor de Fresno. Ele leu a fábula "Os Três Porquinhos" e então dividiu seus alunos da quinta série em grupos para discutir o que eles aprenderam sobre caráter com os porquinhos.

"Os primeiros dois porquinhos foram preguiçosos, então o Lobo Mau logo colocou abaixo suas casas de palha e de varetas", notou um menino.

"Sim, eles precisavam de perseverança como o terceiro porquinho", acrescentou uma garota ruiva.

"Mas o terceiro porquinho também foi otimista e usou sua criatividade para descobrir qual fundação resistiria ao lobo", disse uma criança com sardas.

"Não se esqueça da integridade e da empatia do terceiro porquinho", interrompeu um menino loiro. Seu comentário surpreendeu os membros do seu grupo.

"Empatia?", eles perguntaram.

"Sim, empatia", ele disse. "Esse terceiro porquinho sabia que seus irmãos tinham pouco autocontrole e não quiseram demorar para construir casas fortes. Quando suas casas ruíram, não os deixou no frio, ele os abrigou na casa dele."

"Uau", outra garota comentou, "esse terceiro porquinho tinha mesmo Forças de Caráter muito boas". E todos os seus colegas balançaram a cabeça, concordando.

Olhei para o professor e nós sorrimos. Nem tutores caros, nem fichas ou aulas expositivas foram usados para ajudar os alunos a compreender a importância das Forças de Caráter; apenas contar de novo uma velha fábula ouvida inúmeras vezes.

As Forças de Caráter Essenciais que ajudam as crianças a terem sucesso podem ser ensinadas aos nossos filhos, mas as melhores lições são sempre naturais e incluídas nas nossas vidas cotidianas. Um bate-papo ou livro lido sobre uma Força de Caráter nunca é eficaz. Em vez disso, encontre formas significativas para cultivar os sete traços do Sucesso: aponte-os, exemplifique-os, discuta e os priorize até suas crianças adotá-los como uma parte indelével de sua constituição.

Para prosperar em um mundo movido pela tecnologia, baseado no medo, com mudanças rápidas, como é o do século XXI, as crianças precisam mais do que notas, pontuações e troféus; elas precisam de força de coração, mente e disposição. As sete Forças de Caráter Essenciais edificam fundações internas fortes para que elas possam lidar com as inevitáveis dificuldades da vida, levar vidas prósperas e realizadas, e *nunca aos trancos e barrancos*. Desenvolver esses traços pode ser o maior presente que você pode dar aos seus filhos, porque eles terão fatores protetivos frente às inevitáveis dificuldades e terão mais chances de ter vidas significativas sem você.

AVALIAÇÃO DAS FORÇAS DE CARÁTER DE SEU FILHO

Responder às afirmações a seguir o ajudarão a determinar as Forças de Caráter do seu filho que o ajudarão a ter sucesso na vida. Não existem respostas certas ou erradas. Isso é apenas para você ver onde seu filho está agora e ajudá-lo a determinar quais traços são suas forças e quais devem ser estimuladas. Para avaliar as forças do seu filho, anote o número que achar que melhor representa o nível atual dele na linha ao lado de cada afirmação.

5 = Sempre; 4 = Com frequência; 3 = Às vezes; 2 = Raramente; 1 = Nunca

MEU FILHO...

1. Consegue descrever com precisão e facilidade as qualidades dele: _____

2. Sente confiança nas próprias habilidades e orgulha-se delas; gosta de ser quem é: _____

3. Foca mais em suas próprias forças ao invés das fraquezas e dos fracassos do passado: _____

4. Fala de si de forma mais positiva, raramente de forma negativa: _____

5. Desenvolveu alguns *hobbies* e interesses que estimulam as forças naturais: _____

6. Demonstra sensibilidade para com as necessidades e os sentimentos dos outros: _____

7. Reconhece quando alguém está angustiado e responde de acordo: _____

8. Demonstra uma disposição para entender o ponto de vista do outro: _____

9. Manifesta preocupação e quer ajudar quando alguém é tratado de forma injusta ou cruel: _____

10. Fica emocionado ou chateado quando o outro sofre: _____

11. É honesto, admite erros e aceita a culpa por ações incorretas: _____

12. Consegue identificar seu comportamento errado e corrigi-lo: _____

13. Sente culpa por suas ações erradas ou impróprias: _____

14. Raramente precisa de broncas/lembretes de como agir corretamente: _____

15. Pode-se confiar que vai fazer a coisa certa e manter sua palavra até quando ninguém está olhando: _____

16. É capaz de controlar seus próprios impulsos e desejos sem a ajuda de um adulto: _____

17. Acalma-se com facilidade e se recupera quando fica animado, frustrado ou com raiva: _____

18. Consegue identificar seus sinais de emoções negativas e estresse antes de eles aumentarem: _____

19. Tem a capacidade de esperar por algo; consegue lidar com impulsos comportamentais: _____

20. Consegue permanecer focado em tarefas adequadas à idade sem os comandos de um adulto: _____

21. Faz muitas perguntas do tipo "por que" que nem sempre têm respostas com sim ou não: _____

22. Gosta de encontrar novas formas de usar coisas convencionais ou resolver problemas: _____

23. Adora aprender coisas novas que incitem seu interesse: _____

24. Fica intrigado ou é fácil de motivar a tentar algo novo, diferente ou surpreendente: _____

25. Está disposto a errar e tentar de uma forma diferente e não convencional: _____

26. Tenta por vontade própria novas tarefas sem se preocupar em falhar ou cometer um erro: _____

27. Reconhece que a forma de melhorar é trabalhando mais duro: _____

28. Não se chateia quando algo é difícil; raramente desiste, continua tentando: _____

29. Tenta de novo se não tiver sucesso com uma tarefa: _____

30. Não compara um erro a um fracasso pessoal, mas sim a uma oportunidade de aprendizado: _____

31. Expressa gratidão, aprecia e avalia as coisas boas ao seu redor: _____

32. Diz para si mesmo coisas positivas para expressar esperança e reforçar os bons resultados e atitudes: _____

33. Não culpa, mas perdoa; sabe algo que pode fazer para melhorar as coisas: _____

34. Consegue enxergar o lado positivo de uma dificuldade ou desafio: _____

35. Considera retrocessos e fracassos como temporários, não permanentes: _____

Some, então, as pontuações para cada Força de Caráter: 1-5 = Autoconfiança; 6-10 = Empatia; 11-15 = Integridade; 16-20 = Autocontrole; 21-25 = Curiosidade; 26-30 = Perseverança; 31-35 = Otimismo. Determine os traços mais fortes e mais fracos de seu filho. Os maiores traços são as forças naturais do seu filho que desenvolvem a confiança e o ajudam a ter sucesso, portanto, você deve continuar a estimulá-los para garantir que ele os reconheça em si mesmo. Vá até as seções do livro que abordam um ou dois dos traços que receberam as menores pontuações para que você possa aumentar o potencial de sucesso dele.

Parte 1

Coração Nutrido

"Descobrir quem você é como pessoa seria uma das melhores formas de reduzir o esgotamento. Quando você se achar e encontrar o seu lugar no mundo, se sentirá muito melhor com você mesmo e com sua vida."

— Alex, 17 anos, Santa Clara, Califórnia

Capítulo 1

Autoconfiança

Prósperos concentram-se em "quem", não em "o quê".

CINCO DIAS DEPOIS DO FIM DA SEGUNDA GUERRA MUNDIAL, as camponesas na cidade italiana de Reggio Emilia começaram a construir uma pré-escola coletando tijolos em edifícios bombardeados. As devastações da guerra as fizeram perceber que a educação deve ir além dos sujeitos, além de ensinar as seguintes habilidades: como colaborar, ter pensamento crítico e ajudar as crianças a acreditarem em si. A escola se tornaria um investimento no futuro dos seus filhos, e as mulheres a chamaram de *Scuela del Popolo*, ou "Escola do Povo"[1].

Loris Malaguzzi, um jovem professor, ouviu as notícias e correu para ver as mulheres. Elas pediram para Malaguzzi ser o professor que daria aos seus filhos uma chance melhor na vida. Ele concordou. Malaguzzi acreditava que todas as crianças são capazes, curiosas, cheias de potencial e, por isso, seu aprendizado deve ser iniciado pela criança[2]. Ele queria que as crianças se engajassem ativamente em projetos nos quais elas poderiam aprender suas forças e resolver problemas sozinhas. Mas era essencial que soubessem "quem" são. Malaguzzi chamou sua abordagem educacional de "Reggio Emilia", em homenagem à cidade. Em 1991, a *Newsweek* considerou a escola uma das dez melhores pré-escolas do mundo"[3]. A educação Reggio Emilia agora é reverenciada em todo o mundo e inspirou uma reconsideração do que as crianças precisam para ter sucesso.

Em março de 2019, observei o programa de primeiro aprendizado na American Community School (ACS) em Beirute, Líbano. Sua Escola do Povo é um lar para alunos de 60 diferentes nacionalidades e baseia-se na filosofia Reggio Emilia. Assim como as camponesas, a equipe também acredita que a verdadeira confiança das crianças cresce de dentro para fora, não a partir de estrelas douradas, falsos elogios e superproteção. O diretor Sawsan Yaseen me disse: "Nosso objetivo é reconhecer as forças únicas das crianças e então responder para que cada criança se sinta bem-sucedida; sucesso alimenta sucessos; sucesso alimenta sucesso."

Passei a tarde examinando as salas de aulas e vi crianças engajadas, ouvi empolgação e notei sorrisos em cada rosto. Observei crianças de quatro e cinco anos colaborarem, descobrirem, criarem e orientarem o próprio aprendizado e nenhuma vez houve a necessidade da intervenção de um adulto para socorrê-la. Os mimos estavam estritamente fora de questão. Se os blocos caíssem, o professor perguntava com calma: "O que você pode fazer para arrumar?" e a criança pensava em alternativas. Se um projeto rasgasse, o professor dizia: "Pense em uma solução". As crianças se recuperavam e tentavam, porque reconheciam suas forças e aceitavam suas fraquezas. Na maioria das salas de aulas, os alunos seguiam as instruções dos seus professores baseadas em um currículo fechado; a equipe de funcionários da ACS acompanhava o comando das crianças. Eles ainda ensinavam os objetivos educacionais essenciais, mas também ajudavam as crianças a entenderem e acreditarem em si.

Escolas típicas emitem boletins e notas para observar as habilidades e limitações dos alunos. A escola de Beirute descrevia o progresso de aprendizado de cada criança, bem como suas forças pessoais. Imagine receber o seguinte boletim de um professor da ACS sobre seu filho:

> "Ella é uma criança voluntariosa, capaz de expressar suas necessidades e sentimentos com facilidade. Não tem problemas em impor limites. 'Você tem que me perguntar se pode tocar na minha bochecha e, se eu disser que tudo bem, você pode tocar no meu rosto', ela disse a um colega. Suas habilidades verbais avançadas aparecem durante as discussões de grupo, onde ela está sempre ávida a compartilhar suas opiniões. Ella é um membro valioso da nossa comunidade escolar e continua a desabrochar diariamente."

Vários pais da ACS me contaram o quanto eles apreciavam receber esses relatos descritivos. Uma mãe me disse: "Os boletins me ajudam a entender quem meu filho é para que eu possa ser uma mãe mais eficaz".

Outra relatou: "O sistema me ajuda a focar mais nas forças do meu filho e menos em suas fraquezas."

E de um pai: "Enfatizando meus filhos, os trunfos fizeram uma grande diferença na confiança dele." Os boletins da ACS ajudaram os pais a entender as forças de seus filhos.

"Queremos que nossas crianças cresçam e se tornem quem elas são, não quem nós queremos que elas sejam", Sawsan Yaseen me contou.

Há mais de sete décadas, as mulheres de Reggio Emilia tinham a mesma esperança para suas crianças, e ela deve ser a nossa também. Ajudar as crianças a "crescer tornando-se *quem* são" é o primeiro passo para desencadear o potencial delas para que se tornem a melhor versão de si. Tudo começa com a Força de Caráter da autoconfiança, que serve como um mapa customizado para o auge do desempenho do seu filho.

O QUE É AUTOCONFIANÇA?

Uma criança de três anos: "Eu consigo fechar sozinho!"

Uma criança de seis anos: "Sei que por falar alto eu afastava as pessoas, então eu fiquei mais quieta!"

Um pré-adolescente: "Eu sabia que conseguiria gabaritar a prova se usasse a minha memória!"

Um adolescente: "Meu chute foi perfeito porque eu disse para mim mesmo para focar e dar tudo de mim!"

Quatro crianças muito diferentes que compartilham um traço em comum: um saudável e autêntico senso de si. Essas crianças entendem suas forças, aceitam suas fraquezas e conseguem aplicar esse autoconhecimento para ajudá-las a ter sucesso. Uma compreensão precisa de si dá às crianças um forte alicerce para a vida, bem como para reconhecer as áreas mais fracas que precisam de melhora – e tudo começa com a autoconfiança. Esta primeira Força de Caráter Crucial é a compreensão silenciosa de "quem eu sou" que estimula a segurança interna e a apreciação das qualidades, forças, talentos e interesses únicos da pessoa. A autoconfiança se desenvolve enquanto crescem as habilidades, capacidades, os traços de caráter e o autoconhecimento. É também a força fundamental sobre a qual todo o resto é construído – para ser Próspera, uma criança deve primeiro desenvolver um senso de identidade positivo.

- **A autoconfiança leva a um melhor desempenho acadêmico.** Embora um Próspero não esteja focado apenas em notas, a boa notícia é que cultivar esse traço tem uma relação com ir melhor na escola. Crianças com uma forte compreensão e senso de si são mais felizes e mais engajadas na escola, têm mais probabilidade de se comprometer com tarefas mais difíceis e de se recuperar de fracassos, de modo que seu aprendizado aumenta. A primeira Força de Caráter cria transições mais suaves para as crianças do Jardim de Infância ao Ensino Fundamental e deste ao Ensino Médio, e produz níveis mais elevados de conquistas acadêmicas nos Ensinos Médio e Superior[4].

- **A autoconfiança leva a mais resiliência.** Além de ajudar as crianças a direcionar sua vida, permanecer no curso e se recuperar de reveses, ela também fornece recursos internos extremamente necessários para ajudá-las a controlar o estresse e a adversidade[5].
- **A autoconfiança leva a um maior senso de bem-estar.** Uma criança com um senso de si mais forte tenta mais, tem mais autoconfiança e criatividade, relacionamentos mais fortes, habilidades de comunicação mais eficazes, habilidades de tomada de decisão mais sólidas, e uma saúde mental geral mais positiva[6].
- **A autoconfiança leva a mais felicidade.** Martin Seligman, ex-presidente da American Psychological Association [Associação Americana de Psicologia], destaca: "A felicidade autêntica vem de identificar e cultivar suas forças mais fundamentais e usá-las todos os dias no trabalho, no amor, na brincadeira e na parentalidade"[7]. As crianças são simplesmente bem mais felizes quando honram quem são e desempenham em áreas que estimulem suas forças.

Tudo isso parece senso comum. Mas um estudo atrás do outro demonstra que as crianças não têm esse primeiro traço crucial: entender quem são, reconhecer suas forças e ter a autoconfiança para ir aonde estão seus talentos e interesses. O famoso estudo de Benjamin Bloom com jovens com um talento imenso que se tornaram gênios excelentes (nadadores olímpicos, tenistas excelentes, matemáticos excepcionais, neurologistas, pianistas, escultores) encontrou um ponto comum. Os pais identificaram e estimularam o interesse ou o talento do seu filho de uma forma divertida e incentivadora. Alguns anos depois a criança se viu como um "pianista", um "nadador" ou um "escultor" e respeitou seu talento. A autoconfiança floresceu e a criança se tornou a condutora para aperfeiçoar sua habilidade[8]. Incontáveis estudos confirmam o poder da autoconfiança como o incentivo para provocar a motivação da criança para ter sucesso. Mas o traço também dá sentido e propósito a elas.

A história é comum. Queremos que nossos filhos sejam bons em *tudo*, e então transformamos a parentalidade em um triatlo de atividades infinitas para nossos filhos ou oferecemos um cardápio bem restrito daquilo em que nós *queremos* que nossos filhos sejam excelentes, como jogar tênis ou golfe, ou tocar piano. E nós dizemos a eles que eles são bons em *tudo* para aumentar sua autoestima. Mas nossos esforços não os favorecem: nós os estamos afastando de seus dons especiais que poderiam ajudá-los a desfrutar de sua própria companhia, respeitarem-se, dar sentido às suas vidas e sentirem-se capazes de persistirem. E então as crianças perdem a noção de seus interesses autênticos e talentos únicos, e as taxas de depressão nunca estiveram tão elevadas.

Muitas crianças acabam sofrendo com visões insensatas e imprecisas de si, e assim, se sentem vazios e exauridos. Uma mudança saudável começa ao nos livrarmos das agendas preestabelecidas para nossas crianças e as respeitarmos por quem são – não quem nós queremos que elas se tornem. Temos trabalho a fazer.

POR QUE A AUTOCONFIANÇA PODE SER TÃO DIFÍCIL DE ENSINAR

"Nós sempre nos esforçamos para ser outra pessoa e não nos sentimos confortáveis o bastante sendo nós mesmos."
– *Sky, 12 anos, Seattle*

Tem um livro que costumo indicar aos pais quando conversamos sobre incutir confiança em crianças mais novas: *Stone-Faced Boy* [O Menino com a Cara de Pedra] de Paula Fox, a história comovente de um menino desajeitado que não se adapta, raramente sorri e oculta seus sentimentos atrás de uma cara séria. Gus esconde suas emoções por tanto tempo que é como se ele fechasse uma porta imaginária, trancando tanto os outros quanto sua crença em si. Seus irmãos o chamam de Cara de Pedra e o apelido pega.

Apenas a tia-avó Hattie entende que Gus precisa desesperadamente reconhecer e respeitar suas forças e lhe dá um pequeno geodo. "Se abri-lo, verá o poder dentro dele." O menino não compreende a mensagem de Hattie até uma noite escura e enevoada na qual o cachorro de sua irmã desaparece. Apesar do medo, Gus se aventura sozinho para tentar resgatar o cão. E quando sente a rocha no seu bolso, ele entende! Assim como um geodo, seus poderes também estão dentro dele e ele não precisa depender dos outros. Gus percebe que tem dons: uma mente boa, habilidades para resolver problemas e otimismo, mas ele apenas precisa usá-los. E quando encontra o cachorro da irmã sozinho, o menino com a cara de pedra sorri, pela primeira vez em muito tempo. Ele encontrou suas forças e sabe que pode lidar com tudo que cruzar o seu caminho. Gus finalmente se respeita.

Embora os geodos pareçam comuns por fora, por dentro são bolsões ocos que podem endurecer e se transformar em lindos cristais... mas eles só brotam nos ambientes propícios ao crescimento. A mesma premissa aplica-se às crianças: sem um estímulo adequado, a autoconfiança também não se desenvolve e deixa as crianças se sentindo vazias. A seguir, listo alguns dos motivos pelos quais o crescimento interno da criança fica atrofiado

Autoconfiança não é autoestima

Muitos pais veem a autoestima como a trilha para a felicidade e o sucesso, por isso nós sempre dizemos aos filhos: "Acredite em si", "você é especial" e "você pode fazer *qualquer* coisa que quiser". Damos troféus por eles aparecerem e estrelas douradas por respirarem (ou quase isso). Suavizamos cada solavanco, resolvemos cada problema e nunca, *nunca* os deixamos fracassar. Mas os nossos esforços bem-intencionados colhem retornos desanimadores. Hoje em dia, as crianças estão mais deprimidas do que qualquer geração anterior, enquanto seu narcisismo ("sou melhor do que você") aumentou mais do que sua autoestima[9].

Eis aqui o que a pesquisa realmente mostra: há pouca evidência de que estimular a autoestima aumente o sucesso acadêmico ou até mesmo a felicidade autêntica[10]. Sim. Todos esses troféus de participação foram para nada. Vários grandes estudos de programas baseados na escola concluem que tentar aumentar a autoestima "*não* teve efeito discernível nas notas ou nas conquistas dos alunos"[11,12]. No entanto, os estudos mostram, *sim*, que as crianças que atribuem suas notas aos *próprios* esforços e forças, têm mais sucesso do que aquelas que acham não terem controle sobre seus resultados acadêmicos[13]. Quando as crianças reconhecem o que fazem bem, ficam motivadas para usar essas forças cada vez mais. Cada sucesso aumenta um pouco mais a convicção pessoal, mas a *criança* é sempre a agente e administradora dos próprios triunfos ou fracassos.

A verdadeira autoconfiança é um resultado de ir bem, enfrentar obstáculos, criar soluções e se recuperar sozinho. Resolver os problemas deles, fazer as tarefas ou facilitar as coisas por eles apenas os faz pensar: "Eles não acreditam que eu consigo." As crianças autoconfiantes sabem que podem falhar, mas também dar a volta por cima e, por isso, devemos deixar de rodear, limpar a área e salvar. Os Prósperos sempre são autodirigidos.

Vivemos em uma cultura superficial focada na aparência

Posição social, riqueza, grifes e aparência não são fatores a ser levados em conta ao adquirirmos um senso de si saudável – sem surpresas aqui. Entretanto, esse é o mundo exterior no qual nossos filhos estão crescendo. A atual sociedade consumista, movida por celebridades, também causa vazio nas crianças e faz suas qualidades internas parecerem irrelevantes. Um a cada quatro jovens de 9 a 16 anos considera sua aparência uma das suas maiores preocupações na vida[14].

As plataformas das redes sociais também aumentam as preocupações das crianças com suas imagens *online* e diminuem o amor-próprio quando elas se comparam com os outros. Garotas de 14 anos, que passam mais tempo nas redes sociais do que os meninos, estão muito mais propensas a exibir sinais de depressão ligados à sua interação em plataformas como Instagram, WhatsApp e Facebook[15]. Focar em "*como* eu me pareço, me visto ou quanto peso" ofusca "*quem* eu sou" e contribui com individualidades frágeis e imprecisas enviando uma mensagem superficial: "Sua identidade é o que você tem – não quem você é."

Comparação em excesso é ruim; nós sabemos disso. Mas aqui está o porquê: é mais difícil para as crianças responderem "Que tipo de pessoa eu sou?" quando condição social, riqueza, grifes e aparência são considerados onipotentes. Colocar fortes prioridades no dinheiro e nas coisas associa-se a uma variedade de problemas, incluindo baixa autoestima, além de depressão, ansiedade e sensação de vazio[16]. E isso não vem apenas dos colegas de classe. Vem de casa também.

Os pais não enxergam as verdadeiras forças dos filhos

A pesquisa é clara: dadas as condições certas, e não forçando a "sua vontade" nos seus filhos, quase qualquer criança pode atingir um patamar mais elevado, brilhar mais e ter sucesso.

Um exemplo disso é o grande sucesso de Amy Chua, *Grito de Guerra da Mãe-Tigre*[17], no qual ela pretendia nos convencer de que sua filosofia de parentalidade chinesa produz crianças mais bem-sucedidas, forçando--as à excelência, sem se importar com suas paixões. Chua exigia que suas jovens filhas tocassem apenas piano ou violino, impunha restrições severas às atividades extracurriculares e as proibia de brincar com os amigos, dormir na casa deles ou participar de peças escolares, para que elas pudessem praticar (e praticar) por horas sem fim[18]. Muitos pais ocidentais aderiram à parentalidade de Tiger na esperança de seus filhos se tornarem prodígios e gênios. Mas eles não notaram o ponto crucial: as crianças Prósperas têm pais que cultivam os talentos de seu filho *porque esses talentos são uma parte de quem a criança é naturalmente*, não porque esses talentos afirmam os interesses e os desejos dos pais.

Um caminho certo para o fracasso é pretender criar um grande talento. Você provavelmente não vai, porque forçará demais a criança e, com isso, lá se vai a paixão dela pela área. Um estudo de uma década que acompanhou os pais Tigre verificaram que a abordagem não produzia crianças superiores. Seus filhotes tiveram notas mais baixas, estavam mais deprimidos e apartados de seus pais – e se sentiam vazios por dentro[19]. Isso é o oposto de um Próspero.

O fim da criança versátil

"Criar a criança versátil e completa" já era; o objetivo de hoje é criar uma supercriança. Qualidades de caráter são consideradas "supérfluas" e colocadas em segundo plano, e qualquer ponto forte não marcado em um boletim é desvalorizado: notas altas são o santo graal. Os talentos são selecionados pelo que poderiam dar uma "margem de sucesso", e não baseados nos dons naturais ou nas paixões pessoais das crianças (Deus me livre!) As pressões de viver em um mundo acumulador de currículos são enormes. Não é de surpreender que os jovens dizem que se sentem sobrecarregados, vazios e "nunca bons o bastante".

Estudos sugerem que a juventude com talento acadêmico[20] (principalmente adolescentes muito ricos que frequentam escolas de alto desempenho)[21] é mais propensa ao abuso de substâncias ilícitas, tanto na adolescência quanto na idade adulta. As crianças sabem que nós queremos que elas se sobressaiam, ficam desesperadas por não quererem nos decepcionar, mas suas ansiedades e necessidades de saúde mental aumentaram muito. E o que elas me dizem é de cortar o coração:

"Eu nunca vou conseguir entrar em Harvard, mas como eu digo isso aos meus pais?"

"Acho que nunca serei 'bom o bastante' para o meu pai."

"Eu queria que meus pais conhecessem o meu verdadeiro 'eu', mas não acho que eles queiram."

COMO ENSINAR AUTOCONFIANÇA ÀS CRIANÇAS

As crianças são bem mais do que notas em uma prova, e elas precisam ser reconhecidas pelas pessoas únicas que são. Para fazer isso, nós devemos nos livrar de *nossas* ordens e sonhos, e seguir as paixões e os dons *delas*. É mais fácil falar do que fazer... especialmente quando amamos muito nossos filhos, queremos apenas o melhor para eles e supomos que nossos esforços os ajudarão a encontrar sucesso e felicidade. Mas se quisermos que eles prosperem, devemos alterar nossa parentalidade.

Começa por um olhar para dentro de nós mesmos para depois virarmos nossas lentes para os nossos filhos. Nas próximas seções, veremos três questões importantes que você precisará responder para incutir um senso de confiança saudável em seu filho. Quem você acha que *ele é*? Quem o *seu filho* acha que é? E – o mais importante – quem ele quer se tornar?

Quem você acha que seu filho é?

Espera, nós não deveríamos seguir a orientação dos nossos filhos a respeito de quem eles são e quem querem se tornar? Sim – e nós vamos. Mas você conhece seu filho desde que ele nasceu. Sabe no que é bom. Sabe o que o atrai. Você tem algo a acrescentar nessa conversa!

Mas, às vezes, nossas ideias sobre essas questões estão presas no passado (ele ou ela não gosta de desenho desde a primeira série!) e, às vezes, podemos deixar passar qualidades que estão bem na nossa frente. Por isso, começar com uma análise atenta de quem é o seu filho – hoje – pode costumar a nos ajudar a começar essas conversas sobre o futuro com nossos filhos. Eu chamo essas forças de Trunfos Essenciais dos nossos filhos. Afinal, apenas quando temos uma imagem precisa dos nossos filhos e filhas é que podemos estimular suas forças e ajudá-los a compensar suas fraquezas. Isso não quer dizer que seja simples; as forças das crianças são fáceis de ignorar, e uma mãe admitiu suas deficiências parentais. Veja o que ela me disse:

"Meu filho do meio adorava contar histórias. Seu avô reconheceu as forças linguísticas de Kevin quando ele tinha três anos. Meu pai chegava na nossa casa carregando uma caixa de charutos vazia e falava para Kevin que ela era uma 'coletora de histórias'. 'Abra a tampa e deixe uma história sair', ele dizia. E as histórias de faz de conta do meu filho apenas saíam voando daquela caixa. Meu pai me recomendou a continuar estimulando o talento de Kevin. 'Ele usará essa habilidade algum dia.' Levei alguns anos para perceber a força das habilidades verbais do meu filho, mas meu pai estava certo o tempo todo. Kevin agora trabalha no cinema, e ainda conta histórias."

O fato é que identificar os Trunfos Essenciais dos nossos filhos pode ser uma das nossas tarefas mais importantes como pais. Eles nos ajudam a honrar nossos filhos por quem eles são, não por quem nós queremos que sejam. Mostrar nosso respeito por quem eles são é a melhor forma de ajudar as crianças a se respeitarem. Isso também desencadeia a competência, o desempenho máximo, as habilidades para ter sucesso e reduz o vazio e o esgotamento, mas começa com a descoberta do quão magníficos nossos filhos são e, em seguida, com a aplicação dessas descobertas para ajudá-los a desenvolver visões precisas de seus trunfos e limitações.

Então, quais são os Trunfos Essenciais do seu filho? Simplificando, eles são suas qualidades positivas, traços de caráter e talentos típicos mais fortes que possam ajudá-lo a ter sucesso. São o que o tornam quem ele é. Esses Trunfos Essenciais podem ser características da personalidade, tais como cordialidade, ser um bom ouvinte ou ser um pequeno colaborador. Podem ser traços de caráter, como empatia, garra e gentileza. Ou podem ser dons e talentos, como música, atuação e pensamento original. Mais importante: os Trunfos são aqueles que você realmente reconhece no seu filho – não aqueles que você espera que ele possua ou que você vê em si. Nossos filhos não são nossos clones, mas sim indivíduos maravilhosos que devemos respeitar.

Como você sabe se seu filho possui um Trunfo Essencial? A seguir descrevo as seis características comuns dos Trunfos Essenciais apresentados para um indivíduo. Eles apresentam:

- **Tenacidade**. A criança apresenta determinação e perseverança para ter êxito na tarefa envolvendo esse trunfo;
- **Atenção**. A criança fica absorta na tarefa com facilidade e foca por mais tempo do que quando comparada com outras forças ou Trunfos Essenciais;
- **Aprendizado**. A criança aprende mais rápido e com mais facilidade quando usa o Trunfo Essencial;
- **Avidez**. A criança tem motivação e energia para ser uma participante ativa na tarefa e não precisa de estímulo ou recompensas de um adulto;
- **Necessidade**. A criança é possessiva com o Trunfo Essencial: "É coisa minha." O trunfo aumenta a confiança, é calmante ou satisfaz uma necessidade positiva;

- **Tom**. A criança parece animada, orgulhosa ou feliz quando fala sobre o trunfo.

Identificar o talento do seu filho foi fácil ou difícil? Muitos pais relatam ter se surpreendido por terem ignorado algumas das forças de seus filhos ou admitiram que passaram mais tempo tentando cuidar das fraquezas deles. Descobrir as forças de uma criança às vezes pode pegá-lo de surpresa. Isso foi o que aconteceu a um pai de Fairfax, Virginia, que descobriu o talento oculto de seu filho por acaso. Isso é o que ele contou:

"Eu tenho dois filhos, e eles são tão diferentes um do outro quanto noite e dia. Meu mais velho é um gênio dos computadores, meu mais novo é fascinado por lobos. Eu sei, não é o passatempo mais comum para uma criança, mas ele lê tudo o que pode sobre lobos, e sempre quer saber mais. O Parque Internacional de Yellowstone é considerado um dos melhores lugares para avistar lobos, então eu planejei uma viagem de fim de semana de pai e filho e fiz uns arranjos para o meu filho conhecer o biólogo chefe que cuida dos lobos. E foi lá que eu ouvi meu filho de 12 anos fazer a revisão do relatório anual do Yellowstone Wolf Project (que eu nem sabia que existia), discutir por qual motivo o lobo foi retirado da lista de espécies em risco de extinção e corrigir educadamente o guarda-florestal quanto ao número de subespécies de lobos. Eu fiquei chocado: nunca tinha reparado que o interesse do meu filho por lobos fosse tão profundo. Parece que ele até sonha com eles! Eu tenho toda uma nova apreciação por quem ele é. Agora sei o rumo que ele quer tomar, e eu o estou ajudando a chegar lá. Eu me pergunto o que teria acontecido se eu não tivesse feito essa viagem."

Enquanto você finaliza a análise de quem seu filho é e quais são seus Trunfos Essenciais, faça para si mesmo as seguintes perguntas:

- Imagine que você tenha encontrado um amigo que nunca conheceu seu filho ou filha e ele pede: "Me conta como é o seu filho." O que você lhe diria? E se seu amigo pedisse ao seu filho: "Me conta sobre você." Como seu filho responderia?
- De quais traços positivos permanentes do seu filho você quer lembrar mais na sua vida? Como cordialidade, apreciação, cortesia, carinho, entre outros que você também valoriza no seu filho;
- O que ele adora ou resolve fazer na maior parte do tempo livre? Observe-o brincar para ver o que costuma fazer. Se ele tiver uma conta em uma rede social, verifique como ele se descreve em seu perfil virtual. Você pergunta para aqueles que conhecem bem seu

filho, tais como avós, irmãos, professores, treinadores, amigos e seus pais, quando ele parece mais entusiasmado, engajado ou feliz?;
- Quais são as fraquezas ou os desafios do seu filho? Quais traços ou comportamentos ficam no caminho do sucesso ou poderiam prejudicar sua reputação?

A autoconfiança aumenta quando as crianças sabem quem são e conseguem aplicar seus dons especiais. Nosso papel é respeitar nossos filhos por quem são, e então liberar seus trunfos para que possam se desenvolver até seu potencial máximo.

Quem seus filhos pensam que são?

Jovens de 11 a 13 anos são ótimos de entrevistar porque têm um interessante ponto de vista na vida. Então eu estava animada em conversar com seis garotos de San Diego em seu restaurante favorito, e eles mal podiam esperar para compartilhar como era ser um pré-adolescente. Todos frequentavam uma escola de alto desempenho e foram selecionados pelo orientador (com as bênçãos dos pais) para se reunirem comigo, apesar de suas agendas lotadas.

Esses garotos eram super conquistadores: "presença constante nos quadros de honra", ganhadores de prêmios em várias categorias (debate, feira de ciências, esportes), líderes estudantis e estavam em classes avançadas. Eles apresentaram suas visões sobre todos os assuntos, de Snapchat ("adoro") à comida da cantina ("nojenta") e uma competição de robótica a ser realizada ("estressante"), tudo isso enquanto checavam seus celulares. E eles disseram sentir uma "pressão enorme" para manter suas notas altas, as pontuações estelares nas provas e os desempenhos atléticos fortes. A Ivy League, a superliga de universidades americanas, era o sonho deles.

"Então, o que vocês fazem no tempo livre?", perguntei, e a mesa de repente ficou quieta.

"O que você quer dizer com 'tempo livre'?"

"As atividades que não estão relacionadas com a escola, sabe? Coisas que vocês gostam de fazer sozinhos", eu respondi.

"Eu jogo *videogames*."

"Eu mando mensagem para os amigos."

"Eu vejo vídeos no YouTube."

"Eu assisto filmes."

"Mas vocês fazem algo que não seja conectado? E *hobbies* como desenhar, ler ou nadar?" Todos eles olharam para mim em absoluta descrença.

"Quando nós teríamos tempo para *hobbies*?", disse um (enquanto respondia mais uma mensagem).

"Algumas crianças realmente fazem as coisas de que gostam?", perguntou outro.

A infância mudou dramaticamente. *Hobbies*, momentos "solitários" não estruturados e até a leitura por prazer foram substituídos por atividades conectadas, organizadas por adultos ou relacionadas à escola. Sem tempo para desfrutar da própria companhia, como as crianças descobrem quem são? E como indivíduos resilientes muitas vezes recorrem a *hobbies*. Que equipamento de proteção essas crianças usarão para ter sucesso? Então perguntei: "Como vocês se descreveriam? Sabem, 'Quem *você é*'? As respostas vieram rápido.

"Bom aluno."

"Jogador de futebol."

"Presidente do grêmio estudantil."

"Tenista."

"Membro do clube de xadrez."

"Debatedor."

A autoclassificação deles continuou, mas nenhum descreveu um ponto forte além da escola ou dos esportes. Não havia nenhuma qualidade pessoal que desenvolva a confiança, traga alegria e ajude os garotos a encontrar um sentido em suas vidas. Há uma semelhança notável entre cada grupo de crianças que entrevistei.

Enquanto nos despedíamos, dois garotos da oitava série voltaram. "Acho que nós não sabemos bem quem somos além da escola", declarou um deles.

O outro concordou com um aceno de cabeça e acrescentou: "Você poderia pedir para os pais ajudarem os filhos a descobrir 'quem somos'?"

Prometi que pediria.

Se você acabou de completar o exercício das Forças de Caráter/Trunfos Essenciais apresentado anteriormente, está começando a ver seu filho em toda sua complexa e multifacetada glória. Mas não é o suficiente para *nós* percebermos como eles são maravilhosos. Precisamos fazê-*los* entender o que os torna únicos e especiais – e valorizar e estimular isso neles. Aqui estão formas de ajudar os jovens a desenvolverem um senso mais forte de "quem são".

1. **Reconheça os Trunfos Essenciais de seu filho.** Identifique algumas forças essenciais que você quer que seu filho reconheça em si agora. Elas devem ser legítimas e já presentes, e então as reconheça com frequência. Seja específico para que ele saiba exatamente o que fez para merecer o reconhecimento. "Você é *paciente*: sempre espera a sua vez e nunca se exalta." "Você é *persistente*: aguenta firme e nunca desiste!" "Você é *gentil*. Notei como perguntou para aquela senhora idosa se ela precisava de ajuda." Crianças precisam reconhecer seus dons antes de quererem se esforçar para melhorar.
2. **Use elogios "ao alcance da voz".** Deixe seu filho ouvir seu elogio afirmando sua força para outra pessoa enquanto "escuta às escondidas" (sem saber que você quer que ele escute). Você diz ao seu cônjuge: "Espere até ver os desenhos da Kisha! Você ficará impressionado com sua habilidade artística." Sua filha ouve e amplia seu elogio.
3. **Use substantivos, não verbos.** Já se perguntou se seu elogio é valioso? Adam Grant descreve um experimento com crianças de três a seis anos que oferece pistas importantes[22]. Em um teste, a qualidade "ajudar" foi mencionada como um verbo: "Algumas crianças escolhem *ajudar*." No outro teste, "ajudar" foi mencionado como um substantivo: "Algumas crianças escolhem ser *ajudantes*." As crianças convidadas a serem "ajudantes" tinham mais probabilidade de ajudar de fato do que as crianças que ouviam o verbo "ajudar". Pesquisadores concluíram que usar um substantivo na descrição pode motivar as crianças a usar seu ponto forte com mais frequência *porque eles querem adotar uma identidade positiva*. Então use um substantivo para amplificar o ponto forte do seu filho. Em vez de: "Você é bom em pintura", diga: "Você é um *pintor*." Em vez de "você joga futebol bem", diga: "Você é um *jogador de futebol*." Em vez de "você gosta de escrever", diga: "Você é um *escritor*!" Continue a elogiar o ponto forte quando merecido, até seu filho identificá-lo em si. "Olha, eu sou um artista!" pode ser magia para nossos ouvidos.
4. **Encontre tempo.** "Eu queria poder contar aos meus pais que sou uma garota de um esporte só", me disse uma garota de 11 anos de Daytona Beach, na Flórida. "Quatro são esportes demais. Eu adoro tênis, mas nunca ficarei boa nisso se também tiver de fazer natação, futebol e corrida." Muitos garotos dizem que simplesmente não têm tempo o suficiente para gastar em um interesse

que adora se ele não for considerado "necessário" para a escola ou o sucesso esportivo. Nós todos queremos ajudar nossos filhos a priorizar as habilidades que achamos úteis para o sucesso deles no mundo... mas, ao redirecionarmos o tempo deles, podemos inadvertidamente suprimir seus verdadeiros interesses e paixões. De fato, estudos demonstram que a criança estadunidenses média desiste de seus talentos porque não tem tempo o suficiente para praticar seu dom[23]. Veja a agenda do seu filho: alguma atividade pode ser cortada para liberar de 30 a 60 minutos por semana para o ponto forte? As tarefas podem ser realizadas com mais eficiência? Aquele tutor extra é realmente necessário? O tempo jogando *videogames*, enviando mensagens aos amigos ou assistindo TV pode ser reduzido? Vamos ajudar as crianças a encontrar tempo para cultivar seus dons naturais enquanto garantimos que seja o dom que elas adoram!

5. **Deixe a prática divertida!** A forma de melhorar um ponto forte é com a prática. Mas estudos constataram que as sessões de prática devem ser divertidas e agradáveis. Adapte as expectativas para que a prática seja igual ou superior às habilidades da criança[24]. E lembre-se: seja um torcedor, não o executor.

6. **Elogie o esforço, não o talento.** Um objetivo final é a criança perceber que suas forças podem ser aprimoradas com esforço e prática. Isso significa que ela desenvolveu uma mentalidade de força – a crença de que se ela trabalhar suas forças melhorará e isso a ajudará a se tornar a sua melhor versão. Essa crença simples pode levar seu filho ao sucesso e à felicidade. A cada vez que ele se empenha a praticar o ponto forte, enfatize seu *esforço*, não o talento. Diga, por exemplo: "Sua arte está melhorando porque você está se empenhando muito." "A prática está fazendo a diferença em suas habilidades no futebol!" "Seu canto está melhor porque você trabalha duro."

7. **Não acentue as fraquezas.** Estudos constatam que nós nos fixamos bem mais nos déficits dos nossos filhos em vez de em seus trunfos. De fato, 77% de nós achamos que a nota mais baixa do nosso filho sempre merece *mais* tempo e atenção[25]. Entretanto, as forças são as áreas nas quais as crianças têm o maior potencial para grandeza. E as crianças recorrem às suas forças – não às fraquezas – para se recuperarem da adversidade. Um pai me disse que ele colocou um memorando no seu descanso de tela: "Enfatize a força!"

e funcionou! Encontre uma forma para se lembrar de focar mais nas forças do seu filho.

Quem seu filho quer ser?

Alana é uma adolescente talentosa que frequenta um colégio particular de ensino acelerado em Tampa, na Flórida. Seus pais são bem-educados, ricos e escolheram Direito para a futura carreira de sua filha. Ela soube que eu era escritora e, como tornar-se escritora era seu sonho, pediu para falar comigo.

"Você viu os copos dos escritores no restaurante Chipotle?", ela perguntou. Eu admiti que não fazia ideia do que ela estava falando. "Os copos têm grandes citações de autores famosos, mas poucos são de mulheres. Isso realmente me incomoda. Eu quero entrar em contato com a empresa para eles mudarem isso." Então ela parou e me perguntou: "Devo fazer isso?"

Ela obviamente pensou muito na questão, então eu perguntei: "O que te impede?"

"Meu pai diz que não é uma aspiração elevada o bastante na minha 'corrente de metas'. Ele quer que eu foque na faculdade de Direito, porém eu quero ser escritora", ela disse. "Mas eu estou apenas me desviando de quem sou."

"Desviar de quem sou" é um tema que costumo ouvir. Os adolescentes listam suas incontáveis atividades, mas dizem que quase todas são selecionadas pelos pais. Eles sentem uma pressão enorme para entrar nas faculdades "certas", mas ficam preocupados que isso vá contra suas paixões. E então eles se preocupam e se sentem vazios, assim como estes adolescentes de uma prestigiosa escola de Houston.

"Eu só faço o que meus pais querem, mas eu não sei o que fazer com a minha vida."

"Eu curso Matemática Aplicada porque meus pais querem que eu seja engenheiro, mas eu odeio Matemática!"

"Acho que as minhas atividades me fazem parecer bem no currículo, mas eu não sei quem 'eu' sou."

Com as melhores intenções, os pais estão levando seus filhos por um caminho só de ida para o nível desejado, mas não conseguem ver qual a melhor rota para eles. Para muitos, é o fim da linha para a felicidade.

Como um exemplo disso, muitos dos jovens que se formam hoje em dia não conseguem iniciar a carreira. 40% dos adultos jovens – o maior número em 75 anos – moram com os pais ou parentes[26]. Problemas psicológicos graves, incluindo sensações de ansiedade e desalento, subiram 71% entre jovens de 18 a 25 anos entre 2008 e 2017; a depressão aumentou 69% entre jovens de 16 e 17 anos[27]. Cuidado: uma crise como a pandemia exacerba o estresse e os problemas de saúde mental preexistentes. Podemos estar ignorando uma solução: ajudar as crianças a encontrar o propósito delas ou identificar algo que realmente importe para elas – e então fazer algo a respeito.

Aqueles que sentem que sua vida têm sentido estão aptos a ter um autoconhecimento mais forte, vão melhor na escola, são mais resilientes e têm mais saúde mental. Mas o psicólogo de Stanford, William Damon, alerta: "Apenas cerca de 20% dos adolescentes têm um forte senso de propósito"[28]. Damon acredita também que o maior problema para a juventude atual é a falta de sentido[29]. Uma falta de propósito está fazendo muitos se desgarrarem, sentirem-se estressados e terem sucesso a muito custo em vez de brilharem.

O atual frenesi acadêmico, que foca apenas em notas e médias, também afasta as crianças de suas paixões. Uma pesquisa do psicólogo da Universidade de Chicago, Mihaly Csikszentmihalyi, constata que somos mais felizes quando estamos em um estado de fluxo: aqueles momentos de ápice nos quais estamos totalmente absortos em uma atividade[30] que usa nossas forças. Mas o trabalho de Damon demonstra que quase 80% da juventude atual *não* está engajada em atividades motivadas pelo seu propósito. Em vez disso, está atrelada a matérias, clubes ou atividades motivadas pelos adultos, cujo único objetivo é garantir aquela bolsa de estudos ou admissão em universidade.

Conhecer o seu propósito coloca as crianças mais perto do caminho que traz alegria e orgulho profundos e as alinha com algo maior do que elas mesmas. As crianças que executam tarefas significativas e veem seus resultados positivos não precisam de nossa torcida ou troféus e podem enfim parar de se perguntar: "Eu sou boa o bastante?" Atividades movidas pelo propósito também têm um "Efeito Multiplicador" porque conseguem aumentar a autoconfiança, a empatia, a integridade, o autocontrole, a curiosidade, a perseverança e o otimismo das crianças: as mesmas Forças de Caráter que desencadeiam o potencial e as ajudam a ter sucesso. E atividades movidas pelo propósito aumentam a identidade saudável e a autêntica segurança de si, além de diminuir o vazio.

1. **Encontre a faísca.** "Eu faço serviço voluntário em um banco de alimentos porque meus pais acham que ficará bem no meu

currículo", um adolescente de Greensboro, na Carolina do Norte, me contou. "Eu queria que eles me deixassem escolher o que eu gosto, mas eles nunca perguntam." Comece descobrindo os interesses que animam seu filho. O que lhe dá orgulho? O que ele quer compartilhar com os outros? Quando corre mais riscos e está mais disposto a passar por um fracasso? Ele acorda mais cedo para fazer o quê? Compartilhe histórias sobre diferentes tipos de questões e veja o que o faz se endireitar na cadeira. Reúna-se com o professor ou pergunte aos adultos que veem seu filho em diferentes ambientes. Ofereça experiências diferentes (visite um museu de arte, inscreva seu filho em um clube de xadrez, leia sobre astronomia, forneça materiais para arte, matricule-o em um esporte) para ajudá-lo a concentrar a sua atenção na paixão do seu filho, mas uma vez que ela for encontrada, você deve encorajá-lo e apoiá-lo.

2. **Observe os seus passos.** Para encontrar o propósito de uma criança, você não pode escrever o roteiro nem fazer o trabalho por ela. Liberar as Forças de Caráter requer que nos afastemos devagar até que as crianças nos puxem na direção que querem ir. Elas têm mais probabilidade de sucesso quando estão no controle. Onde está seu padrão típico de passos quando se dedica ao seu filho?

    » **Na frente,** para você *puxar* seu filho na direção dos seus objetivos e sonhos;
    » **Ao lado,** para você *apoiar* seu filho, mas apenas quando necessário;
    » **Atrás**, para que *seu filho o puxe* na direção que provoca a paixão dele.

    Se você está puxando, pode ser que seu filho esteja pensando: "Este não é meu interesse, mas o que minha mãe e meu pai querem". Descubra o que atrai seu filho, ofereça suporte e então lentamente mova seus pés até que ele o puxe na direção que dê o sentido à vida dele. O objetivo é assumir o papel de um conselheiro e torcedor do seu filho, não técnico ou diretor.

3. **Perguntar "por quê?"** William Damon diz que responder aos "porquês" das crianças ajuda a avaliar o nível do interesse delas. Então, tenha bate-papos frequentes e reflexivos com seus filhos. "*Por que* você quer jogar hóquei?", "*Por que* a fotografia é importante na sua vida?", "*Por que* você está fazendo aquele serviço comunitário?" (Se for "para incrementar o currículo", pergunte:

"Isso é um bom motivo? Não tem um melhor?"), "*Por que* você quer ir para essa faculdade?" Deixe as crianças responderem ao seu "porquê" para que você possa compartilhar seu próprio propósito.

4. **Ofereça variedade.** Deixar as crianças experimentarem diferentes atividades pode ajudar a identificar do que elas gostam, bem como pode ajudá-las a ver o que as deixa contentes. Susan Cain, autora de *O Poder dos Quietos*[31], destaca que a escolha pode se tornar uma fonte profunda de sentido[32]. Então, expanda os horizontes do seu filho encorajando novos interesses: escrever um *blog*, tocar guitarra, fazer equitação, observar pássaros ou costurar colchas de retalhos. Planeje férias que tenham mais experiências, como construir casas com alguma ONG, como a Habitat for Humanity, jogar futebol em um abrigo, pintar com crianças em uma unidade pediátrica. Conversem sobre notícias com problemas de lugares próximos ou distantes: *bullying*, o meio ambiente, espécies ameaçadas de extinção. Tente vários projetos de serviço em família, tais como voluntariado nas Paraolimpíadas, plantar vegetais para distribuir sopa aos pobres. Sintonize-se com o que abastece a paixão do seu filho e a estimule.

5. **Identifique mentores em potencial.** Estudos constataram que a juventude determinada costuma buscar pessoas fora da sua casa para ajudá-los a encontrar seu propósito. Procure por adultos em sua comunidade, escritório, afiliação religiosa ou escola para apresentar ao seu filho e apoiar os sonhos dele. Se ele estiver preocupado com as mudanças climáticas, busque um meteorologista em uma universidade; *bullying*: encontre um orientador pedagógico; abuso doméstico: contate um assistente social em um abrigo para mulheres. Os adultos que compartilham do interesse do seu filho também podem ajudá-lo a desenvolver um plano para continuar sua busca.

6. **Desenvolva um espírito empreendedor.** A filha da minha amiga Linda era uma aluna da oitava série que sonhava em se tornar médica. Minha amiga, então, perguntou ao pediatra da filha se esta poderia observá-lo – de uma cabine de observação – realizar uma cirurgia. Agora ela é cirurgiã. Experiências profissionais precoces podem ajudar as crianças de qualquer idade a identificar uma paixão. Tente levar seu filho ao trabalho um dia. Peça para um adulto contar para ele sua paixão profissional. Encoraje seu filho a ser voluntário ou conseguir um trabalho temporário no

verão. Em julho de 1986, 57% dos jovens de 16 a 19 anos estavam empregados; em julho de 2017, apenas 36% trabalhavam[33]. Essas são oportunidades perdidas para os jovens descobrirem vocações que poderiam se tornar sua paixão.

Acima de tudo, seu filho deve saber que sua vida importa e que ele pode fazer a diferença no mundo.

COMO A AUTOCONFIANÇA PODE SER O SUPERPODER DO SEU FILHO

Todo pai espera que seus filhos sejam felizes e bem-sucedidos, mas a verdade é que alguns têm muita dificuldade. Dei aula para alunos com graves desafios emocionais, físicos e acadêmicos, mas descobri que aqueles com mais probabilidade de superar esses desafios costumam ter um pai que foca em suas forças – respeitando e nutrindo o que torna seu filho único e especial para que ele possa ver por si só por meio da mesma lente. Incontáveis histórias confirmam esse segredo parental, como a história a seguir.

Jim nasceu sem a mão direita e usava um gancho de metal para compensar. Seus colegas o chamavam de Capitão Gancho e ele se considerava "o menino com a deformidade". Ele ansiava ser apenas mais um menino no parquinho ou o armador do time de basquete que poderia driblar com as duas mãos. "Mas eu não era e jamais poderia ser", ele lembrou[34].

Apesar dos desafios imensos, Jim aprendeu a acreditar em si. Na verdade, ele se tornou um arremessador da Grande Liga de Beisebol quando cresceu, lançou uma bola impossível de rebater e tornou-se uma lenda na área de arremesso. Jim Abbott dá o crédito aos seus pais por ajudá-lo a ter sucesso.

Seu pai estava determinado a não deixar que os desafios do seu filho o definissem. Assim como todo garoto da vizinhança, Jim pescou, andou de bicicleta, empinou pipa e, em dado momento, jogou bola. Sempre que Jim sentia pena de si mesmo ou assumia uma postura de "não consigo", seu pai perguntava: "Então, o que você vai fazer a respeito disso?"

"Ele me deixava fracassar com a fé de que isso me ensinaria a conseguir", Jim disse.

O pai sabia que o socorro não ajudaria; seu filho tinha de encontrar suas próprias forças antes que pudesse acreditar em si. Isso significava que ele precisava cair para se levantar.

A estratégia dos seus pais foi potente. "Eles acreditavam que havia muitas formas de percorrer nossos mundos", Abbott disse, "e isso porque a minha forma de ser diferente não significava que não fosse tão eficiente"[35].

Seus pais também sabiam que tinham de achar um outro caminho para ajudar o filho a encontrar suas forças, e eles o descobriram em um lugar inesperado: o braço. Ainda que não tivesse uma mão, Abbott encontrou uma forma de colocar o bolso da luva para baixo sobre seu braço direito e então praticar constantemente durante a infância até que conseguisse arremessar. Lançar a bola tornou-se o Trunfo Essencial que o ajudou a aprender a confiar em si, progredir até, enfim, tornar-se um excelente jogador.

"Quando a minha confiança diminuía ou eu me via dando ao rebatedor ou situação mais trela do que deveria, eu parava e encontrava aquele ponto focal, imaginando a palavra 'CONFIE' escrita confiantemente em letras garrafais na bola dourada. Era um lembrete para mim mesmo para retornar às minhas forças, ao que faço melhor"[36].

Centenas de crianças com desafios físicos pediram conselho a Jim. "Acreditem em quem vocês são, acreditem no que vocês podem ser, acreditem que podem se tornar mais", ele explica[37]. E essa é a mesma mensagem que devemos ensinar aos nossos filhos.

As possibilidades de se tornarem um super astro são remotas, mas encontrar seus dons pode ajudar qualquer garoto a vencer a adversidade, desenvolver caráter e tornar-se o seu melhor. O caminho para a autoconfiança começa conhecendo suas forças e desenvolvendo-as para se tornarem os Trunfos Essenciais. O processo requer que os adultos deixem de proteger, gerenciar e socorrer. É assim que nós ajudamos todas as crianças a prosperar e brilhar.

IDEIAS PARA TRANSMITIR AUTOCONFIANÇA PARA TODAS AS IDADES

Ao longo dos anos, eu li incontáveis artigos sobre resiliência, mas um garotinho de seis anos de idade me ensinou uma das melhores formas de ajudar as crianças a ter sucesso. Michael (nome fictício) era doce, carinhoso e simplesmente adorável, com grandes olhos castanhos e cabelo escuro cacheado. Foi diagnosticado com graves dificuldades de aprendizado no Jardim de Infância e colocado na minha turma de educação especial – e suas sementes de dúvida já brotavam. Ele esforçava-se para ler, e quanto mais se esforçava, mais ele se retraía. Sempre que tentava uma atividade nova, o refrão de Michael era: "Não consigo. Os garotos vão achar que sou estúpido." Ajudá-lo a reconhecer suas forças e qualidades positivas era crucial, mas ele tinha tanto medo de falhar que era claramente impossível me aproximar e conectar-me com ele. Minha missão era encontrar um jeito de ajudá-lo a brilhar. Mas como?

Então, um dia a turma fazia um projeto artístico e ele baixou sua guarda momentaneamente. Seu lápis voava, e vejam só: Michael sabia desenhar! Durante essa lição, ele ficou feliz e esqueceu suas dificuldades de aprendizado – tudo porque estava fazendo algo em que era realmente bom. Meu caminho para ajudar Michael a desenvolver autoconfiança era fazê-lo focar em suas forças artísticas em vez de suas fraquezas de aprendizado. Eu me reuni com os pais de Michael e preparamos um plano. Eles o levavam a museus de arte e encontraram uma aula de arte extracurricular (que ele amava). Eu mandava nossa turma fazer projetos artísticos com mais frequência e até convidei um pai artístico para trabalhar com ele cara a cara em algumas quartas-feiras.

Aos poucos, todos nós notamos uma mudança: Michael estava mais feliz, mais positivo, menos hesitante e, quando ele desenhava, ficava cheio da confiança que não tinha em outros momentos. Ele até me deixou pregar seus desenhos no quadro de avisos para todos verem. Sua autoconfiança começava a desabrochar. O ponto de virada foi quando os outros alunos disseram que ele era um "grande artista". Nesse dia, ele começou a sorrir, parou de falar "não consigo", teve menos dificuldades – e, logo, sua leitura melhorou junto com o desabrochar de sua habilidade artística.

Ao longo dos anos, fiquei de olho em Michael para ter a certeza de que cada professor estivesse ciente de suas habilidades de desenho. Ouvi que ele ganhou uma competição de arte municipal no Ensino Médio. Eu acabei perdendo o rastro de Michael até um dia, muitos anos depois, receber uma carta dele. Ele me disse que tinha terminado o Ensino Médio e realmente encontrou seu rumo na faculdade, onde se formou em Arte. Agora ele trabalhava para um famoso estúdio de cinema como animador e queria me agradecer por um pequeno ato que eu já tinha quase esquecido: apenas pendurar seus desenhos no quadro de avisos.

"Foi nesse dia que eu parei de me preocupar se os garotos iam pensar que eu era estúpido", ele disse. Eu reli aquela carta e chorei. Michael me ajudou a perceber que em vez de sempre tentar "consertar" as fraquezas das crianças, deveríamos passar o tempo estimulando suas forças e aumentar sua autoconfiança para que elas tenham o impulso para seguir em frente e realizar coisas maravilhosas.

Descobrir as forças e os talentos únicos dos nossos filhos é uma das tarefas mais importantes da parentalidade. Victor e Mildred Goertzel[38] estudaram as infâncias de 700 indivíduos extremamente dotados e talentosos no nosso século (entre eles Eleanor Roosevelt, Winston Churchill, Madre Teresa, Thomas Edison e Albert Schweitzer) e ficaram chocados ao descobrir que três quartos tiveram obstáculos tremendos em suas vidas, incluindo infâncias problemáticas, pais emocionalmente frágeis ou alcóolatras ou graves problemas de aprendizado. O que os ajudou a compensar seus desafios e se tornarem tão bem-sucedidos? Desde cedo, cada indivíduo teve um "alguém importante" que o ajudou a reconhecer um talento oculto que ele possuía e encorajou seu desenvolvimento para ajudá-lo a ter sucesso. Aqui estão as formas de ajudar as crianças a reconhecer suas forças únicas para que também possam brilhar.

As seguintes letras designam a idade recomendada adequada para cada atividade:
C = Crianças pequenas, de um a três anos e em idade pré-escolar;
E = Criança em idade escolar;
P = Pré-adolescentes e adolescentes;
T = Todas as idades.

- **Defina a "força".** Comece definindo o que é uma força. Quando crianças ouvem essa palavra, costumam pensar em músculos e exercícios, mas explique que as "forças também são seus talentos únicos e qualidades que o tornam poderoso dentro de si". Ilona Boniwell, uma especialista europeia em psicologia positiva, explica assim as forças para crianças mais velhas: "Em uma folha de papel, escreva qualquer coisa com sua mão dominante. Agora escreva a mesma coisa com sua mão não dominante. Forças são coisas que você acha mais fácil de fazer e faz bem. Elas também lhe dão energia e você as usa com frequência. Uma vez conhecidas as suas forças, você conseguirá usá-las repetidas vezes para ajudá-lo a aprender mais rápido." Tente a abordagem divertida com seu filho mais velho. **E, P**

- **Conversas sobre força com as mãos.** Tenha "conversas sobre força" como um jeito divertido de lembrar crianças mais novas de suas qualidades positivas. Pegue a mão da criança com a sua e deixe que cada um dos dedos dela seja um lembrete de um Trunfo Essencial. Você deve reconhecer apenas forças legítimas. Por exemplo: "Você tem muitas forças. É um ótimo ouvinte" (segure seu polegar); "É trabalhador" (indicador); "Carinhoso com os amigos" (dedo do meio); "Artístico" (anelar); "Confiável, eu posso confiar que você fará o que diz" (mindinho). Cuidado: Eu fazia isso como um ritual antes de dormir com meus filhos e escrevia uma força especial em cada dedo. Certa noite, eu usei uma caneta marcadora permanente em vez de aquarela. Os professores deles riram e me lembraram disso por meses. Meus filhos continuaram a pedir as conversas, mas educadamente sugeriram que eu usasse uma caneta não permanente. Assim eu fiz. **C**

- **Faça perguntas iniciando com "que".** Perguntar *por que* ajuda as crianças a desenvolver um propósito, mas um estudo de J. Gregory Hixon e William Swann descobriu que perguntas iniciadas com "que" podem desenvolver mais o autoconhecimento. Quando solicitados a refletir em "*Que* tipo de pessoa você é?", alunos universitários se abriam mais às novas informações sobre si e como poderiam agir a respeito delas. Quando solicitados a pensar sobre "*Por que* você é esse tipo de pessoa?", os alunos gastavam mais energia racionalizando e negando o que souberam e ficavam até distraídos com pensamentos negativos[39]. Hixon e Swann concluíram: "Pensar no porquê pode não ser melhor do que não pensar sobre si." Então, em vez de "*Por que* você gosta de tênis?", pergunte: "*De qual* aspecto do jogo você gosta?" Em vez de "*Por que* você não gosta da escola?", pergunte: "*Qual* a parte da aula você mais gosta?" Em vez de "*Por que* você quer aprender saxofone?", pergunte: "*Do que* você gosta ao aprender a tocar?" **E, P**

- **Capture imagens de força.** Tire fotos do seu filho exibindo suas forças especiais. Se ele for atlético, a imagem pode ser de um arremesso em um jogo de basquete; se for artístico, desenhando; carinhoso: sentado com o braço em volta dos ombros de um amigo. Espalhe as fotos por toda a sua casa ou encoraje uma criança mais velha a colocar uma delas como descanso de tela para servir como referência visual de seus Trunfos Essenciais. **T**

- **Portfólio permanente de forças.** Registrar o crescimento dos alunos em áreas acadêmicas não é novidade, mas muitas escolas agora desafiam as crianças a criar um retrato contínuo de "quem são", que exiba qualidades positivas. Eu visitei várias escolas na Nova Zelândia e vi alunos retratando suas forças usando fotos, redações e vídeos desde o Jardim de Infância. Os portfólios passavam então para os próximos professores para eles entenderem os Trunfos Essenciais de seus alunos. Considere manter um portfólio permanente da força de cada criança. **T**

- **Móbiles de força.** Construa um móbile com um cabide velho e linha. Seu filho pode desenhar pinturas de cada força no papel e pendurá-las em vários comprimentos de linha amarrados ao arame. Suspenda o móbile finalizado em um ponto visível e vá acrescentando a ele as forças descobertas. **C, E**
- **Colagens de trunfos.** Em vez de um móbile, ajude seu filho a criar uma colagem em um quadro com imagens, fotos ou palavras que mostrem seus trunfos. Uma mulher me contou que sua filha estava às voltas com a baixa autoconfiança e, então, ela começou uma colagem de forças para ela. Cada vez que a mãe reconhecia uma força essencial, colava uma palavra ou retratava algo na cartolina. Sua filha escondeu a colagem por anos, mas a mãe teve uma agradável surpresa ao vê-la levá-la à faculdade. "Ela me agradeceu por ajudá-la a acreditar em si mesma", a mãe disse. "Fiquei muito feliz de nunca ter parado de tentar ajudá-la a encontrar suas forças." **T**
- **Bate-papos sobre força em família.** Somos rápidos em indagar sobre as notas e os sucessos acadêmicos dos nossos filhos, mas costumamos esquecer de discutir seus ganhos de força. Separe um tempo para ter bate-papos sobre força em família. "De qual matéria você gosta mais?" "Qual atividade você curtiu mais?" "O que você mal pode esperar para fazer em aula?" "Em qual momento você sentiu mais orgulho (foi mais fácil ou difícil)?" "O que você aprendeu sobre si?" "Em que você melhorou?" "Qual atividade você anseia por fazer de novo?" Você também pode escrever perguntas em fichas guardadas em uma cesta para serem lidas durante as refeições. As respostas podem ajudá-lo a acompanhar os interesses e as paixões do seu filho. **E, P**
- **Murais de orgulho.** Separe um espaço no qual os membros da família possam divulgar e compartilhar seus talentos e habilidades. Afixe artigos, fotografias e recortes de notícias de pessoas que sirvam de modelo e retratem forças para encorajar os membros a continuar desenvolvendo suas próprias forças. Por exemplo, Tiger Woods, um modelo de perseverança; Malala Yousafzai,

um modelo de identidade moral; Jim Abbott, um modelo de resiliência. **E, P**

- **Leia sobre o desenvolvimento da força.** Para crianças mais novas: *True You: Authentic Strengths for Kids*[40] *[O Verdadeiro Você: Forças Autênticas para Crianças]* de Fatima Doman; *Red: A Crayon's Story*[41] *[Vermelho: Uma História de Giz de Cera]* de Michael Hall; *Tudo Bem Ser Diferente*[42] de Todd Parr. Para crianças mais velhas: *The Self-Esteem Workbook for Teens*[43] *[O Manual da Autoestima para Adolescentes]* de Lisa M. Schab; *Os 7 Hábitos dos Adolescentes Altamente Eficazes*[44] de Sean Covey; *The 6 Most Important Decisions You'll Ever Make*[45] *[As 6 Decisões Mais Importantes Que Você Tomará]* de Sean Covey. **T**

- **Diários da vitória.** Dobre algumas folhas de papel ao meio e as grampeie dentro de uma capa de cartolina e você terá um diário da vitória! Dê um a cada membro da família como um lugar para registrar suas descobertas de força e vitórias. Crianças mais novas podem acrescentar desenhos. Um pai de Sacramento me contou que ele começou um diário familiar de forças. Cada membro acrescenta as descobertas de força e então as discute em reuniões mensais regulares. Melhor ainda, os irmãos agora apontam descobertas um no outro. "Você está ficando bom em desenho. Deveria pensar em fazer aulas!" **C, E**

- **Ofereça *hobbies*.** O *hobby* certo pode ajudar as crianças a aprender a estabelecer metas, controlar o tempo, tomar decisões e até relaxar, mas também pode cultivar uma força e ajudá-las a ter sucesso. Estudos com crianças resilientes constataram que seus *hobbies* "tornaram-se um conforto quando as coisas desmoronam em suas vidas"[46]. Comece oferecendo uma variedade de experiências – construção de foguetes, fotografia, colecionar moedas, carpintaria, arte, observação das estrelas – e veja o que fascina o seu filho. Um pai me disse que sua família adota um *hobby* diferente por mês (como aprender sobre castelos, caligrafia e colecionar insetos) para avaliar os interesses dos seus filhos. O objetivo não é forçar um interesse na criança, mas encontrar algo de que ela goste muito. Uma vez descoberto até mesmo um fragmento de curiosidade, estimule-a: forneça materiais básicos para o início, mostre ao seu filho como começar, interaja com ele e então veja se a atração desabrocha. Se sim, pare de controlar até seu filho tomar posse e poder chamá-lo de "meu *hobby*". **T**

OS CINCO PRINCIPAIS APRENDIZADOS

1. Crianças que entendem, valorizam e aplicam seus Trunfos Essenciais são mais felizes e resilientes.
2. Só quando temos um retrato preciso dos nossos filhos e filhas é que podemos cultivar suas forças e ajudá-los a compensar suas fraquezas.
3. A verdadeira confiança é um resultado de fazer bem, mas a criança é sempre a agente e a diretora de seus próprios triunfos.
4. Saber seu propósito leva as crianças para mais perto do caminho que traz alegria e orgulho mais profundos e as alinha com algo maior do que elas mesmas.
5. Embora nós não consigamos eliminar os obstáculos, podemos diminuir os potenciais efeitos negativos ajudando as crianças a desenvolver e aplicar suas forças essenciais.

UMA ÚLTIMA LIÇÃO

Às vezes as lições vêm de lugares inesperados: as minhas vieram enquanto percorria o campo de refugiados de Chatila, no Líbano. Os edifícios estavam cravejados de buracos de bala, a água era insalubre, violência e drogas eram comuns, fios elétricos estavam perigosamente pendurados: a desesperança permeava o local. O campo é chamado de "lar" por centenas de crianças, e estima-se que um quarto delas desenvolverá profundos problemas psicológicos. Eu me preocupo com como elas poderiam superar tamanho caos.

Então, meu guia me levou para um beco escuro e eu subi um lance de escada. Liguei minha lanterna e vi letras árabes pintadas em cores alegres cobrindo uma parede de concreto. Elas diziam: "Vida e Liberdade" e foram pintadas pelas crianças para anunciar o que havia atrás da porta. Eu entrei e vi um clube de xadrez infantil: o oásis de esperança delas.

Mahmoud Hashem, um homem bondoso do campo, criou o clube por saber que as crianças precisam se sentir seguras, conectadas e precisam acreditar em si. A pequena sala tinha 12 mesas, cada uma com um jogo de xadrez de plástico, e, por algumas horas depois da escola, as crianças deixavam para trás as suas preocupações e experimentavam "Vida e Liberdade".

Eu perguntei para as crianças por que elas gostavam de xadrez e elas recitaram as respostas.

"O xadrez me faz pensar bastante."

"Eu descobri que sou bom em matemática e consigo pensar à frente!"

"Aprendi que consigo fazer algo difícil e sou bom nisso."

"Descobri que amo xadrez... sempre amarei."

O clube extracurricular do Sr. Hashem estava ajudando as crianças a encontrar um meio de superar o caos, encontrar suas forças e desenvolver uma forte crença em si mesmas. "Toda criança precisa de um lugar legal assim... um lugar para aprender quem você é", um menino me sussurrou. Pura verdade.

Toda criança, da pobreza ao privilégio, deve encontrar suas forças e ter oportunidades para exibi-las. Aquelas que aprenderam essa lição – como as mulheres de Reggio Emilia, a tia-avó Hattie, um pai de Yellowstone, o vô do Kevin, os educadores do ACS e o Sr. Hashem no campo de refugiados – não hesitam em garantir que suas crianças ganhem confiança.

Todas as crianças têm desafios, alguns mais difíceis do que outros, que as ajudam a aprender suas forças interiores e o que pode diminuir as dificuldades. A autoconfiança é a primeira Força de Caráter a levar as crianças a se tornarem a sua melhor versão e a pilotar os próprios destinos. Liberar isso em nossos filhos é crucial, especialmente em um mundo competitivo, que valoriza o vencedor, e no qual as crianças estão desesperadas para se sentirem realizadas.

ENQUETE SOBRE OS TRUNFOS ESSENCIAIS

Cada criança nasce com uma constelação única de qualidades, características e Forças de Caráter positivas que podem ser desenvolvidas para aumentar as chances de sucesso em um mundo em que o vencedor leva tudo. Essas, que são as qualidades mais fortes da criança, eu chamo de Trunfos Essenciais, que aumentam as sete Forças de Caráter essenciais. Embora existam dúzias de forças, estas foram as selecionadas porque ajudam a desencadear o potencial ao sucesso das crianças, podem ser desenvolvidas, têm um resultado positivo no bem-estar e as ajudará a melhorar o mundo. Marque apenas aquelas que estejam presentes e genuinamente definem seu filho.

FORÇA DE CARÁTER				
AUTOCONFIANÇA E RESPEITO PRÓPRIO	EMPATIA E HABILIDADES RELACIONAIS		INTEGRIDADE E FORÇA MORAL
☐ Autêntico	☐ Afetuoso	☐ Humilde	☐ Admite erros, tenta dar satisfação
☐ Autônomo	☐ Altruísta / generoso	☐ Inclusivo	☐ Corajoso
☐ Confiante	☐ Colaborador	☐ Gentil	☐ Confiável
☐ Pé no chão	☐ Comunicador	☐ Amável	☐ Faz o certo sem recompensa
☐ Perspicaz	☐ Atencioso	☐ Amável / Piedoso	☐ Ético
☐ Independente	☐ Afável	☐ Considera perspectiva / compreensivo	☐ Leal
☐ Individualista	☐ Empático	☐ Pacificador / reparador	☐ Bom julgamento
☐ Fervoroso	☐ Franco	☐ Relaciona-se bem com os outros	☐ Honesto / sincero
☐ Senso de propósito	☐ Amigável	☐ Sensível	☐ Justo / franco
☐ Defende-se	☐ Generoso	☐ Solícito / colaborador	☐ Líder: defende o que é certo
☐ Autoconfiante	☐ Meigo	☐ Divide / Reveza	☐ Pacificador
☐ Crenças fortes	☐ Bom ouvinte	☐ Entende e expressa os sentimentos	☐ Responsável / confiável
☐ Forte conhecimento	☐ Prestativo		☐ Tem espírito esportivo
			☐ Forte caráter moral
			☐ Digno de confiança
			☐ Sabedoria

AUTOCONTROLE E ADAPTABILIDADE	CURIOSIDADE E CRIATIVIDADE	PERSERVERANÇA E GARRA	OTIMISMO E ESPERANÇA
☐ Adaptável	☐ Valente / corajoso	☐ Atento	☐ Perdoa
☐ Habilidades de enfrentamento	☐ Criativo	☐ Determinado	☐ Divertido / jovial
☐ Consegue adiar a gratificação	☐ Movimento criativo	☐ Disciplinado	☐ Grato
☐ Focado	☐ Gera opiniões	☐ Empreendedor	☐ Bondoso
☐ Flexível	☐ Assume riscos de forma saudável	☐ Experimenta o estado de fluxo	☐ Esperançoso
☐ Paciente	☐ Imaginativo	☐ Se compromete com tudo até o fim	☐ Bem-humorado
☐ Autodisciplina	☐ Perspicaz	☐ Estabelece metas	☐ Otimista
☐ Realiza autorregulação	☐ Inovador / desenvolvedor	☐ Mentalidade adulta	☐ Atitude positiva
☐ Temperança	☐ Adora aprender	☐ Aplicado	☐ Resiliente
	☐ Não conformista	☐ Iniciador	☐ Espiritual
	☐ Mente aberta	☐ Persevera	☐ Entusiasmo
	☐ Solucionador de problemas		

FORÇAS ÚNICAS E TRUNFOS ESSENCIAIS

AUTOCONFIANÇA E RESPEITO PRÓPRIO

☐ Leitura	☐ Poesia
☐ Vocabulário	☐ Debate
☐ Eloquência	☐ Contação de histórias / piadas
☐ Memorização de fatos	

QUALIDADE EM LÓGICA / PENSAMENTO

☐ Pensamento abstrato	☐ Organizado
☐ Bom senso	☐ Inteligente
☐ Habilidades no computador	☐ Solucionador de problemas
☐ Decifra códigos	☐ Pensa e aprende rápido
☐ Pensamento mais profundo	☐ Bem-informado sobre um tópico
☐ Memória aguçada	☐ Ciência
☐ Matemática e números	☐ Jogos de raciocínio

HABILIDADES FÍSICAS/CINESTÉSICAS CORPORAIS	
☐ Atuação / interpretação de papéis	☐ Resistência
☐ Atlético	☐ Gracioso
☐ Equilíbrio / destreza	☐ Ginástica
☐ Coordenação	☐ Corrida
☐ Dança	☐ Esporte específico
☐ Teatro	☐ Força física
QUALIDADES EM MÚSICA	
☐ Instrumento	☐ Lembra de melodias
☐ Tem voz para cantar	☐ Lê / compõe música
☐ Ritmo	☐ Responde às músicas
QUALIDADES NA NATUREZA	
☐ Observador	☐ Coleções científicas
☐ Adora animais	☐ Gosta de fazer trilhas

FORÇAS ÚNICAS E TRUNFOS ESSENCIAIS	
☐ Artístico	☐ Fotografia
☐ Desenho / pintura	☐ Memória para detalhes
☐ Habilidades com mapas / direcionalidades	☐ Visualiza

LISTE MAIS QUALIDADES POSITIVAS, FORÇAS DE CARÁTER, TRUNFOS ESSENCIAIS E TALENTOS DA CRIANÇA
☐
☐
☐
☐
☐
☐
☐
☐

A lista foi extraída de várias fontes, incluindo Personal Values Card Sort [Classificação dos Valores Pessoais][47], Values in Action Institute [Instituto Valores em Ação][48], Gallup's Clifton Strengths[49] e As Dez Virtudes Essenciais de Thomas Lickona[50]. Essas qualidades também existem em uma grande variedade de nações, além de tribos remotas e culturas indígenas[51].

Capítulo 2

Empatia

Prósperos pensam em "nós", não em "mim".

TODOS OS ANOS, OS ALUNOS DA QUINTA SÉRIE DE TAMPA DA turma de Barbie Monty na Carrollwood Day School se engajam em um projeto de aprendizado conduzido pelos alunos. A escolha do tópico a ser estudado fica totalmente nas mãos dos próprios estudantes – eles começam o projeto lendo, assistindo às notícias, discutindo ideias e depois se reúnem para escolher a questão na qual se concentrarão e sobre a qual aprenderão no resto do ano. No ano passado, os alunos de 10 e 11 anos de idade da classe da Monty escolheram empatia depois de perceberem que isso era crucial para suas vidas.

Eles também perceberam que não viam muito dela em seu mundo.

Ao longo do ano escolar, os alunos da Sra. Monty pesquisaram artigos, formularam perguntas e escreveram para empresas pedindo por fontes para corroborar seu estudo. Eu conheci a turma quando eles me mandaram um *e-mail* pedindo por uma conversa por Skype – meu livro anterior, *UnSelfie*[1], é sobre o ensino de empatia, e eu estudei os seus benefícios por anos. Passei uma hora explicando empatia e formas de incuti-la e, a princípio, eu me senti muito bem com a informação que transmiti.

Mas, à medida que eles me faziam perguntas, eu percebi que esses alunos não estavam nada tranquilos. Em vez disso, estavam bem preocupados.

"Você disse que em 30 anos a empatia diminuiu 40%", um menino apontou. "Você não acha que os adultos deveriam se preocupar?" Eles podiam ser jovens, mas entenderam por que essa Força de Caráter era importante.

Eles leram histórias sobre crianças empáticas e (como a professora deles me contou) "perceberam que ninguém é novo demais para fazer a diferença". Eles ficaram comovidos ao lerem sobre Trevor Ferrell, que, aos

11 anos, assistiu a uma reportagem na televisão sobre os moradores de rua da Filadélfia e implorou aos seus pais para levarem-no ao centro para que ele pudesse ver se era verdade. "Quando ele deu seu travesseiro ao morador de rua, a gratidão do homem transformou Trevor", um menino disse. "Dois anos depois, ele organizou uma operação com 250 pessoas para dar alimentos e cobertores aos sem-teto."

Eles também adoraram conhecer Christian Bucks, que arrumou um Buddy Bench [Banco do Amigo] no parquinho de diversões da escola quando estava na segunda série para que um colega solitário pudesse se sentar e sinalizar aos colegas que precisava de um amigo. E eles adoraram o esforço de Dylan Siegel, de seis anos, para ajudar seu amigo com uma doença incurável no fígado escrevendo o livro *É Tão Chocolate*[2], que arrecadou mais de 1 milhão de dólares para tratamentos.

O comprometimento com uma Força de Caráter cresce quando as crianças compreendem seu valor. Um aluno explicou: "Esses meninos demonstraram a empatia em ação." Eles estavam aprendendo a lição fundamental: o objetivo ideal não é falar sobre caráter, mas agir.

A tarefa de conclusão dos alunos foi ensinar suas descobertas aos outros. Então, os alunos da quinta série criaram histórias infantis, jogos interativos e atividades para ensinar aos alunos mais novos, e compraram jogos com perguntas que encorajavam os alunos a se colocarem no lugar dos outros. Por fim, eles compartilharam suas lições de empatia em uma assembleia para pais e o corpo estudantil.

Perguntei aos alunos o que o projeto sobre empatia ensinou a eles, e suas respostas me deram esperança. "Sinto mais empatia porque isso me fez reconhecer como as outras pessoas se sentem." "Eu aprendi a considerar o que acontece nas vidas dos outros para entendê-los melhor." "Me mudou; eu nunca olharei para alguém da mesma forma."

Muitos adultos subestimam a empatia; não esses meninos de 11 anos. Mas a paixão deles pela Força de Caráter se deveu a como Barbie Monty a ensinou. Suas lições de empatia não foram um trabalho pontual, longas aulas expositivas ou planilhas, mas, em vez disso, foram oferecidas experiências significativas, ativas, conduzidas pelas crianças. E a evidência real de que nossas lições tomaram forma é quando as crianças as usam *sem* a nossa presença. A prova da Sra. Monty veio quando uma mãe compartilhou a transformação da sua filha por causa do projeto.

> "Um homem sem-teto estava do lado de fora da nossa loja e Rachel quis comprar o almoço para ele. Nós fizemos isso e ela deu a refeição

a um homem muito grato. Rachel ficou tão contente por tê-lo feito feliz: estava literalmente radiante! Ela explicou: 'Isso é empatia em ação, mamãe.' Eu soube que algo dentro da minha filha mudou. Quero agradecê-la."

A empatia em ação é sempre o objetivo final. Está no cerne da mentalidade do Próspero. Mas por que essa força – que nós sabemos ser crucial não apenas para crianças mais felizes, mas também mais bem-sucedidas – está com um estoque tão escasso hoje em dia?

O QUE É EMPATIA?

A maioria descreve empatia como o momento sincero no qual você "sente a dor do outro", mas essa Força de Caráter essencial tem três tipos distintos. Eu as chamo de Empatia ACCs.

A = Afetiva. Na empatia afetiva, nós compartilhamos os sentimentos do outro e sentimos suas emoções.

C = Comportamental. É quando a preocupação empática nos convoca a agir com compaixão.

C = Cognitiva. Nesse tipo de empatia, nós entendemos os pensamentos do outro e nos colocamos no seu lugar.

Cada tipo de empatia ajuda as crianças a se importarem umas com as outras e a revelar sua humanidade da melhor forma possível. As Empatias ACC também são nossas melhores ferramentas de parentalidade para responder aos nossos filhos.

A criança conta que seus "amigos" a excluíram no almoço e ela comeu sozinha. Ela se curva, começa a chorar e em segundos você capta seus sentimentos e chora junto com ela. Você compartilha a dor da criança. A **Empatia Afetiva** (o "A" na tríade da empatia) é a parte emocional da empatia que nos leva a "sentir com" o outro e se desenvolve cedo nas crianças. Eu me lembro de chorar quando soube que minha mãe estava doente, e meu filho pequeno engatinhou para o meu colo, acariciou o meu rosto, espelhou minha dor e chorou comigo. Esses são momentos humanos inigualáveis nos quais estamos profundamente conectados e, por um curto período, "nos tornamos um só", como destaca o psicólogo de Stanford Jamil Zaki: "Nossos cérebros respondem até à dor e ao prazer um do outro como se nós mesmos estivéssemos passando por esses estados"[3]. Mas existem dois outros tipos de empatia que também podem ser cultivados.

Seu filho de sete anos assiste à notícia sobre um tornado e vê uma criança do lado de fora da casa, que agora está arruinada. "Uau, mãe", ele diz com tamanho pesar. "Eu sei como me sentiria se perdesse tudo." Seu filho adolescente corre até a caixa de correio e encontra o tão aguardado envelope com o símbolo da universidade que ele sonhou em entrar por todos esses anos. Você olha com ansiedade enquanto ele a abre e de repente você está em seus pensamentos. "Eles vão me aceitar?", "Todo aquele trabalho valeu a pena?", "E se eles não me aceitarem?". Você está se colocando no lugar do seu filho, entendendo seu ponto de vista e tomando sua perspectiva. Essa é a **Empatia Cognitiva** (também chamada de "tomada de perspectiva"). Ela é mais sofisticada do que a empatia afetiva e demora mais para as crianças desenvolverem, mas é uma ferramenta poderosa para compreender e se relacionar com os outros, além de reduzir conflito.

O terceiro tipo é o que eu chamo de **Empatia Comportamental** (às vezes chamada de "preocupação empática"): quando você vê, ouve ou sente a dor do outro de tal modo que quer *fazer* algo para ajudar. Rachel, a aluna da turma da Sra. Monty, chamou-a de "empatia em ação". Ela viu o morador de rua, leu sua linguagem corporal e expressões faciais como "estou sozinho e com fome" e seus impulsos empáticos foram acionados. Rachel tinha de ajudar, então ela pediu para sua mãe comprar comida para o homem. A empatia comportamental (empatia em ação) revela nossa melhor natureza, torna nosso mundo mais humano e dá vantagens tremendas às crianças.

A empatia não é nada suave e macia: ela afeta a saúde futura, a riqueza, a felicidade autêntica e a satisfação com os relacionamentos dos nossos filhos, e induz a resiliência para superar contrariedades[4]. Ela também reduz o estresse e aumenta a confiança, a criatividade, a conexão, a gentileza, comportamentos pró-sociais e a coragem moral[5], além de ser um antídoto eficaz contra *bullying*, agressões, preconceito e racismo[6]. Além disso, é um indicador positivo das pontuações futuras em provas de leitura e Matemática e das habilidades em pensamento crítico[7] das crianças, serve como uma preparação para o mundo global e dá um estímulo ao mercado profissional. Por isso que a *Forbes* insiste que as empresas adotem a empatia e princípios de tomada de perspectiva, a *Harvard Business Review* chamou a força de um dos "ingredientes essenciais para o sucesso da liderança e um desempenho excelente"[8] e a Association of American Medical Colleges [Associação Americana das Faculdades de Medicina] a identificou como um "objetivo de aprendizado essencial"[9]. Por isso devemos nos preocupar: a empatia está diminuindo nas nossas crianças.

Pesquisadores reuniram os níveis de empatia de milhares de alunos[10] universitários estadunidenses e, então, compararam seus escores com grupos da mesma idade, mas em diferentes coortes de nascimento. Em 30 anos, a empatia dos estadunidenses jovens caiu mais de 40% e, no mesmo período, o narcisismo aumentou 58%[11]. Mas a saúde mental também está despencando: um terço dos universitários estadunidenses dizem que se sentem ansiosos com frequência; um a cada oito ficam deprimidos com frequência[12]. De fato, jovens de 18 a 22 anos estão agora *mais desconectados, solitários e isolados do que qualquer outra geração*[13]. Essas descobertas vieram antes de um longo período de isolamento social durante uma pandemia no qual as crianças foram apartadas de seus colegas. Os relacionamentos são fundamentais para o sucesso.

Então vamos ligar os pontos: à medida que a empatia cai, o estresse e o desgaste se elevam. E os adolescentes dizem que é isso que está acontecendo. Segundo um adolescente de 15 anos: "Estou esgotado por sempre 'fazer'; não tenho tempo de apenas 'ser'." Um adolescente de 14 anos afirmou: "Meu ritmo constante faz eu me sentir que estou aos trancos e barrancos." Um pré-adolescente de 12 anos: "Eu queria ter mais tempo para os amigos, mas nós apenas conversamos por mensagens." Tentar criar crianças "bem-sucedidas" sem empatia diminui a resiliência e aumenta a solidão e o vazio, deixando-as vazias. A Força de Caráter da empatia está se desfazendo e nossas crianças estão sofrendo.

POR QUE A EMPATIA PODE SER TÃO DIFÍCIL DE ENSINAR

"Não é uma coisa só, mas algumas coisas combinadas que nos machucam. Contudo, é melhor os adultos fazerem alguma coisa: é como se nós não tivéssemos mais energia dentro de nós."
– Layla, 13 anos, Washington, D.C.

Eu tive o privilégio de falar sobre empatia, caráter e resiliência para mais de 1 milhão de pais e professores em cinco continentes. Ao longo dos anos, aprendi a prever uma pergunta de cada grupo em qualquer lugar do mundo: "Dá para ensinar empatia?" Muitos pais e educadores presumem que a empatia das crianças está trancada em um código genético inquebrável e ficam surpresos que o traço de humanidade possa ser cultivado. Eles também supõem que as meninas terão mais empatia do que os meninos; se seus filhos não choraram ao final do livro *A teia de Charlotte*[14], eles não têm empatia, e depois de uma certa idade (como a adolescência), é tarde demais para nutri-la. Mas a ciência contradiz todas essas crenças dos pais.

Ela pode ser cultivada sim, e, em qualquer idade, as crianças demonstram diferentes tipos de empatia (afetiva, cognitiva ou comportamental), e a genética tem um papel muito menor. Um estudo constatou que apenas 10% das diferenças entre as habilidades das pessoas em sentir empatia se devem aos genes[15,16] (o que significa que parentalidade e experiências são fundamentais para determinar as habilidades das crianças em sentir com os outros). Há um debate acalorado acerca dos meninos terem menos empatia do que as meninas, mas não podemos negar o impacto da criação. A mensagem "meninos não choram" ainda está arraigada na nossa cultura desde uma tenra idade. E nunca é tarde demais para cultivar essa Força de Caráter. Na verdade, as pessoas com mais empatia são as mulheres entre os 50 e 60 anos. A pesquisadora especializada em empatia, Sara Konrath, explica: "Não é tão surpreendente que mulheres de meia-idade tenham uma empatia elevada depois de anos e anos de prática"[17]. Isso porque a empatia é como um músculo – quanto mais você usa, mais forte ela fica.

Sim, a empatia *pode* ser ensinada, mas vários fatores tóxicos na nossa cultura estão reduzindo as habilidades das crianças de sentir *com* os outros. Aqui estão três motivos da diminuição dessa Força de Caráter crucial e do aumento das sensações de vazio das crianças.

O nosso mundo hipercompetitivo encoraja o "eu contra você"

Comprovou-se que a competição reduz a empatia, e nossos filhos estão crescendo em uma sociedade motivada por testes de alto impacto que colocam uma criança contra a outra[18].

"Como você constrói relacionamentos se os amigos são seus rivais?", Grayson, de 14 anos, me perguntou, melancólico. É um sentimento que ouço cada vez mais – especialmente entre alunos do Ensino Médio, mas também no Ensino Fundamental e até em crianças no início da vida escolar. A mentalidade do "eu contra você" começa cedo – e é cada vez mais tóxica para os jovens e sua saúde mental.

Mas, na verdade, ter um espírito competitivo não seria bom para os nossos filhos? Eu não tenho tanta certeza. Uma pesquisa demonstra que uma mentalidade "sou melhor do que você" aumenta o egoísmo, provoca a solidão, atrofia os músculos do altruísmo e cria um vazio. E mais de 80 estudos refutam a alegação de que "competição é crucial para o sucesso". "As crianças que aprendem com cooperação – comparadas com aquelas que aprendem por competição ou sozinhas – aprendem melhor, se sentem melhor sobre si e se relacionam melhor uma com a outra", escreve Alfie Kohn, autor de *No Contest: The Case Against Competition*[19] [Sem Disputa: O Caso Contra a Competição].

As comparações também diminuem a empatia. As escolas agora colocam as notas na internet (em geral, durante o horário escolar), permitindo que os pais verifiquem as notas e pontuações de seus filhos. Os adolescentes me contam que esses sistemas eletrônicos de "vigilância" das notas apenas causa *mais* estresse, *mais* competição, *mais* esgotamento e nos implora para *pararmos* nossa verificação e comparação constantes.

"Eu faço a minha prova no primeiro período e, no terceiro período, minha mãe já está me mandando mensagem para perguntar se meus amigos foram melhores", relatou Sara, de 16 anos, de Austin, Texas.

"Meu professor posta as notas do terceiro período. Eu sei que a minha mãe está checando, então não consigo raciocinar pelo resto do dia", disse Isabella, 15 anos, de Orlando, Flórida.

"Meu pai compara minhas notas com as dos meus amigos, mas eu realmente não consigo ir melhor", afirmou Jerome, de 16 anos, de Boston.

Eles querem nossa aprovação e precisam de apoio dos colegas. Mas quando *tudo* se torna uma competição para escolher um vencedor absoluto, os relacionamentos fracassam e o vazio aumenta. Assim as crianças perdem.

A TECNOLOGIA REDUZ A CONEXÃO HUMANA

"A minha geração é realmente niilista. Um dos meus amigos tem até uma camiseta com os dizeres: 'O maior niilista do mundo'. Acho que é porque toda essa quantidade enorme de redes sociais e notícias em uma idade tão nova causou despersonalização. Nós precisamos mesmo ver a bondade."
– Mary Catherine, 17 anos, Boca Raton, Flórida

O portal para a empatia e o sucesso é a conexão humana, mas a tecnologia está alterando drasticamente as vidas sociais das crianças e aumentando o vazio. 95% dos adolescentes têm um aparelho digital, 70% deles usam as redes sociais várias vezes por dia, 38% a usam várias vezes por hora e mais da metade até admite que os aparelhos "muitas vezes me distraem quando eu deveria estar prestando atenção às pessoas com as quais eu estou"[20]. Há apenas sete anos, quase metade dos adolescentes preferiam conversar pessoalmente; hoje, sua forma favorita de se comunicar com amigos é por meio de mensagens[21]. Embora nós costumássemos desencorajar o uso digital, a necessidade de um aprendizado à distância durante a pandemia apenas aumentou sua dependência de trocas virtuais em vez de interações presenciais das quais as crianças precisam.

O professor de Psicologia Jean Twenge afirma que quatro grandes estudos constatam que a "felicidade e a saúde mental estão mais elevadas na meia hora ou duas horas de uso extracurricular de mídia digital por dia; então, o bem-estar diminui de forma constante. Os adolescentes com o pior estado foram aqueles que passaram o maior tempo *online*"[22]. O distanciamento social poderia reduzir ainda mais a saúde mental e a felicidade das crianças.

As crianças concordam: "Nós vivemos grande parte das nossas vidas nos nossos telefones e não temos conexões genuínas com os outros. Deve ser por isso que estamos estressados", diz Kara, 12 anos, de Atlanta. "Nós precisamos de conexões com pessoas reais", afirma Jared, 16 anos, de Chicago. "Ficar em casa e aprender à distância apenas nos deixaram mais solitários".

Não é que pais e educadores não estejam preocupados, mas muitas vezes ficamos confusos sobre como estabelecer limites digitais para as crianças. Alguns pais contratam "consultores de tela" (e pagam até US$ 250 por hora) para aprender como afastar sua prole da tecnologia e preencher a lacuna digital em suas vidas. E o que esses consultores caros sugerem aos pais? Tente isso: "Tem uma bola em algum lugar? Joga!", "Chute a bola!"[23]

Economize seu dinheiro e apenas diga "não" ao uso digital precoce e excessivo e veja os níveis de empatia e felicidade dos seus filhos aumentarem.

Elogios em excesso podem sair pela culatra

Se há um elo comum no nosso clube da parentalidade é que amamos muito nossos filhos e, se não os deixamos saber *constantemente* que eles são especiais, amados e tão valorizados, sentimos que nosso trabalho não foi realizado. Alguns dos assim chamados "especialistas" em parentalidade aconselham pais a dar dez declarações positivas contra qualquer comentário negativo. (Uma mãe me contou que ela até pendurava um "10" na sua parede para lembrá-la a aderir à "taxa sagrada".) Mas nossas melhores intenções estão saindo pela culatra.

"Minha geração é mais egocêntrica e todos acham que são melhores", diz Sophia, 12 anos, de Napa, Califórnia. "Um pouco disso é porque estamos muito acostumados a sermos elogiados e recompensados por tudo."

Os jovens universitários são agora a geração mais arrogante e egocêntrica da história (definida como "tendo uma visão inflada e muito positiva de si"). Os narcisistas estão interessados em receber apenas o que *eles* conseguem *sozinhos* e sempre se sentem *superiores* aos outros, e as taxas de narcisismo entre alunos universitários aumentou quase 60% em 30 anos[24]. Não se engane: o egocentrismo corrói a empatia, reduz o comportamento pró-social, constrói uma falsa confiança e intensifica o vazio, e não existe um gene para o egocentrismo. Temos apenas nós mesmos para culpar. O narcisismo não evolui porque uma criança não é amada, mas por ser repetidamente lembrada: "Você é especial, poderosa, merecedora e *melhor*." Seus filhos devem saber que são *amados* e *estimados*, não que são *melhores, superiores ou mais dignos* do que os outros[25].

E, por favor, elogie seu filho por mais do que por suas notas e pontuações! Somos rápidos em perguntar "que nota você tirou?" e não tanto por "que ato de caridade você fez?" Focar apenas na conquista sem reconhecer o caráter manda a mensagem: "As notas superam a gentileza." Um estudo de Harvard constatou que 81% das crianças acreditam que seus pais valorizam mais as conquistas e felicidade do que a caridade (apesar de 96% dos pais relatarem que eles querem que seus filhos sejam caridosos acima de tudo)[26]. Bem, as crianças não estão ouvindo essa mensagem e querem desesperadamente ser valorizadas por serem quem são. Um adolescente de Deerfield partiu meu coração: "Eu queria que minha mãe reconhecesse quando sou bom e gentil. Quero ser amado por mais do que apenas uma nota!"

COMO ENSINAR EMPATIA ÀS CRIANÇAS

Lembra daquela sigla de empatias que mencionamos antes? A boa notícia é que nós podemos usar essas ferramentas para colocar a empatia em ação nas vidas dos nossos filhos, ensinando-os como reconhecer e sentir as emoções dos outros (educação emocional), pedir para eles se colocarem no lugar do outro (tomada de perspectiva) e realmente colocar a empatia em ação nas nossas vidas cotidianas (preocupação empática). Essas três habilidades ensináveis realmente constroem empatia. E quando você combina essa força com as outras abordadas neste livro – autoconfiança, integridade, autocontrole, curiosidade, perseverança e otimismo –, o Efeito Multiplicador entra em ação e nós aumentamos as chances de criar os Prósperos que não são apenas felizes, mas que contribuem com algo além de si mesmos.

Aprenda a reconhecer as emoções dos outros

Antes que as crianças possam sentir com os outros ou se colocar no lugar deles, elas devem conseguir interpretar dicas não verbais em expressões faciais, gestos, posturas e tom de voz. "Ela parece estressada." "Ele parece frustrado pelo tom de voz." "Eles parecem bravos." O dom de ler os sentimentos é chamado "educação emocional". As crianças que conseguem reconhecer as emoções agem mais por impulsos de empatia, de tal modo que ajudam, consolam e se importam ("Eu vou abraçá-la" ou "vou perguntar como ele se sente" ou "eu vou ver se eles precisam de ajuda.")

Na verdade, essa primeira habilidade é fácil de ensinar e pode provocar empatia. Aprendi isso com os alunos.

Por dez anos ensinei educação especial para crianças da pobreza ao privilégio. Meus alunos tinham entre 6 a 12 anos de idade e problemas emocionais, de aprendizado e comportamentais. Eu sabia que eles tinham desafios, e vi que muitas vezes disfarçavam seus sentimentos para mascarar sua dor. Para me comunicar com eles, eu tinha de entender seus estados emocionais, então um dia eu fiz um longo "Termômetro do Sentimento" de cartolina. Desenhei seis carinhas de sentimentos – feliz, triste, estressada, assustada, frustrada e brava – de cima a baixo, colei o nome de todos os alunos e o meu (por que não?) em um pregador de roupa e os anexei à minha criação. "Este é o nosso termômetro dos sentimentos", expliquei. "Apenas deixe seu pregador ao lado de como você se sente para tomarmos conta um do outro."

No início, as crianças ficaram desconfiadas, mas aos poucos começaram a compartilhar seus sentimentos com os pregadores. Eu checava o termômetro para ver quem estava tendo um dia ruim e tentava ajudar. Um dia, eu vi meus alunos reunidos em volta de um colega.

"Ethan parece triste, então estamos tentando animá-lo", eles explicaram. Um simples artifício com cartolina os ajudou a entender seus sentimentos ("Eu me sinto triste muitas vezes", um deles disse) bem como os de seus colegas. E uma vez que eles aprenderam a ler as emoções, meus alunos mudaram. Suas ansiedades diminuíram, o carinho aumentou e os relacionamentos desabrocharam – tudo por causa de um termômetro dos sentimentos de cartolina. Por isso, identificar os sentimentos é uma porta de entrada para a preocupação empática.

Anos depois, me reuni com um grupo de adolescentes conectados de Chicago em uma escola particular bacana. Como os adolescentes tinham dificuldades em "ler" um ao outro, o orientador levou seu cachorro bernês para ajudar. Muito da comunicação humana é não verbal: expressões faciais, linguagem corporal, gestos. Uma pesquisa demonstra que os cachorros ajudam as crianças a ler dicas emocionais não verbais (como feliz, perturbado, triste, com medo, com raiva). Essas criaturas de quatro pernas também ajudam nossa geração solitária a se sentir segura, conectada e até curá-la do trauma. Por isso, vemos fotos de cães de resgate encontrando os alunos que passaram por um tiroteio na escola ou compartilharam um sofrimento como a pandemia.

Enquanto observava os adolescentes conversarem com o cachorro, um menino perto de mim sussurrou: "Isso não é triste? Nós precisamos de um cachorro para aprendermos a nos relacionar." Eu concordei. As crianças precisam de um vocabulário emocional para aprender competência social, e elas aprendem melhor presencialmente. Mas os pais podem fazer algumas coisas concretas para ajudar com isso, começando quando seus filhos são novos.

- **Rotule as emoções.** Comece nomeando de propósito as emoções dentro de um contexto para ajudar seu filho a desenvolver um vocabulário de emoções: "Você está feliz!", "Parece que você se sente frustrado.", "Você parece chateado." O processo é chamado "treinamento emocional" e os pais que o usam com seus filhos são mais felizes, mais resilientes e mais bem ajustados[27]. Conversem mais sobre os sentimentos;
- **Faça perguntas:** "Como se sente em relação a isso?", "Está ansioso [tenso, preocupado, triste]?", "Você parece assustado. Estou certo?" Ajude seu filho a reconhecer que *todos* os sentimentos são normais. Como escolhemos expressá-los é o que nos mete em encrenca;
- **Compartilhe os sentimentos.** As crianças precisam de oportunidades para expressar os sentimentos de uma forma segura. Compartilhe suas emoções. "Eu não consegui dormir direito, por isso estou irritadiço.", "Estou frustrado com este livro.", "Estou preocupado com a vovó." Faça perguntas que pedem uma resposta:

"Como você se sente?", "Está estressado?", "Em uma escala de um a dez, qual o seu grau de ansiedade?" Quando as crianças se sentirem confortáveis em compartilhar seus sentimentos, troque os pronomes por ele, ela ou elu "Como ele (ela, elu) se sente?" A pequena alteração de palavras ajuda as crianças a considerar as necessidades e preocupações dos outros;

- **Note os outros**. Atente para os rostos e para a linguagem corporal das pessoas no shopping, na biblioteca ou no parque de diversões. "Como você acha que aquele homem se sente? Você já se sentiu assim?" Transforme sua observação de sentimentos em um jogo: "Vamos adivinhar como ela se sente", "Veja a linguagem corporal dela." Tire o volume da TV e preveja como os atores se sentem pelo que você vê: "Como ele se sente?", "Por que você acha que ele se sente assim?"

Estabeleça limites digitais e estimule a conexão cara a cara

Entrei em um colégio de Seattle enquanto centenas de alunos se encaminhavam para a aula. Muitos escreviam mensagens no celular, mas aos raros desconectados eu sorria e dizia olá. Eu não recebi *nenhuma* resposta dos alunos durante todo o período de entrada. Finalmente, puxei uma adolescente de lado e perguntei: "Por que ninguém diz olá aqui?"

A resposta dela foi: "Não nos sentimos mais confortáveis em conversarmos uns com os outros. Estamos sempre olhando para baixo."

As crianças digitais de hoje estão perdendo a conexão cara a cara, e cada texto, deslizar e toque em uma tela reduz as habilidades de a criança "ler" a emoção dos outros (As crianças *não* aprendem os sentimentos com *emojis*.) A tecnologia é um motivo pelo qual as crianças de hoje são a geração mais solitária e menos empática com o maior registro de problemas mentais. A pesquisa é clara: há uma menor probabilidade de depressão ou suicídio entre pessoas que passam *menos* tempo olhando para as telas e *mais* tempo em interações sociais cara a cara[28].

"Já ajudaria apenas ouvirmos um ao outro", Charlotte, 14 anos, me contou, "mas estamos tão presos nos aparelhos eletrônicos que estamos perdendo a habilidade de nos conectarmos". Sua amiga Harper concordou. "Estamos sempre mandando mensagens e não lemos um ao outro. Até mesmo quando saímos com os amigos, estamos ligados nos nossos telefones." E então veio a pandemia. Pelos nossos filhos, vamos ajudá-los a se conectar no TVR (tradução: no "Tempo de Vida Real").

- **Estabeleça limites digitais claros.** Crianças de 8 a 12 anos têm uma média de apenas um pouco menos de cinco horas de redes sociais por dia; adolescentes visualizam por cerca de sete horas e meia por dia (não incluindo o uso de telas na escola ou o uso rapidamente crescente de computadores para lição de casa e ensino à distância). Nessa semana, some por quanto tempo cada membro da família está conectado e decida o total de minutos de uso de dados permitidos e as horas específicas, o contexto e os lugares nos quais sua família está distante do mundo digital. Os horários de refeição, os encontros familiares, a lição de casa e a hora de dormir são muitas vezes "momentos familiares sagrados e desplugados". Convença todos a assinar um contrato a respeito da tecnologia para citar como uma referência e *o obedeça, incluindo os adultos!;*
- **Junte-se com os outros pais.** Encontre pais que compartilhem da mesma opinião e apliquem juntos uma única lei digital: "Quando as crianças chegarem para brincar, os telefones vão para uma caixa e ficarão lá até elas irem embora." Uma fraternidade universitária estabeleceu um decreto: "Quando estamos juntos, todos os telefones ficam na mesa e o primeiro a tocar em seu celular paga pela refeição de todos." (Eles logo recuperaram a conexão cara a cara!);
- **Crie conexões familiares.** Deixe os aparelhos digitais fora da vista ou em uma gaveta nos horários de reuniões familiares e reviva as conversas cara a cara. Uma mãe de Iowa coloca um cesto de tópicos para conversa em fichas na mesa. Então, os membros da família revezam-se ao puxar uma ficha. Os tópicos são infinitos: "Qual foi a melhor parte (ou mais difícil ou mais divertida) do seu dia e por quê?", "Se você tivesse um superpoder, qual seria?", "Se você pudesse viajar para qualquer lugar, para onde iria?". Convide seus filhos a acrescentar ideias de tópicos. Se as agendas impedem que todos jantem juntos, comece a realizar "Encontros Familiares Noturnos" nos quais todos se reúnem em uma hora marcada – como oito horas – para se conectarem;
- **Use o FaceTime (aplicativo para chamadas de vídeo).** Use a função de compartilhamento em nuvem do seu celular, crie uma rotina de tirar fotos da família para enviar e receber fotos de outros membros que moram perto ou longe. Estimule seus filhos a usarem o FaceTime para que vocês falem cara a cara no *tempo real*. ("Veja pelo rosto da vovó como ela está cansada e é hora de dizer tchau." "Dá para notar pelo tom de voz da tia Betty quando ela está com dor");

- **Estimule relacionamentos com colegas em "tempo real".** Seu filho deve ter oportunidades para desfrutar de uma interação com seus colegas cara a cara. Marque datas de encontros para brincar, leituras na biblioteca, passeios no parque para crianças mais novas. Quando eles ficarem mais velhos, encontre esportes que cultivem o trabalho em equipe, acampamento, aulas de música, arte ou dança em grupo. As crianças precisam desesperadamente "ler" umas às outras e aprender a se conectar para manter sua empatia intacta. Abby, de 12 anos, confessou: "Não somos bons em saber como nos conectarmos uns com os outros, apertando as mãos, olhando olho no olho e separando um tempo para conversar com os outros. Nós deveríamos praticar." Até mesmo durante o distanciamento social podemos criar pequenas interações em grupo. O Zoom e o Skype podem ser substitutos onde as crianças podem aprender *hobbies*, realizar discussões de um clube do livro, jogar jogos e fazer projetos virtuais juntos, quando as conexões da vida real estiverem proibidas por motivos de saúde.

Modele a escuta empática

Escutar totalmente é uma das melhores formas para nos ajudar a sentir e entender as visões do outro. Embora não garanta empatia, ouvir o aproxima bem mais. Para ter sucesso, as crianças precisam largar os celulares, abandonar as opiniões do tipo "sou melhor do que você" e focar no falante. Os ouvintes empáticos usam, em geral, uma técnica composta de quatro passos. Ensine cada um deles em separado e, então, ofereça muita prática até as crianças realizarem todas as etapas juntos.

1. **Contato visual.** Use o contato para ajudar o falante a saber que você está interessado. Ensine: "Sempre olhe para a cor dos olhos do falante." Ou diga para o seu filho olhar para o ponto entre os olhos do falante ou para a parede atrás da cabeça do falante. O truque é ajudar seu filho a praticar olhar nos olhos do falante sem encarar (o que sinaliza um alerta intenso ou uma agressão) ou desviar o olhar, o que conota desinteresse. A habilidade vem com a prática.
2. **Incline-se.** Curve-se um pouco na direção do falante, acene com a cabeça para demonstrar seu interesse e sorria. Ao receber a linguagem corporal, o falante sabe que você se importa. Descruzar

seus braços e pernas o faz parecer mais relaxado e menos nervoso, bem como mais receptivo. Você também será levado mais a sério.
3. **Aprenda uma coisa comum.** Pense no que o falante está dizendo sem interromper. Parafraseie sua ideia principal. "Você estava dizendo...", "Você acha..." ou "eu ouvi..." Tente aprender uma coisa nova sobre a pessoa ou algo que vocês tenham em comum. Compartilhe suas descobertas. "Nós dois gostamos...", "Nós tivemos a mesma...", "Eu não sabia que você também...".
4. **Nomeie o sentimento.** Identificar como a pessoa se sente ajuda a verificar se você está certo: "Você parece estressada.", "Você parece brava.", "Você parece feliz." Mostre que você se importa, se necessário: "Obrigado por compartilhar.", "Posso ajudar?", "Fico feliz que você tenha me contado."

Atenção: 35% dos adolescentes dão nota D ou F aos seus pais por ouvi-los[29]. Dê o exemplo, se você quiser que seu filho copie.

Coloque-se no lugar do outro

Eu adoro a cena no filme *A Sociedade dos Poetas Mortos* na qual o professor (interpretado por Robin Williams) tenta transmitir um ponto de vista aos seus alunos do Ensino Médio pulando em uma mesa. "Por que estou em pé nesta mesa?" Os garotos tentam algumas respostas fracas. "Não", ele diz, "é porque devemos sempre olhar as coisas de um jeito diferente". A tomada de perspectiva é a parte cognitiva ou de pensamento da empatia que ajuda a nos afastarmos dos nossos mundos e entendermos os sentimentos, pensamentos e desejos do outro.

Os benefícios do ensino dessa segunda habilidade são profundos. Crianças com habilidades de tomada de perspectiva são melhores ouvintes, recebem notas mais altas[30], são mais bem ajustados[31] e têm relacionamentos mais saudáveis com os colegas (algo essencial à saúde mental). Eles são mais abertos, menos críticos, menos propensos a entrar em conflitos com os colegas, se dão melhor com os outros e são mais populares[32], tudo porque conseguem compreender as necessidades dos outros[33].

As crianças *começam* a entender outros pontos de vista por volta do fim da pré-escola e se tornam mais proficientes aos 8 anos, mas a habilidade deve ser praticada e ampliada. É fato que nós somos mais propensos a ter empatia com quem é "como nós": pessoas que compartilham do mesmo gênero, idade, renda, educação, etnia, religião e, por isso, nós devemos expandir as zonas de conforto dos nossos filhos. Afinal, o mundo é diverso e nossos filhos estão crescendo em uma época na qual prevalecem o racismo e a injustiça social. Então, como nós ajudamos as crianças a se colocarem no lugar daqueles que não são como elas? Uma das melhores respostas vem de curadores de museus.

O Museu Memorial do Holocausto dos Estados Unidos, em Washington, D.C., tem uma exibição para visitantes novos chamada *Remember the Children: Daniel's Story [Lembre-se das Crianças: a História de Daniel]*. Visitei a exibição interativa várias vezes e sempre caminhei atrás de crianças em idade escolar apenas para observar suas reações. Você literalmente se coloca no lugar de um menino judeu vivendo na Alemanha durante a era nazista, e a história é narrada por meio de seu diário. Ao entrar em seu mundo, você "conhece Daniel" e vê seu quarto, sua família, seus amigos, sua escola, sua carteira escolar e os livros. À medida que lê as entradas em seu diário de 1933 a 1945, percebe que vocês compartilham dos mesmos pensamentos, sentimentos e necessidades.

Então, no meio da exibição, a música fica mais triste, as luzes diminuem e você percebe que algo está acontecendo ao "seu novo amigo igual a você". Os nazistas chegam, as famílias judias são mandadas para o gueto e você se preocupa com Daniel. A última sala é escura e fria: você chega no campo de concentração de Auschwitz-Birkenau e vê fotos de três meninos judeus. Eu vi inúmeras crianças abaladas que não conseguiam acreditar no que aconteceu com o "seu amigo". Um menino sussurrou: "É o Daniel?" Duas meninas choravam de mãos dadas. Outra balançou sua cabeça com tristeza. Lágrimas, suspiros e soluços. "Eu" transformou-se em "nós". Humanidade!

A última sala oferece papel e lápis para deixarmos bilhetes. A parede está coberta de cartas de crianças.

"Quando eu ouvi sua história, chorei. Nem posso imaginar como foi difícil para você."

"Nós não esqueceremos... nunca. O amor pode vencer o mal."

"Prometo que isso nunca acontecerá novamente. Vamos proteger você!"

As crianças começam sua jornada pela exibição conhecendo um menino judeu que mora em um país e em uma época diferentes. Mas, ao caminharem por sua vida, Daniel torna-se real e os estudantes vão de "eles" para "nós"[34]. Quando Daniel é tratado injustamente, eles ficam loucos; quando ele sofre, eles querem ajudar; e quando ele é exilado, eles ficam lívidos[35]. Tamanho é o poder da tomada de perspectiva. A experiência no museu prova que a habilidade pode ser cultivada usando meios significativos e adequados à idade.

Espere que seu filho se importe

A ciência prova: os pais que expressam desapontamento com comportamentos indiferentes criam filhos com identidades morais e habilidades de tomada de perspectiva mais fortes. A abordagem é eficaz do início da infância à adolescência, pode ser usada em qualquer lugar (se feita com calma e dignidade) e envolve três passos que eu chamo Nomear, Enquadrar e Reivindicar.

1. **NOMEAR o ato de indiferença.** Pare com o sermão autoritário. Em vez disso, faça uma declaração firme que simplesmente explique o motivo que você desaprova o comportamento indiferente: "Gritar 'Liam não consegue bater' foi cruel.", "Mandar Jaki sair da sua frente foi insensível.", "Enviar mensagem enquanto o vovô conversava com você foi falta de educação."
2. **ENQUADRAR o impacto.** Destacar o impacto do comportamento de uma criança em outra é uma forma comprovada e simples para cultivar a empatia. Seu filho da pré-escola pega o brinquedo da amiguinha: "Você deixou ela triste." Seu filho de seis anos isola um colega: "Como você se sentiria se alguém fizesse isso com você?" Quando seu filho compreender o impacto, mude para os sentimentos da vítima. Seu filho pré-adolescente envia uma mensagem insensível: "Como você acha que a Sara se sente lendo esse bilhete?"
3. **REIVINDIQUE as expectativas de carinho.** Expresse com clareza sua decepção com o comportamento do seu filho e explique suas expectativas. "Estou decepcionado com o seu comportamento porque você é uma pessoa carinhosa.", "Você conhece nossas regras sobre gentileza e pode fazer melhor do que isso.", "Estou chateado por você ter atormentado esse ou aquele. Espero que faça as pazes com seu amigo." Não se sinta culpado: a ciência constata que um dos maiores fatores que estimulam as ações de carinho das crianças é o uso parental das "declarações de decepção"[36]. Então, reivindique com seu filho que você espera que ele se importe e repare qualquer dano causado.

Imagine como o outro se sente

A professora emérita de Psicologia da UCLA Norma Feshbach conduziu estudos com centenas de crianças e constatou que a interpretação de papéis pode aumentar o "lado pensante" da empatia *se a experiência ajudar as crianças a reconhecer, compreender e adotar a perspectiva e os sentimentos do outro*[37]. As estratégias de Feshbach também eram simples: como crianças contando novamente histórias pelos pontos de vistas de personagens diferentes, representando situações das perspectivas dos colegas e adivinhando o que um colega poderia querer de presente (e o porquê). Aqui vão mais formas de ajudar as crianças a ver "o outro lado":

- **Entrar na cabeça delas:** "Pense em como a outra pessoa se sentiria se os papéis se invertessem.";
- **Use livros:** "Vamos contar a história da visão dos três ursos. O que eles diriam?";
- **Troque de papéis.** "Finja ser a Sally. O que ela diria e faria?";
- **Use acessórios.** Interprete o que aconteceu a partir do "outro lado" com sapatos, cadeiras, echarpes, chapéus;
- **Incorpore fantoches:** "Bunny é Olivia; Teddy é você. Vamos deixá-los conversar até chegarem a uma solução.";
- **Use uma cadeira:** "Sente-se na cadeira. Finja que você sou eu. Como me sinto?";
- **Encontre o lugar:** "Ponha-se no meu lugar. Como você se sente quando seu filho é grosseiro assim?"

Você também pode usar a adoção de papéis para que seu filho entenda sua visão. Jill, uma mãe de Flint, Michigan, disse que sua filha adolescente estava atrasada, mas não conseguia entender o motivo que sua mãe ficou tão chateada. Então Jill pediu para ela: "'Finja que você é sua mãe. Está escuro, eu não sei onde minha filha está e ela não me liga. O que estou pensando e sentindo?' Minha filha sentou-se na minha cadeira, com o celular na mão, fingindo ser eu. Ela se desculpou, admitiu que nunca pensou nos meus sentimentos e nunca mais se atrasou!"

Reforce a gratidão

Uma pesquisa com várias centenas de pessoas confirma que a gratidão aumenta a empatia, o otimismo e nos ajuda a considerar os sentimentos do outro[38]. Ela também reduz o materialismo, o egocentrismo, a ansiedade, a depressão, a solidão e o esgotamento, melhorando, portanto, a saúde mental e a resiliência[39]. Aumentar a tomada de perspectiva e a gratidão ajuda as crianças a considerar o *pensamento* que vai na *ação* do doador.

- *Oração Familiar de Gratidão*: cada pessoa revela algo que aconteceu durante aquele dia pelo qual é grata e o motivo no horário das refeições ou antes de dormir;
- *Um Círculo de Gratidão*: cada membro menciona uma pessoa pela qual é grato e o motivo. Registre os comentários de todos em um diário da gratidão para vocês reverem as memórias juntos. Em apenas duas semanas de elaboração do diário de gratidão a saúde melhora, o estresse diminui e a felicidade aumenta[40];
- *"Meus Dedinhos!"*: crianças mais novas podem usar os dedos para representar cada coisa que apreciam, além do motivo, até chegarem aos cinco dedos. Isso ajuda a encorajá-los a encontrar o lado positivo de qualquer situação.

Coloque a empatia em ação

Podemos compartilhar e entender a dor e as necessidades do outro, mas a verdadeira medida da empatia é quando nos apresentamos para ajudar, consolar, apoiar ou tranquilizar o outro. Essa habilidade gloriosa é a terceira parte da empatia: Empatia Comportamental (ou preocupação empática), e a mais importante. A professora da Universidade de Indiana Sara Konrath agrupou pontuações de empatia autorrelatadas de quase 14.000 alunos e fez descobertas desanimadoras. *Quase 75% dos alunos universitários atuais se classificam como menos empáticos do que a média de alunos de 30 anos atrás*[41]. Dentre os três aspectos da empatia discutidos antes neste capítulo, a preocupação empática está diminuindo mais rápido.

Cada criança altruísta que eu entrevistei disse que elas mudaram no momento que ajudaram alguém frente a frente. Seja doando um cobertor a um sem-teto, um brinquedo para um amigo hospitalizado ou lendo um livro para um idoso, as crianças disseram que a experiência as modificaram. O psicólogo social Jonathan Haidt a chama de "elevação" ou "uma sensação calorosa animadora que as pessoas sentem quando veem atos inesperados de bondade humana, gentileza, coragem ou compaixão. Faz uma pessoa querer ajudar os outros e tornar-se ela própria uma pessoa melhor"[42]. Mia, uma menina de dez anos, descreveu seu momento: "Quando eu doei às crianças no abrigo meu livro reserva, o olhar de gratidão nos olhos delas me fez perceber que sou uma pessoa caridosa. Isso me fez bem." Esses momentos podem levar as crianças da Empatia A = Afetiva ou C = Cognitiva para a C = Comportamental (ou preocupação empática). Ou, como diria Rachel: "Empatia em ação".

Há benefícios acadêmicos inesperados para esse tipo de empatia em ação também. Um estudo da Penn State University revelou que crianças em idade pré-escolar que demonstravam sinais de comportamentos pró-sociais tinham duas vezes mais chances de se formarem na faculdade e uma probabilidade 46% maior de conseguir um emprego em tempo integral aos 25 anos[43]. Mas o principal motivo para aumentar a preocupação empática das crianças é que fazer isso liberará uma série de benefícios positivos, incluindo felicidade, relacionamentos mais saudáveis e resiliência, bem como preencher suas vidas com alegria e sentido – exatamente o que crianças que andam aos trancos e barrancos precisam para ter sucesso.

1. **Comece frente a frente.** A preocupação empática é mais ativada frente a frente, com projetos relevantes à criança (não aqueles que nós adoramos ou que parecerão "bons" na inscrição para a faculdade). Joshua, de 11 anos, explicou: "Nós empacotamos caixas para os necessitados na escola. Eu dei a minha para alguém na rua. Seu olhar de gratidão me fez bem. Foi muito bom saber que eu posso fazer a diferença." Então, encontre uma atividade de serviço significativa que coloque seu filho em contato direto com o destinatário da doação para que ele sinta a alegria de "fazer o bem". Pode ser entregando brinquedos que ele separa para o orfanato, ler para idosos em um asilo ou cozinhar biscoitos para o vizinho confinado em casa. Voluntariem-se em família em um banco de alimentos local, hospital pediátrico ou ajude seu filho a iniciar uma campanha para doação de cobertores para distribuí-los juntos. Reúna-se com pais que tenham filhos de idades semelhantes e encontre projetos de doação na sua comunidade para fazê-los como uma equipe. Mas deixe o seu filho ser o doador.

2. **Destaque o impacto.** Ervin Staub, autor de *The Psychology of Good and Evil*[44] *[A Psicologia do Bem e do Mal]*, descobriu que as crianças que recebem a oportunidade de ajudar os outros tendem a se tornar mais úteis – especialmente se o impacto das suas ações de ajuda for destacado[45]. *Provou-se também que contribuir de um modo significativo reduz o estresse e aumenta a resiliência.* Portanto, ajude seu filho a refletir sobre suas experiências de doação: "O que a pessoa fez quando você ajudou? Como você acha que ele se sentiu? Como você se sentiu?" Uma mãe de Houston disse que ela tira fotos do filho com as pessoas ajudadas e as coloca em um

porta-retrato. Ela disse: "As imagens iluminam seu dia e o lembram de sua bondade."
3. **Elogie a caridade.** Estamos tão presos em criar alunos "da elite acadêmica" que a empatia está baixa nas nossas agendas da parentalidade. As coisas que os pais me contam dizem tudo: "Como você espera que nós ensinemos gentileza aos nossos filhos quando eles têm tanta lição de casa?", uma mãe de Greensboro me perguntou. Mas é o contrário. Cultivar a preocupação empática começa com os nossos esforços intencionais, que deixam nossas crianças saberem que nós valorizamos a caridade pelo menos tanto quanto as proezas acadêmicas. Precisamos reconhecer sempre quando nossos filhos exibirem a "empatia em ação" – seja ajudando, cuidando, tranquilizando, socorrendo e confortando – para eles saberem que nós valorizamos comportamentos pró-sociais.
4. **Propicie oportunidades constantes de caridade.** As crianças aprendem a empatia com a repetição. Seja ajudando um irmão, varrendo as folhas para um vizinho confinado em casa, ajudando na faxina de casa ou coletando cobertores para dar a um abrigo, a preocupação empática das crianças aumenta com as oportunidades recorrentes. Encontre formas constantes de inspirar as crianças a praticar a assistência e a caridade com o mesmo gosto que têm por seus estudos acadêmicos e pelos esportes. "Entregar alimento aos moradores de rua ajuda meus amigos e eu a nos tornarmos um pouco mais solidários e refletir sobre o que os outros passam, além de nós. Saber que fizemos a diferença reduziu bastante o estresse", disse Kaitlin, de 12 anos, em San Jose, Califórnia.
5. **Ensine como CUIDAR.** A preocupação empática pode desaparecer se as crianças não sabem como se importar. Não suponha que elas já saibam. Ensino às crianças as quatro partes do cuidado, então nós interpretamos diferentes situações para eles conhecerem formas de consolar, ajudar, renovar a confiança e sentir empatia. Elas sempre me agradecem. "Agora eu sei o que fazer", uma criança da terceira série me disse. Mostre às crianças como cuidar e elas não o decepcionarão.

» **Consolar.** "Sinto muito.", "Eu sei que isso não é verdade.", "Você não merecia isso.";
» **Ajudar.** Corra para dar os primeiros socorros. Chame outros para ajudar. Recolha o que está quebrado. Pergunte: "Você precisa de ajuda?", "Quer que eu chame um professor?";

» **Renovar a confiança.** "Isso acontece com as outras crianças.", "Ainda sou seu amigo.", "Estou aqui para o que você precisar.";
» **Sentir Empatia.** "Eu fiquei muito chateado pelo que ela fez comigo.", "Eu sei como você se sente."

Há um porém aqui: crianças com empatia podem tentar ajudar todos e se sentirem culpadas se não conseguirem. Se for o caso do seu filho, dê a ele permissão para se afastar e não tentar resolver os problemas de todos. O conselho de Madre Teresa é comovente: "Eu nunca vejo as massas como minha responsabilidade; eu olho para o indivíduo... e apenas começo – um, um, um."

COMO A EMPATIA PODE SER O SUPERPODER DO SEU FILHO

O estudo pioneiro de quatro anos de Emmy Werner, descrito na Introdução, acompanhou 698 crianças na primeira infância nascidas na ilha havaiana de Kauai e constatou que, embora um grande número tenha enfrentado uma adversidade severa (abuso, pais alcoólatras, pobreza, perda), um terço prosperou porque aprenderam "fatores de proteção"[46], tais como pensamento crítico, empatia, contribuição, esperança, humor, autocontrole, perseverança e habilidades para solução de problemas. Mas o escudo contra adversidades mais importante era uma visão de "eu vou superar" que era quase sempre inspirada por um adulto empático com uma crença inabalável na criança. A empatia pode salvar vidas. Foi o que aconteceu com uma jovem que enfrentou uma grande adversidade e se desenvolveu até ser Próspera.

Elizabeth era uma garota loira, de olhos azuis, com um excelente desempenho escolar, que adorava tocar harpa, gostava de pular no trampolim com seus amigos e conversar com sua mãe. Ela morava em um lar mórmon devoto com seus cinco irmãos e dois pais amorosos. Em 5 de junho de 2002, ela acordou com um homem segurando uma faca em sua garganta. Ele lhe disse para ela não dar um pio ou ele a mataria junto com sua família e a sequestrou. Por nove meses, a jovem adolescente foi estuprada, passou fome e sentiu um medo constante de que seu sequestrador fizesse mal à sua família. Mas Elizabeth Smart sobreviveu e sua história é um testemunho do poder da resiliência e da empatia.

No primeiro dia depois de ser estuprada e brutalizada, Elizabeth disse que sentiu uma forte determinação crescer dentro de dela. Não importava o que acontecesse, ela iria viver. "Essa determinação foi a única coisa que me deu esperança", escreveu. "E esse é um dos motivos para eu ainda estar viva"[47]. Uma conversa com sua mãe algumas semanas antes do sequestro provou-se ser fundamental.

Elizabeth estava chateada por não ter sido convidada para uma festa. Sua mãe sentiu empatia por ela e lhe deu o conselho perfeito. "Existem duas opiniões que realmente importam", ela contou à filha. Uma era a de Deus e a outra era dela, e *"eu sempre amarei você, não importa o que aconteça"*. A percepção do amor inabalável de sua mãe – não importa o que acontecesse – ajudou Elizabeth a aguentar firme. "Na verdade", ela se lembrou depois, "provou-se ser o momento mais importante por todo o meu tormento de nove meses"[48].

Nós nunca sabemos quais obstáculos os nossos filhos enfrentarão. Uma pesquisa constata que 40% das crianças passarão por pelo menos um evento potencialmente traumático antes de se tornarem adultos[49]. Mas a ciência confirma que deixar nossas crianças saberem que nós as amamos incondicionalmente e ver por meio dos seus olhos pode ajudá-las a suportar até os momentos mais difíceis. Às vezes, se não estivermos presentes, a empatia de um estranho pode fazer milagres.

Elizabeth foi resgatada em 12 de março de 2003, porque um transeunte com uma inteligência emocional elevada notou a adolescente com seus sequestradores. Ele percebeu os sinais de aflição de Elizabeth, viu que algo estava "estranho" e ligou para a emergência. A polícia chegou, exigiu saber seu nome e de onde ela era, mas Elizabeth estava com medo de falar. Um oficial leu seu medo: ele viu uma adolescente assustada demais para responder e sentiu empatia por ela. Então, ele caminhou em sua direção e gentilmente colocou a mão em seu ombro, olhou-a nos olhos e perguntou com uma voz suave e tranquilizadora: "Você é Elizabeth Smart? Porque se for, sua família sente muito sua falta desde que você se foi! Eles amam você. Querem que você volte para casa"[50]. Pela primeira vez em nove meses de cativeiro, a jovem sentiu-se segura para dizer: "Sim, eu sou Elizabeth Smart." E sabendo que o amor de sua mãe era incondicional, Elizabeth poderia finalmente voltar para casa... tudo graças à empatia.

Cada criança que eu entrevistei me disse que precisam desesperadamente ouvir mais mensagens de amor incondicional de seus pais. "De que tipo?", pergunto.

Que eles nos lembrem: "Seja o que for que acontecer, estarei do seu lado."
Que eles nos digam: "Estou orgulhoso de você."
Que digam: "*Eu te amo não importa o que aconteça.*"
Em se tratando de empatia, nós somos os primeiros e mais influentes professores dos nossos filhos. As crianças desejam nosso amor, precisam da nossa aprovação, e querem que nós sintamos empatia por seu estresse e sensações de vazio. Fazer isso os ajuda a desenvolver aquela determinação feroz de que precisam para prosperar e lidar com qualquer coisa que cruzar o seu caminho. A ciência confirma de forma arrebatadora que o único ponto comum entre crianças que triunfam sobre a adversidade é sempre um adulto estável e empático que as ajuda a perceber: "Estou aqui por você. Você consegue." Cabe a nós dizer isso.

IDEIAS PARA TODAS AS IDADES DE COMO INCUTIR A EMPATIA

Josh Yandt passava por um momento difícil na escola: sofria *bullying*, seu pai tinha morrido e ele ficou deprimido. Sua mãe resolveu que uma mudança poderia ajudar, e assim o adolescente canadense e sua mãe se mudaram, para Josh poder recomeçar em uma nova escola. Ele queria muito se adaptar, mas os momentos difíceis continuavam. Ele comia sozinho na cantina da escola, sua depressão permanecia e sentia muita saudade do seu pai.

"Eu estava doente e cansado de ser um ninguém. Eu queria ser alguém", Josh disse. "E eu queria chegar nas pessoas e mostrar quem eu era." Suas experiências do passado o ensinaram como algumas crianças poderiam ser más. "Era quase como se elas não tivessem demonstrado nenhuma gentileza em suas vidas", ele disse[51]. Então, ele decidiu que a melhor forma de conhecer outros garotos seria mostrar a eles gestos de gentileza... e que hora melhor do que no minuto em que eles entram no colégio?

Na manhã seguinte, Josh ficou de pé na entrada do colégio, abrindo a porta para cada aluno, sorrindo e dizendo: "oi". Muitos garotos o esnobaram e passaram direto por ele; outros acharam que ele era "estranho" e o chamaram de "porteiro". Mas Josh ignorou suas provocações e continuou a abrir a porta dia após dia, semana após semana. Era sua forma de se conectar, mas também de deixar a galera saber que ele não seria mais invisível. E os garotos não podiam deixar de notar Josh, já que ele estava sempre lá.

Aos poucos, seus colegas começaram a se abrir para ele e até a responder aos seus cumprimentos. Tanto professores quanto alunos começaram a sentir a mudança positiva não só com relação a Josh, mas também em torno de toda a comunidade escolar: os garotos estavam mais gentis e amigáveis uns com os outros, tudo porque seu novo "porteiro" os ensinou o poder da empatia. Então, quando Josh se formou, os alunos escolheram o presente perfeito: eles tiraram uma porta, assinaram nela e deram de presente para ele.

Josh provou que uma das melhores formas de ensinar empatia é servir de exemplo. Praticar repetidas vezes pequenos gestos de carinho como sorrir, olhar nos olhos ou até segurar uma porta pode abrir corações, passar as crianças do "eu" para o "nós" e ajudá-las a prosperar. E Josh Yandt nos lembrou que tudo começa com um "oi".

As seguintes letras designam a classificação etária adequada para cada atividade: C = Crianças novas, da primeira infância à pré-escola; E = Crianças em idade escolar; P = Pré-adolescentes e adolescentes; T = Todas as idades

- **Leia ficção literária.** "Existe uma divisão entre as pessoas hoje em dia", Jaden, de 11 anos, me contou. "O livro *The Outsiders*[52]: *Vidas sem Rumo* me ajudou a perceber como dois grupos sociais diferentes podem deixar de lado suas diferenças, e isso me deu esperanças." Uma pesquisa confirma suas visões: as histórias, os livros e os filmes certos podem aprimorar a capacidade das crianças de entender o que os outros pensam e sentem[53,54]. Crianças mais novas: *Through Grandpa's Eyes*[55] *[Pelos Olhos do Vovô]* de Patricia MacLachlan; *Enemy Pie*[56] *[Torta de Inimigo]* de Derek Munson; *The Invisible Boy*[57] *[O Menino Invisível]* de Trudy Ludwig; *The Hundred Dresses*[58] *[Os Cem Vestidos]* de Eleanor Estes. Idade escolar: *The Sneetches*[59] do Dr. Seuss; *Extraordinário*[60] de R. J. Palacio; *Inside Out & Back Again*[61] *[De Dentro para Fora e De Volta Novamente]* de Thanhaa Lai; *Something Happened in Our Town*[62] *[Algo Aconteceu em Nossa Cidade]* de Marianne Celano, Marieta Collis e Ann Hazzard. Pré-adolescentes: *Pois nunca vamos nos encontrar*[63] de Leah Thomas; *The Outsiders: Vidas sem rumos* de S. E. Hinton; *Restart*[64] *[Recomeço]* de Gordon Korman; *Refugiados*[65] de Alan Gratz; *Uma Vez*[66] de Morris Gleitzman. Adolescentes: *Enrique's Journey*[67] *[A Jornada de Enrique]* de Sonia Nazario; *Genesis Begins Again*[68] *[Genesis Recomeça]* de Alicia D. Williams; *Nascido do crime: histórias da minha infância na África do Sul*[69], de Trevor Noah; *O Ódio que você*

Semeia[70], de Angie Thomas; *Marcados: Racismo, antirracismo e vocês*[71] de Jason Reynolds e Ibram X. Kendi.

- **Jogue LIG 4.** Meu filho mais novo é o campeão de *LIG 4* da família. Então, quando ele ficou preocupado em ir para um acampamento e fazer amigos, eu disse, brincando: "Joga *LIG 4*". Eu expliquei (ao ver seu olhar confuso) que ele poderia fazer quatro coisas para fazer um amigo: 1. olhar nos olhos; 2. sorrir; 3. dizer oi; 4. perguntar: "Como você se chama?" ou "Onde você mora?" Se eles sorrirem de volta ou responderem, pergunte: "Quer brincar?" Meu filho voltou e disse: "Funcionou!" e a estratégia tornou-se o segredo da nossa família para fazer amigos. A conexão frente a frente é um caminho crucial para a empatia, então pratique uma nova versão de *LIG 4* com seus filhos. **C, E**

- **Transmita uma mentalidade de caridade.** Um estudo constatou que pessoas que acreditam que a empatia pode ser desenvolvida penam mais tentando entender e compartilhar os sentimentos dos outros do que aquelas que acham que a empatia é fixa e não pode ser aprimorada[72]. Diga ao seu filho: "A empatia pode ser exercitada, como um músculo. É como aprender um idioma ou a jogar xadrez: quanto mais você praticar, melhor se tornará em entender os sentimentos e os pensamentos do outro." Então, reconheça os esforços e as tentativas de caridade do seu filho. "Eu vejo como você está tentando ajudar os outros. Você viu como deixou seu amigo feliz com sua gentileza?" Alguns pais pedem para seus filhos registrarem seus atos de gentileza em fichas para "acompanhar o crescimento da sua gentileza". Ajude seu filho a entender que, com esforço, a empatia pode ser aprimorada, assim como a leitura, a matemática e a ciência. **T**

- **Imagine os sentimentos do outro**: Indivíduos em um estudo da Universidade de Washington observaram uma pessoa reagir enquanto calor era aplicado às mãos dela. (Eles não perceberam que a vítima fingia sentir dor; o "calor" não existia.) Quando solicitados: "Imagine como a vítima se sente", eles visivelmente relataram mais empatia[73]. Portanto, estimule seu filho a imaginar como o outro se sente fazendo perguntas para exercitar a empatia. **E, P**

    » *Você*: "Imagine o sentimento da Kaila. Por que ela ofende todo mundo?" *Criança*: "Ela não se sente bem consigo mesma?" *Você*: "O que você pode fazer?";

» *Você*: "Faça de conta que você é Steven. Por que ele o segue?" *Adolescente*: "Porque ele quer um amigo?" *Você*: "Como você pode ajudar?";

» *Você*: "Ponha-se no lugar do seu pai. Por que ele estava impaciente?" *Criança*: "Ele está estressado porque o vovô está doente?" *Você*: "O que você pode fazer?"

- **Amplie os círculos de interesse.** É mais fácil sentir empatia por aqueles "parecidos conosco": do mesmo gênero, etnia, cultura, educação, idade e renda, e, por isso, devemos ampliar os círculos sociais dos nossos filhos. Emma, de 16 anos, afirmou: "Crescer em uma comunidade branca e rica limita. Eu não ficaria surpresa se eu não ficasse um pouco abalada quando sair de casa para a faculdade." Exponha seu filho desde cedo a diferentes tipos de pessoas, música, alimentos, cultos religiosos, idiomas e agências de notícias. Amplie seus próprios círculos de interesse e redes sociais para que seu filho perceba que você faz o que diz. **T**

- **Encontrem um ponto em comum.** Ajude seus filhos a trocar seu foco de "O que me torna diferente" para "O que nós temos em comum". Quando seu filho (ou filha) diz: "A cor da pele dele é diferente.", responda: "Sim, é mais clara que a sua, mas, olha, ele gosta de beisebol igualzinho a você." Seu filho (ou filha): "Ela não consegue ler tão bem quanto eu." Responda: "Mas ela adora jogar xadrez, como você." Filho: "Ele fala engraçado." Resposta: "Ele fala uma língua diferente, mas vamos achar algo que vocês tenham em comum." O objetivo é ajudar seu filho a encontrar um ponto em comum com a pessoa ou o grupo e captar os estereótipos antes de eles ampliarem a lacuna da empatia. **T**

- **Elogie o trabalho em equipe.** Não sucumba à filosofia "vencer é tudo" que coloca as crianças umas contra as outras e reduz a empatia. Em vez disso, elogie os esforços em equipe. "Eu adoro como todos no seu grupo se apoiam.", "Senti orgulho de você quando ajudou aquele jogador machucado.", "Foi um ótimo trabalho se juntarem para resolver o problema." Então, espere seu filho encorajar os outros com um gesto de "toca aqui", "bom trabalho!" e "boa jogada!" Procure também por oportunidades para ajudar as crianças a colaborar e os treine para passarem de "Eu" para "Nós". E observe o comportamento delas! Programas para a juventude em pelo menos 163 cidades nos EUA estão tão preocupados com o mau espírito desportivo dos pais que agora é exigido que eles assinem um juramento de conduta adequada ao frequentarem os jogos dos seus filhos! **T**

- **Faça um passeio de balão imaginário.** Phyllis Fagell, autora do livro de leitura obrigatória *Middle School Matters*[74] *[O Ensino Fundamental Importa]*, sugere usar uma imagem visual para abrir a perspectiva do seu filho. Se ele não consegue ver o lado de um amigo, peça para que se imagine sentado em um balão de ar quente levando-o para o céu. "Tente ver as coisas de um novo ponto de vista. Você pode ver a situação mais clara ou imaginar outros resultados?" Fagell também diz que usar "talvez" pode ajudar. Seu filho pode supor: "*Talvez* Kelle se esqueceu de me colocar na sua lista de convidados.", "*Talvez* meu professor não tenha percebido que eu levantei minha mão.", "*Talvez* a vovó não tenha me ouvido." Se seu filho precisar de mais distância, pergunte: "Que conselho você daria a um amigo na mesma situação?" **E, P**

- **Pense no doador ou em quem ajuda.** Um estudo na *Psychological Science [Ciência Psicológica]* constatou que escrever um bilhete de obrigado aumenta a gratidão – principalmente se as crianças considerarem a resposta da pessoa favorecida ao seu cuidado. Motive seu filho a pensar mais no doador. "Faça de conta que a tia Jo está abrindo a caixa de correio. Como ela se sentirá quando ler seu bilhete?", "O que você pode dizer e fazer quando abrir o presente da sua tia Susie para que ela saiba que você apreciou seu esforço?" Praticar gratidão pode ajudar nossos filhos a saírem dos seus lugares e pensarem nos outros[75,76]. **T**

- **Supere o desconforto com as deficiências.** Ajudar as crianças a se sentirem confortáveis com aqueles que são "diferentes" aumenta a preocupação empática. Comece fazendo perguntas sobre uma deficiência ou diferença que pode causar desconforto ou medo no seu filho. Uma mãe explicou por que um colega autista balançava suas mãos: "Chama-se estereotipia; ele usa isso para se acalmar." Desse momento em diante, se ele balançasse suas mãos, seus colegas perguntavam: "Você precisa de um abraço, Johnny?" A empatia deles entrou em ação e os relacionamentos se abriram. Enfatize os pontos em comum – os interesses, as preocupações e os valores que eles compartilham –, não as diferenças. E encontre formas de se conectar pessoalmente. "Kim é cega, mas adora *Harry Potter*, como você.", "Esse está em uma cadeira de roda, mas também torce para o Lakers.", "Você pode se sentir desconfortável no início. Mas quando vocês se conhecerem melhor vocês se sentirão mais confortáveis e se divertirão." **E, P**

- **Experimente a respiração da gratidão.** Quando seu filho aprender a respiração profunda (veja o tópico sobre autocontrole), você pode ensinar variações para estimular a empatia e a gratidão. Por exemplo: "Respire fundo, conte 'um' enquanto expira e pense em algo pelo qual seja grato, como 'Sou grato pelo meu professor'. Respire fundo mais uma vez, conte 'dois' e, ao expirar, foque em outra coisa pela qual seja grato: 'Sou grato pelos meus pais'. Continue a respirar, contando, expirando e dizendo para si coisas pelos quais é grato até chegar a cinco, e então comece de novo em um, repetindo a lista de agradecimentos ou adicionando novas ideias." Seu filho também pode pensar em alguém gentil ou solícito e agradecê-lo mentalmente enquanto respira devagar. **E, P**

OS CINCO PRINCIPAIS APRENDIZADOS

1. Há uma maior probabilidade de empatia nas crianças se elas entenderem o motivo que a empatia é importante.
2. Para ensinar empatia às crianças, você deve dar o exemplo. Seja o modelo do que você quer ver copiado.
3. As crianças devem ser capazes de identificar diferentes estados emocionais antes de se tornarem sensíveis aos sentimentos dos outros. Pergunte com frequência: "Como *você* se sente?" até poder perguntar: "Como *ela/ele/elu* se sente?"
4. Crianças expostas a diferentes perspectivas estão mais propensas a sentir empatia por aqueles com necessidades e visões diferentes. Expanda os círculos de caridade do seu filho.
5. Se você quiser que seu filho sinta compaixão pelos outros – *espere* e *exija* que seu filho sinta.

UMA ÚLTIMA LIÇÃO

A espingarda estava escondida embaixo de uma bolsa para terno quando o aluno entrou em uma escola de Portland, Oregon. Minutos depois, uma frenética evacuação acontecia depois de um relato de um atirador ativo.

Mas então aconteceu algo singular, tudo por causa do raciocínio rápido do técnico de futebol de Parkrose High School: ele agarrou a arma do aluno suicida – e o abraçou por pelo menos 20 segundos. "Obviamente, ele se descontrolou e eu só queria que ele soubesse que eu estava lá por ele", justificou Keanon Lowe[77]. Uma tragédia em potencial foi evitada pela presença de espírito e enorme empatia de um homem.

As horas mais sombrias podem evocar os melhores anjos na nossa natureza, desde que nossa empatia seja ativada quando necessário. Essa Força de Caráter pode ser ensinada e é o melhor antídoto para o vazio e o estresse. A empatia leva as crianças a melhorar suas vidas com esperança, gentileza e alegria. E pode tornar mais humano o mundo dos nossos filhos – o tipo de lugar onde eles prosperarão!

Parte 2

Mente em Desenvolvimento

"A competição é feroz e nós estamos sempre tentando acompanhar. Os adultos ficam nos dizendo que podemos nos dar bem na vida se tirarmos boas notas, mas eles também nos dizem que temos de fazer todas essas atividades, escolher a faculdade certa e, então, entrar nela. Mas ninguém nos ensina como lidar com tudo isso."

— Keila, 16 anos, Atlanta, Geórgia

Capítulo 3

Autocontrole

Prósperos podem pensar bem e frear os impulsos.

O DESEJO DOS PAIS DE QUE SEUS FILHOS SE SOBRESSAIAM NÃO É novidade nenhuma, mas, hoje em dia, tudo gira em torno de criar a supercriança (ou seja, "uma criança superior mentalmente"). Nós fazemos de tudo para tentar conceder até aos nossos filhos mais novos uma "vantagem acadêmica", suprindo-os com fichas para testar a memória, tabelas numéricas, cartilhas para aprendizado, tutores careiros e pré-escolas caras e rigorosas. Mas os nossos esforços carinhosos estão ajudando as crianças a prosperar na escola e na vida? Depois de visitar uma luxuosa creche particular na cidade de Nova York, voltada para crianças de três e quatro anos de idade, estou convencida de que estamos investindo nossa energia na direção errada.

Eu cheguei no meio da manhã e encontrei 20 crianças de quatro anos praticando seus números nas apostilas. Uma professora estava de pé pronta para corrigir erros enquanto sua assistente entregava adesivos aos "trabalhadores". A maioria das crianças estava absorta na tarefa, mas sempre tinha um adulto pronto para entrar e controlar a turma. Toda a manhã foi focada no ensino de números e letras: sem brincadeiras com fantasias, pinturas com as mãos, caixa de areia ou uma chance de desenvolver curiosidade, autoconfiança, empatia ou autocontrole. ("Não temos tempo para ensinar 'isso'", o professor principal me contou. "Precisamos deixar as crianças prontas para o Jardim de Infância.") Cada segundo era dirigido por adultos e tinha motivação acadêmica.

Eu notei um menino com sardas torcendo seus cachos castanhos freneticamente e esfregando sua testa. Eu não o culpava: Benjamin estava trabalhando por quase 15 minutos – uma duração impossível para a maioria das crianças de quatro anos suportarem – e estava com dificuldades para manter o controle. A professora percebeu, apontou para o canto da disciplina, e Benjamin surtou. Ele rasgou a folha de exercícios, correu para o canto, sentou-se com força na cadeira e chorou. Uma garota loira balançou a cabeça com tristeza "O Benjamin só quer brincar." Eu concordava plenamente.

Comecei a procurar por meios mais eficazes de educar crianças novas e descobri um currículo de Educação Infantil chamado [Ferramentas da Mente]. Embora esse currículo ensine rigorosamente leitura, escrita e números, seu foco é mais em *como* as crianças aprendem em vez do *que* ensinar a elas. Eles acreditam que a autorregulação é o molho secreto para o sucesso escolar e na vida. Depois de assistir a horas de fitas de demonstração, entrevistar vários professores e falar com Deborah Leong, uma das fundadoras, estou convencida de que a abordagem do Ferramentas da Mente pode ser exatamente o que as crianças mais novas precisam para prosperar.

Há diferenças perceptíveis nas aulas desse programa, sendo que as mais impressionantes são que as perturbações, lágrimas e birras são raras. Como resultado, não existem broncas para punir o mau comportamento ("Fica sentado ou você vai para o castigo"). Mas também não há os auxílios típicos ao comportamento na pré-escola que reforçam o comportamento positivo, como tabelas de estrelas ("Johnny ganhou uma estrelinha por permanecer na tarefa"). Isso porque, em vez de oferecer às crianças incentivos externos para modificar seu comportamento, as crianças aprendem ferramentas para ajudá-las a aprender autorregulação emocional, planejamento, participação nas atividades, foco e memorização. Sua motivação vem de dentro, e essas lições são entrelaçadas em cada parte de seu aprendizado. Eu fico pensando em como uma criança como Benjamin poderia se beneficiar.

A manhã começou com cada criança desenvolvendo um Plano de Brincadeiras para coordenar e monitorar seu desempenho. A professora, a Sra. Adair, sentou-se com Arden, um impetuoso ruivo de quatro anos de idade, e perguntou: "Qual é o seu Plano de Brincadeiras para o horário no centro de diversões?"

"Eu vou construir uma ponte com blocos", Arden contou.

"Vamos anotar seu plano", a Sra. Adair respondeu, e escreveu: "Vou ser um engenheiro e construir uma ponte com blocos" com letra de forma em um grande cartão. Então ela ajudou Arden a lê-lo passando devagar o dedo embaixo de cada letra. "Vai se divertir", ela disse, "e lembre-se de guardar seu plano com você". E o menino de quatro anos correu para construir, com seu plano para a manhã em mãos.

Quando Arden passou de seu papel de construtor para o centro espacial, a Sra. Adair perguntou: "Você está mantendo seu plano ou mudando?" Arden olhou para seu plano, lembrou que ele deveria estar construindo uma ponte, voltou para o centro de brincadeiras de construção e ficou lá por mais de uma hora. Essas crianças de quatro anos estavam desenvolvendo habilidades de planejamento e usando seus planos escritos para se lembrarem de permanecer na tarefa e aprender a ler.

Então, era a hora de ler para o amiguinho, quando as crianças se sentam em duplas ouvindo um *audiobook* e então descrevem o início, o meio e o fim da história um para o outro. Elijah (segurando uma grande imagem de um "lábio") e Charlotte (segurando um "ouvido") estão sentados lado a lado ouvindo o livro *Veludo*. O "lábio" ajudou Elijah a saber que era sua vez de falar; Charlotte continuou quieta como a "ouvinte" até eles trocarem de papel na interação. Os planejamentos de brincadeiras e a leitura para o amiguinho eram formas de os professores do método usarem objetos simples para ajudarem as crianças a se lembrar do que fazer, permanecerem focadas e dedicadas à tarefa. Mas as crianças também ficaram mais comprometidas, curiosas e empolgadas com o aprendizado.

A diferença mais visível em uma pré-escola com o currículo Ferramentas era como os professores tratavam os comportamentos problemáticos das crianças – como Henry, um menino de quatro anos propenso a acessos de raiva porque não conseguia esperar na fila do lanche. Sua professora o treinava, com toda a paciência, a conversar consigo mesmo em silêncio para manter o controle.

"Henry, diga para si mesmo: 'Vou ficar na fila, contar até dez até chegar a minha vez e me sentar. Levantar um dedo enquanto você faz cada tarefa o ajudará a se lembrar das suas três coisas." Então ela o ajudou a praticar repetindo suas três coisas em silêncio para si mesmo algumas vezes enquanto levantava um dedo ("ficar na fila"), dois dedos ("contar até dez") e três dedos ("me sentar"). Depois de uma semana de prática, Henry conseguia lembrar de suas três coisas sem comandos, recompensas ou ameaças de adultos para que conseguisse aprender a controlar seu comportamento – e as birras diminuíram.

Eu passei um bom tempo entrevistando Deborah Leong, uma professora emérita de Psicologia e a cofundadora do programa Ferramentas da Mente. Ela e a cofundadora Elena Bodrova começaram a trabalhar juntas em 1993 e desenvolveram o currículo segundo a teoria de que se nós ensinarmos o autocontrole primeiro, o aprendizado virá a seguir. Numerosos estudos provam que Leong e Bodrova estão certas: sua abordagem não só melhora o engajamento da criança na leitura, na matemática, na linguagem e no aprendizado, mas também na autorregulação[1].

Mas, embora muitos pais não precisem ser convencidos de que o autocontrole é algo *importante*, eles continuam a se surpreender com o fato de ser algo *crucial* – é a base do programa Ferramentas da Mente, e quando se ensina o autocontrole, Leong afirma, coisas incríveis vêm a seguir. Leong me disse que recebe inúmeras cartas de pais que admitem que demoraram um pouco para perceber que o autocontrole tinha de ser a maior prioridade na criação de um filho. Uma mãe agradecendo a professora de seu filho por ajudá-la a "ver a luz" está entre as favoritas de Leong.

"Um ano atrás, nós deixávamos de sair porque Derrick ficava correndo sem parar e nos envergonhava", a mãe escreveu. "Quando você disse que nós íamos ajudar Derrick a desenvolver a autorregulação, meu marido e eu não achávamos ser possível. Ele era um furacão de atividade!" Mas, depois de pouco tempo na sala de aula de Ferramentas da Mente, o comportamento e o perfil de Derrick começaram a mudar. "Ele começou a ir para a cama quando solicitado e havia menos briga. Ele até fez seu irmão mais novo escrever um 'plano' para o que eles fariam se uma discussão começasse – exatamente como ele aprendeu na aula."

Vários anos depois, a mãe escreveu para a professora de novo para informá-la que Derrick era o primeiro da classe academicamente e foi eleito presidente da classe. Ela reconheceu que a abordagem do programa Ferramentas da Mente, que enfatiza a autorregulação e a disciplina pessoal, mudou a vida do seu filho. Disponibilizar ferramentas para que as crianças consigam aprender a se regularem e a pensar bem é a forma como podemos ajudá-los a lidar com a vida em um mundo desafiador e incerto. É mais um jeito de criarmos pessoas Prósperas.

O QUE É O AUTOCONTROLE?

"Estamos estressados e esgotados demais por muitos motivos. Mas somos realmente uma geração diferente e sofremos com uma má saúde mental e temos problemas em lidar com isso."
– Elijah, 14 anos, Annapolis, Maryland

Quer que seu filho tenha uma boa saúde mental, se sobressaia na escola, tenha relacionamentos saudáveis e uma carreira produtiva? Então seu filho (ou filha) deve aprender a ter autocontrole. A habilidade de controlar sua atenção, suas emoções, seus pensamentos, suas ações e seus desejos é uma das forças mais relacionadas ao sucesso e um surpreendente segredo guardado para ajudar as crianças a dar a volta por cima e prosperar[2]. Além disso, prevê o sucesso acadêmico melhor do que o QI ou as pontuações do SAT[3]. Na verdade, o autocontrole influencia praticamente todas as áreas das vidas dos nossos filhos, de tão crucial que é.

Se você leu algo sobre educação ou desenvolvimento pessoal na última década ou mais, a importância do autocontrole não será novidade. Muitos de nós familiarizamos com o famoso teste do *marshmallow* de Walter Mischel (no qual ele testa por quanto tempo as crianças em idade pré-escolar conseguem esperar para devorar um *marshmallow*, depois de falar para elas não o comerem e serem deixadas sozinhas). Estudos demonstraram que as crianças que esperavam mais – ou seja, que tinham mais autocontrole – tinham, em geral, mais sucesso no resto de suas vidas. Mas o que me impressiona é o enorme volume de estudos e pesquisas adicionais nos últimos anos que refinaram e se aprofundaram bem mais na investigação desse fenômeno. Quando muito, esses pesquisadores provaram que nossa avaliação inicial sobre a importância do autocontrole como um atributo essencial dos Prósperos foi subnotificado – sim, sua importância chega a tanto.

Um estudo engenhoso de Angela Duckworth e Martin Seligman mediu as pontuações de inteligência e autocontrole de um grupo de alunos da oitava série no início do ano escolar. O autocontrole das crianças foi medido por autorrelatos, relatos de pais e professores, escolha monetária e questionários de hábito de estudos que mediram sua habilidade de atrasar a gratificação. Então eles coletaram as notas, a frequência e as pontuações nas avaliações do conhecimento dos alunos no final do ano.

Duckworth e Seligman constataram que não era apenas o QI que estava relacionado às notas mais altas e ao sucesso acadêmico. Em vez disso, o "ingrediente secreto" para os alunos da oitava série foi o autocontrole – de fato, essa terceira Força de Caráter foi *duas vezes* mais importante do que a inteligência para prever o desempenho acadêmico[4]. Os alunos da oitava série com mais autocontrole também tiveram médias mais elevadas, conseguiram pontuações mais altas em avaliações de conhecimento, tiveram mais chances de entrar em um colégio seletivo, faltaram menos e passaram mais tempo fazendo lição de casa – mesmo quando suas pontuações de QI eram as mesmas (ou, em alguns casos, até mais baixas) do que de seus colegas menos motivados. Se nós quisermos que as crianças tirem notas melhores, precisamos parar de tentar não apenas aumentar o seu QI mas também focar em acentuar seu autocontrole.

As crianças com autocontrole mais forte também são mais felizes e saudáveis, agora e mais tarde. Pesquisadores neozelandeses acompanharam 1.000 crianças da mesma idade do nascimento até os 32 anos de idade. Eles constataram que as crianças em idade pré-escolar que demonstravam autocontrole não só foram melhor na escola mais tarde na vida[5], como também tinham relacionamentos mais saudáveis, eram mais estáveis financeiramente e acabaram por ter bem menos probabilidade de sucumbir ao abuso de substâncias[6].

As crianças que conseguem controlar seu foco, seus impulsos e seus pensamentos estão em melhor situação de qualquer forma que você analisar. Por isso estou preocupada.

Há cerca de dez anos comecei a notar uma queda acentuada no autocontrole das crianças. Junte-se a isso taxas elevadíssimas de estresse, ansiedade e depressão (principalmente entre pessoas com alto desempenho em comunidades abastadas). Sem um forte senso de autocontrole, as crianças podem se sentir sobrecarregadas, desamparadas, estressadas e deprimidas – o que muitas vezes as faz se automedicarem ou recorrerem ao autoflagelo[7].

Educadores me relataram que também estão vendo algumas mudanças perturbadoras *em todas as idades*. Primeira infância: "As crianças estão mais inquietas e irritadiças." Ensino Fundamental: "As crianças têm mais dificuldade em enfrentar as dificuldades e focar." Ensino Médio: "Os adolescentes estão estressados e sobrecarregados." Nossas organizações de saúde mental mais prestigiosas concordam que a saúde mental e o autocontrole das crianças americanas nunca estiveram tão baixos.

- A American Academy of Child & Adolescent Psychiatry [Academia Americana de Psiquiatria Infantil e Juvenil] alerta que um a cada quatro ou cinco jovens nos Estados Unidos agora atende aos critérios para transtornos mentais[8];
- A American Psychological Association [Associação Americana de Psicologia] diz que os adolescentes relatam atualmente uma pior saúde mental e níveis mais elevados de ansiedade e depressão do que todas as outras faixas etárias – incluindo os adultos;
- Pesquisadores da San Diego State University [Universidade Estadual de San Diego] relatam que jovens de 12 a 17 anos sofreram um aumento de 52% nos principais transtornos psicológicos, depressão e em suicídios desde o meio da década de 2000[9].

A menos que essa epidemia de falta de autocontrole seja retificada, as chances dos nossos filhos de saúde, felicidade e sucesso ficarão prejudicadas[10]. O autocontrole pode ser ensinado às crianças desde a pré-escola, o que significa que devemos empregar essa força para que sejam Prósperos de verdade e não apenas crianças que têm notas elevadas, mas também para que estejam preparadas para o mundo imprevisível que as aguarda fora dos limites rígidos da escola.

POR QUE O AUTOCONTROLE PODE SER TÃO DIFÍCIL DE ENSINAR

À medida que o autocontrole despenca, o estresse aumenta. Logo diminuem as habilidades das crianças de focar, tomar boas decisões, atrasar tentações e regular o comportamento. Tudo isso vira uma bola de neve de más decisões, com uma influenciando a seguinte até que sua habilidade de funcionar cessa e elas apenas desligam. Tem um nome para esse tipo de desgaste: esgotamento! Então por que tantos jovens estão sofrendo com esgotamento, em idades cada vez mais precoces? Muito tem a ver com o ambiente em que cada um de nós vive hoje.

A tecnologia nos encoraja a realizar multitarefas – o tempo todo

As crianças podem nos dizer que não têm problema em conversar no telefone, enviar mensagens e ler *e-mails* ao mesmo tempo, mas a ciência refuta suas alegações. Quando seu cérebro alterna o foco entre duas, três ou quatro coisas, há "impostos de alternância" cada vez que precisamos parar de fazer uma tarefa e começar a fazer outra. Esses impostos incluem uma redução nas habilidades cognitivas, menor concentração, o enfraquecimento das habilidades de foco e a redução do desempenho. Em suma, as multitarefas inibem o autocontrole e o desempenho delas (e o nosso!).

Pesquisadores do Instituto de Psiquiatria de Londres descobriram que as interrupções digitais persistentes podem diminuir o QI de uma criança em dez pontos[11]. E a Universidade de Stanford constatou que pessoas multitarefas alternando regularmente entre aplicativos não prestam atenção nem controlam sua memória tão bem quanto aquelas que preferem encerrar uma tarefa por vez. O problema: esses multitarefas não conseguem deixar de pensar na tarefa *que não estão* fazendo[12] (Isso provavelmente soa familiar a muitos pais multitarefas que lutam contra o mesmo impulso!).

Aqueles que alternam entre tarefas repetidas vezes entre os aplicativos têm um desempenho significativamente pior em tarefas de memória simples[13].

No entanto, 50% dos adolescentes admitem que "se sentem viciados" em seus celulares[14] (Eles dizem que preferem perder um dedo a perder o telefone![15]) Mesmo quando estão bem concentrados e exercem o máximo de autocontrole, a maioria das crianças não consegue focar em suas tarefas escolares por mais de dois minutos sem o uso das redes sociais[16].

O fato é que o autocontrole requer habilidades de concentração. Quando as crianças são multitarefas, seu desempenho acadêmico e o autocontrole ficam prejudicados. Nicholas Carr, autor de *A Geração Superficial*[17], destaca que o tempo conectado também está "impedindo" o tempo que as crianças poderiam passar fazendo outra coisa em uma concentração focada e prolongada bem como o tempo *conosco*, seus familiares e entes queridos! Uma pesquisa também demonstra que, à medida que as pessoas se aprimoram em ser multitarefas, tornam-se *menos* criativos em seu raciocínio, e isso é uma tragédia[18]. A curiosidade é o que ajuda as crianças a se desenvolver na mente, no coração e na vontade, encontrar suas paixões, se abrirem ao que está ao redor delas e abraçarem a mudança: dá a elas as ferramentas de que precisam para prosperar em um mundo incerto. Por isso, devemos reconhecer o impacto dos aparelhos digitais sobre nossos nativos digitais, especialmente depois de passar por uma pandemia que exigiu um aumento dramático no tempo na internet, tanto para o aprendizado quanto para se conectarem um com o outro.

Estamos pressionando demais nossas crianças, cedo demais

Um dos mercados que crescem mais rápido é o da leitura extracurricular e das aulas particulares de Matemática para crianças no Jardim de Infância e em idade pré-escolar com a promessa de que um estímulo ao aprendizado precoce resultará em uma superioridade acadêmica[19]. Mas a preparação das crianças pequenas realmente ajuda? Não, se você analisar onde são criadas as crianças mais instruídas e felizes. A UNICEF coloca a Dinamarca e a Finlândia perto do topo nas duas categorias[20]. Uma parte inegável desses resultados positivos é porque suas abordagens educacionais melhoram o autocontrole dos seus filhos.

A Dinamarca inicia o Jardim de Infância intencionalmente um ano depois dos Estados Unidos, e eles têm 99,9% de crianças alfabetizadas quando comparadas ao resto do mundo. Uma análise de milhares de crianças dinamarquesas "constatou que atrasar o Jardim de Infância em um ano reduz dramaticamente a desatenção e a hiperatividade na idade de sete anos, com fortes elos negativos com o desempenho acadêmico"[21]. Elas também tiveram pontuações mais elevadas em testes de avaliação de conhecimento. Mas esse não é o caso das nossas crianças: as crianças estadunidenses mais novas têm dificuldade em prestar atenção e manter o autocontrole[22].

Stanford também estudou uma grande amostra de crianças e constatou que aquelas que foram cedo para o Jardim de Infância (nascidas em agosto com uma data limite de 1 de setembro) tinham 34% mais de chances de receber um diagnóstico de TDAH e tratamento quando comparadas com seus colegas mais velhos. Mas um atraso de um ano no início da escola reduziu dramaticamente a desatenção e a hiperatividade em 73% para crianças com uma média de idade de 11 anos[23].

Eu trabalhei três vezes na Finlândia a convite do Ministro da Educação e da Cultura e seu sistema educacional sempre me impressiona. Seus alunos também obtêm as maiores notas em leitura ao redor do mundo. As escolas têm intervalos obrigatórios para brincadeiras ao ar livre, dão a *menor* quantidade de lição de casa dentre as 64 nações mundiais, e as crianças só começam a escola ou a instrução em leitura formal a partir dos sete anos[24,25,26]. A Finlândia também tem algumas das crianças mais felizes do mundo. Seus resultados positivos deveriam nos fazer repensar a confiança que colocamos nos avanços acadêmicos para nossos filhos tão rápido e tão cedo. Uma abordagem educacional mais centrada na criança e menos agressiva pode ser exatamente aquilo de que nossas crianças estressadas, solitárias e esgotadas precisam para adquirir autocontrole e prosperar.

As crianças não dormem o suficiente

Convenhamos, crianças que não dormem o suficiente muitas vezes ficam mal-humoradas e esquecidas, mas a deficiência de sono cobra um preço bem maior[27]. Crianças que não têm o sono suficiente têm mais problemas com atenção e memória, tomam mais decisões ruins e mostram uma maior impulsividade (todos indicativos de um baixo autocontrole)[28]. A privação de sono também aumenta a probabilidade de sofrer de estresse elevado, ansiedade e depressão – reduzindo desempenho escolar, notas e pontuações em provas. Uma pesquisa da UCLA constatou que os alunos do Ensino Médio que sacrificavam o sono para estudar tiveram um desempenho *pior* – não melhor – em uma prova, chamada oral ou lição de casa no dia seguinte[29]. A Universidade de Tel Aviv constatou que perder apenas uma hora de sono pode ser o bastante para reduzir as habilidades cognitivas de uma criança em quase dois anos no dia seguinte. Portanto, isso significa que um aluno da sexta série que perde o sono precioso na noite anterior à grande prova pode ter um desempenho como a de um aluno da quarta série; um aluno do terceiro ano do Ensino Médio terá o desempenho de um aluno do segundo ano[30].

E os alunos estadunidenses parecem ser as crianças com mais privação de sono de 50 países[31]. A American Academy of Pediatrics [Academia Americana de Pediatria] chama a "má qualidade do sono" de epidemia de saúde pública[32]. O CDC alerta que quase 60% dos alunos do Ensino Fundamental II e 73% dos alunos do Ensino Médio passam por privação do sono[33]. A lição: crianças precisam dormir!

As crianças não brincam mais

Pense na sua infância. Provavelmente ela envolvia jogar bola, brincar de esconde-esconde, pega-pega ou rolar na grama. Momentos despreocupados de diversão que as crianças comandam sozinhas em vez de adultos os organizarem. Isso é raro hoje em dia. Atualmente, as crianças são "privadas de brincadeiras", e os pais até admitem que podemos estar arruinando suas infâncias.

Há mais de uma década, pediram para que 830 mães por todos os Estados Unidos comparassem as brincadeiras dos seus filhos com as suas. 85% das mães concordaram que seus próprios filhos (com idades variando de 3 a 12 anos) brincavam ao ar livre *bem* menos do que elas quando crianças. 70% disseram que brincavam ao ar livre pelo menos três horas ou mais por vez, mas seus filhos brincavam bem menos do que a metade desse tempo[34]. Um motivo para o declínio abrupto é o empurrão acadêmico no nosso grupo mais novo que está substituindo grama, tanques de areia e terra por tutores, aulas e lição de casa. O entretenimento eletrônico, os aparelhos digitais, o medo (de sequestros, tiroteios, predadores) e o microgerenciamento parental são outros motivos. A infância moderna mudou tão drasticamente que Utah aprovou uma lei declarando que os pais não serão considerados negligentes pelas autoridades *se* deixarem seus filhos caminharem ao ar livre sozinhos ou brincarem sem supervisão.

Mas, para as crianças, brincar é assunto sério. Esses momentos despreocupados comandados pelas crianças estimulam habilidades socioemocionais cruciais: criatividade, solução de problemas, colaboração e linguagem. Eles também ajudam nossas crianças a relaxar, aprender a desfrutar da própria companhia e interpretar o mundo e os outros. Por isso, o declínio na brincadeira de forma livre é considerada uma grande contribuição ao aumento acentuado de ansiedade e depressão na infância. A brincadeira também é uma das melhores formas para as crianças aprenderem a ter autocontrole e habilidades, tais como seguir direções, focar, negociar regras, controlar emoções, tomar decisões, prestar atenção e colocar freios nos impulsos. E as permitem descobrir suas forças, aprender a comandar suas próprias ações e apenas curtir a vida para que se sintam menos vazias e mais confiantes.

É por tudo isso que recuperar a brincadeira livre pode ser uma das melhores maneiras de reduzir a epidemia de saúde mental e criar crianças alegres, independentes, autodirigidas. E a solução pode ser muito simples. É só abrir a porta e dizer ao seu filho: "Vá brincar!"

COMO ENSINAR AS CRIANÇAS A TER AUTOCONTROLE

Tudo bem, então, digamos que você tenha tentado tirar seu filho do computador para brincar no quintal e seus esforços não deram muito certo. Nas páginas a seguir, apresentarei mais ideias e soluções específicas. A pesquisa é clara: o autocontrole é uma Força de Caráter crucial em alguém Próspero. Mas a boa notícia é que o autocontrole pode muitíssimo bem ser ensinado – os pais podem incutir esse traço em seus filhos em qualquer idade. A chave para aprender autocontrole é imbuir três habilidades principais: foco atento, que fortalece as capacidades de foco e espera; autogestão para aprender habilidades de enfrentamento para regular as emoções insalubres; e uma tomada de decisão adequado para que as crianças façam escolhas seguras e saudáveis.

Fortaleça a habilidade do seu filho de focar no que importa

A atenção é o que nos conecta com os outros, define nossas experiências, aprofunda nossa curiosidade e determina o que vemos e com o que nos sintonizamos. Embora seja muito subestimada, essa habilidade é a peça-chave do autocontrole e crucial para ajudar as crianças a ter sucesso na escola, bem como a prosperar na vida. Essa habilidade é fundamental para realização de tarefas, memória, compreensão, pensamento crítico, inteligência emocional, aprendizado, saúde mental, sucesso acadêmico e empatia. Daniel Goleman, autor de *Foco: o motor oculto da excelência*[35], destaca: "Embora o elo entre atenção e excelência permaneça oculto a maior parte do tempo, ele permeia quase tudo que tentamos executar"[36]. O Efeito Multiplicador é profundo.

1. Reduza os ladrões de atenção. Se algum deles se aplicar ao seu filho, tome medidas para resolver o problema.
   » **Alimentação.** Reduza as bebidas energéticas ou com cafeína e os alimentos com alto teor de açúcar;
   » **Excesso de atividades.** Cortar apenas uma atividade pode liberar mais tempo para as crianças recarregarem as energias;
   » **Telas e computadores.** Telas eletrônicas e luzes brilhantes podem retardar a liberação de melatonina e prejudicar o sono. Desligue os aparelhos eletrônicos pelo menos 30 minutos antes de dormir;
   » **Expectativas irrealistas.** Expectativas altas demais criam estresse e reduzem o foco. Expectativas baixas demais fazem as crianças sentirem que "qualquer um conseguiria". Coloque suas expectativas um pouco acima do nível de desempenho do seu filho para fortalecer o foco e aumentar as chances de sucesso;
   » **Privação do sono.** Rotinas de sono inconsistentes (inclusive nos finais de semana), bem como condições de barulho, calor, frio e luz, além de eletrônicos, podem roubar o sono. Mantenha rotinas.

2. **Prolongue o "tempo de espera".** Cronometre a habilidade de espera atual do seu filho ou por quanto tempo ele consegue ficar parado antes que um impulso o vença. Aumente esse tempo aos poucos e prolongue o autocontrole ao longo das semanas ensinando uma estratégia de espera. Então a pratique até ela se tornar automática. Algumas estratégias são:
   » **Congela:** "Diga para si mesmo: 'Congela. Não se mexa até recuperar o controle'.";
   » **Distração:** "Nós jogaremos o jogo quando você terminar de ler três páginas.";
   » **Conte:** "Conte devagar de 1 até 20 e então será a sua vez.";
   » **Cante:** "Cantarole 'Frei João' duas vezes até eu terminar e poder te ajudar.";

» **Cronômetro:** "Acione um cronômetro de forno para 20 minutos e trabalhe até o alarme disparar."

3. **Joguem jogos de espera.** "As crianças sempre aprenderam autocontrole com brincadeiras, tais como: O Mestre Mandou ou Luz Vermelha! Luz Verde!, como me disse Katherine Reynolds Lewis, autora de *The Good News About Bad Behavior [As Boas Notícias sobre o Mau Comportamento]*. "É assim que elas desenvolvem esses músculos que controlam seus impulsos e regulam seu comportamento"[37]. Então, largue essas fichas e resista ao impulso de matricular seu filho em mais uma atividade. Em vez disso, ensine-o – e aos seus amigos – a jogar Luz Vermelha, Luz Verde, Estátua, O Mestre Mandou ou Mãe, Posso Ir? Eles poderiam também praticar as estratégias de espera da dica citada anteriormente enquanto jogam.

4. **Ensine atenção plena.** Evidências científicas demonstram que praticar a atenção plena (prestar atenção com intenção, no presente e sem julgamento) aumenta a resiliência, intensifica o foco[38], exercita a atenção[39], melhora a memória[40], reduz o estresse e aprimora as habilidades de aprendizado[41].

Comece assim:

» **Perceba seus pensamentos.** Pare em uma caminhada ou ao longo do dia e peça gentilmente para seu filho "perceber seus pensamentos". Ou "como você sente seu corpo" ou "o que seus ouvidos ouvem" ou "o que acontece agora";

» **Preste atenção em um som.** Use um sino, uma campainha de sinos ou um aplicativo com barulho de telefone. "Eu farei o som e você prestará muita atenção a ele até não o ouvir mais" (de 30 segundos a 1 minuto);

» **Almofadas companheiras.** No caso de crianças mais novas, coloque uma almofada pequena ou bicho de pelúcia na barriga dela. Diga: "Dê uma carona ao bichinho inspirando e expirando devagar. Concentre sua atenção no bichinho subindo e descendo enquanto você inspira e expira." Use um seixo, uma bola antiestresse ou qualquer objeto pequeno e leve em crianças mais velhas;

» **Use um aplicativo.** Experimente: *Sitting Still Like a Frog: Mindfulness Exercises for Kids* da Eline Snel *[Quietinho como um Sapo: Exercícios de Atenção Plena para Crianças]*; *Still Quiet Place [Lugar Silencioso e Tranquilo]* da Amy Saltzman; e *Planting Seeds: Practicing Mindfulness with Children [Semear: Como Praticar Atenção Plena com Crianças]* de Thich Nhat Hanh. BJ Fogg, autor de *Micro-Hábitos*, destaca que as emoções são cruciais para criar hábitos e sugere celebrar imediatamente depois de realizar o comportamento desejado. Então, quando você vir o sucesso, saia para tomar um sorvete com seu filho. Celebre!

» **Use diversões mentais.** As tentações podem roubar as habilidades de foco das crianças e diminuir os períodos de atenção. Walter Mischel, aquele do famoso experimento com o *marshmallow*, constatou que, quando ensinamos às crianças truques mentais fáceis, seu foco e autocontrole melhoram substancialmente[42]. O truque é não pensar em como aquele doce é delicioso, mas aprender algo para desviar a distração, tais como:

» **Identifique a tentação da atenção.** Pergunte para seu filho: "Qual vai ser a parte mais difícil?", "O que é mais difícil de controlar?", "A que você se sente mais tentado?" As tentações podem ser: "Jogar *Fortnite* em vez de fazer a lição de casa", "comer bolo em vez de jantar" ou "jogar basquete em vez de fazer meus afazeres domésticos." (Então esconda a tentação!);

» **Mude o foco.** Mischel constatou que quanto mais as crianças pensavam no doce de forma mais abstrata, mais elas poderiam esperar. Ensine uma dessas dicas: "Foque na parte menos atraente da distração.", "Não pense no gosto, foque no formato ou na cor.", "Emoldure a distração na sua cabeça, como um verdadeiro quadro." (Essas crianças puderam esperar quase 18 minutos!);

» **Crie planos "se-então" para evitar distrações.** *Se* seu filho tem problemas em resistir às notificações do Instagram, *então* coloque o celular no silencioso enquanto estuda. *Se* seu filho fica tentado a enviar mensagens, *então* deixe o celular fora do alcance dele até ele terminar os afazeres domésticos. *Se* sua filha fica tentada a comer o bolo primeiro, *então* só o coloque na mesa depois de terminada a refeição principal. Identifique seu plano *se-então*.

Ensine seu filho a controlar suas emoções

Eu estava falando com adolescentes sobre estresse em uma escola particular independente na Carolina do Norte. Seus comentários ecoavam entre os adolescentes de todo o país:

"O estresse está atingindo nossos amigos em cheio – nós estamos bem preocupados com alguns deles", disse Alex, de 14 anos.

"Muitos de nós se preocupam que nossas notas não serão altas o bastante para entrar na faculdade", expôs Jim, de 15 anos.

"Estamos todos estressados, mas não sabemos como reduzir isso e o estresse só aumenta", falou Susanna, de 16 anos.

Então perguntei: "O que pais e professores podem fazer para ajudá-los a lidar com isso?"

Um deles resumiu o motivo pelo qual nossas lições de autocontrole atuais não funcionam. "Todos nos dizem para não ficarmos estressados", explicou, "mas eles não nos mostram o que fazer. Você não aprende isso em livros ou palestras. As crianças precisam descobrir o que funciona para elas e praticar até se tornar um hábito ou ficaremos sempre estressados."

Sábio conselho que devemos ouvir com atenção. A garotada hoje em dia tem taxas recordes de estresse: 36% das meninas e 23% dos meninos com idade entre 13 e 17 anos alegam *se sentirem tensos ou nervosos diariamente ou quase todos os dias*[43]. O estresse indomado é perigoso à saúde, reduz as Forças de Caráter e o desempenho e cria desamparo e esgotamento ("Eu não posso fazer nada sobre isso, então pra que tentar?"). Mas uma parte significativa do sofrimento infantil e juvenil pode ser prevenida com o ensino de habilidades de enfrentamento para regular as emoções negativas. Ensinar a garotada a AGIR é um imperativo moral.

1. **Avaliar o estresse.** O primeiro passo é identificar os sinais de estresse. Com comandos suaves, até crianças mais novas podem aprender sobre "alertas corporais". Eu entrevistei cinco alunos da segunda série da Milton Hershey School na Pensilvânia, um lugar glorioso e esperançoso para crianças. Os alunos são de famílias de baixa renda e suas mensalidades são pagas por uma doação deixada

por Milton Hershey, o magnata do chocolate. Eu me sentei no chão com cinco preciosos alunos da segunda série e perguntei: "Como você sabe que está estressado?" As crianças mencionaram seus sinais na hora: "Eu tenho uma sensação estranha na barriga.", "Minha cabeça dói.", "Meu coração começa a bater rápido.", "Meus pés se mexem." Os professores passaram um tempo ajudando essas crianças a aprender seus "sinais de alerta", então elas tinham mais chances de captar e controlar o estresse prejudicial à saúde antes de ele se acumular. Aqui está como fazer:

» **Reconheça os sinais: "Como estou me sentindo?"** Explique: "Todos temos sinais que nos alertam quando estamos perdendo o controle. Prestar atenção neles ajuda a reduzir o estresse, ficar mais seguro e fazer escolhas melhores. Vamos aprender os sinais que alertam para a necessidade de se acalmar." Nomeie alguns: *falar mais alto, bochechas rosadas, punhos cerrados, respiração acelerada*. Então, destaque-os com calma (e com todo o respeito) no mesmo segundo que você vir seu filho os apresentar: "Suas mãos estão fechadas. Está ficando chateado?", "Você está rangendo os dentes. Está estressado?", "Seus pés estão se mexendo. Está bravo?";

» **Identifique os gatilhos: "Qual a causa disso?"** Em seguida, ajude seu filho a reconhecer coisas que costumam fazer com que ele fique estressado ou perca o controle. Conhecer alguém novo, fazer uma apresentação, sofrer *bullying*, fazer uma prova, fazer um teste para um evento, uma consulta no médico, conhecer um lugar novo, mudar de escola, ter problemas com amigos, receber notícias assustadoras, conciliar responsabilidades. Dependendo da idade da criança você pode manter uma lista contínua ou apontá-las quando elas ocorrerem. Uma vez identificados os sinais de estresse e gatilhos, seu filho pode usar a estratégia para ficar calmo e controlado;

» **Avalie: "O quanto isso é ruim?"** Em seguida, as crianças precisam aprender a avaliar a intensidade do próprio estresse e falar sobre isso. Médicos e enfermeiras pedem para os pacientes avaliarem a dor em uma escala de 0 a 5. (Zero significa "sem dor"; cinco, a pior dor possível.) Desenvolva uma escala semelhante com seu filho para retratar a intensidade do seu estresse. Então, quando ele notar uma sensação forte e prejudicial à saúde, use a abordagem.

Você: "Nomeie seu sentimento!"
Criança: "Estou preocupado... apavorado... estressado... triste."
Você: "Avalie! Me diga a intensidade da emoção."
Criança: "Estou tão relaxado que poderia dormir. Zero" ou "sou como um vulcão em erupção! Cinco". Eles também podem dizer o nível do sentimento ("Estou no nível quatro") ou mostrar com os dedos.
Você: "Vamos encontrar uma estratégia para ajudá-lo a aliviar seu estresse."

O livro *Quietinho feito um sapo: Exercícios de meditação para crianças*[44] *(e seus pais)*, de Eline Snel, estimula as crianças a "citar a previsão do tempo que melhor descreva as sensações do momento" (como ensolarado, chuvoso, tempestuoso, calmo, ventania, tsunâmi) como uma alternativa à escala numérica.

2. **Acalme-se com respirações lentas.** Inspirar fundo e devagar e então expirar devagar pelo dobro do tempo da inspiração é um dos modos mais rápidos de relaxar. Longas expirações levam mais oxigênio ao cérebro e ajudam a garotada (e nós) a tomar decisões melhores e permanecer sob controle. É uma dica poderosa para ensinar às crianças. A mãe de Gray prova que nós podemos ensinar a habilidade da respiração profunda até para as crianças mais novas. Assim como a maioria das crianças de três anos, Gray não dominou o autocontrole, então sua mãe é sua reguladora. No segundo em que seu filho *começa* a ficar chateado, Krista diz: "Respira, Gray. Respira bem fundo. Vai melhorar." Eu observei e, como uma mágica, aos poucos Gray ganhou controle. "Viu? A respiração funciona, Gray."

O segredo é que sua mãe conhece os sinais de estresse do filho e ensina a ele o truque da respiração logo *antes* da sua crise. Eles também praticam durante seus momentos mais calmos. Krista coloca a mão na barriga de Gray para ele aprender a respirar fundo para relaxar. Ele está aprendendo autocontrole com três anos!

Estas dicas ajudam as crianças a se tornarem seus próprios reguladores. Descubra o que funciona para o seu filho e pratique repetidas vezes até se tornar um hábito, e celebre!

» **Respiração da pena.** Aprender a respirar devagar costuma ser difícil para crianças, então use uma pena para demonstrar. Coloque a pena em uma mesa e explique: "Inspire bem fundo saindo do estômago e expire pelos lábios de modo que a pena se mova devagar pela mesa." Continue a praticar até a criança conseguir soprar a pena devagar e de modo uniforme sobre a superfície. Você também pode ensinar a respiração lenta para crianças mais novas com bolhas de sabão. "Veja como você pode soprar devagar e para longe suas preocupações sem estourar a bola.";

» **Respiração pela barriga.** A criança se deita de barriga para cima, fecha os olhos e respira normalmente enquanto presta atenção em como se sente. Então, ela coloca uma mão sobre seu peito e a outra na barriga e inspira devagar pelo nariz para dentro do seu estômago. A mão em seu estômago deveria se mover para cima enquanto aquela sobre o peito deve permanecer parada. Diga: "Inspire em quatro tempos, então segure em quatro tempos." A criança expira expulsando o ar de seu abdômen. (A mão sobre a barriga deve se mexer para baixo.);

» **Respiração 1+2+3.** Explique: "Assim que sentir seu corpo enviando-lhe um aviso de alerta que diga que você está perdendo controle, fale para si mesmo 'relaxe'. Esse é o primeiro passo. Inspire fundo, sentindo sua respiração sair do seu estômago e subir devagar pelo nariz. Tente focar na respiração. Esse é o segundo passo. Então, deixe sua respiração fazer o caminho de volta, deixando os seus lábios e *voltando* para seu estômago enquanto você conta até três *devagar*. Esse é o terceiro passo." Junte os três e você tem a respiração 1+2+3. Para um relaxamento máximo: o movimento da respiração "para baixo" deve ter o dobro do tempo da respiração "para cima".

3. **Converse consigo mesmo de forma positiva.** Aprender a conversar consigo mesmo pode evitar que as crianças se sintam sobrecarregadas, reduzir o estresse e manter o autocontrole. Eu aprendi esse truque com os Navy SEALs enquanto treinava orientadores de saúde mental nos quartéis do Exército Norte-Americano. Os SEALs me contaram que usam um diálogo interno positivo para superar seus medos. Neurocientistas provam

que a técnica de relaxamento muda como os cérebros dos SEALs reagem em situações estressantes: o diálogo interno positivo os mantém controlados[45].

Explique para crianças mais velhas: "Dizer para si mesmo uma frase positiva ajuda a permanecer controlado em situações difíceis. Palavras positivas podem superar o sinal de medo no seu cérebro e reduzir o estresse." Ofereça uma variedade de comentários positivos, lembre-se de outros. "Eu consigo!" "Consigo passar por isso." "Respire!!!" "Calma. Continue." "Eu não gosto disso, mas consigo lidar."

No caso de crianças mais novas, proponha: "Acho que posso, acho que posso" do livro *The Little Engine That Could*[46] *[O Pequeno Motorzinho]*. Seu filho escolhe *uma* frase de que gosta e então a torna memorável. Crianças novas podem pendurá-la no espelho; adolescentes podem colocar sua expressão positiva como descanso de tela. Estimule a prática até que se torne automática. A forma mais fácil é usar a frase por repetidas vezes até sua voz externa tornar-se a voz da sua criança interior.

Ensine seus filhos a tomarem decisões saudáveis

Eu estava em uma escola particular de Ensino Médio de luxo em Nova York perto do fim do ano letivo, e os adolescentes estavam compreensivelmente empolgados. *Todos* tinham sido aceitos na faculdade, mas eu sentia um nervosismo.

"O que os aflige em sair de casa?", perguntei. A garotada repetiu um monte de coisas: "Escolher um colega de quarto. Decidir qual aula fazer. Encontrar um médico. Equilibrar as contas. Decorar meu dormitório." A lista de preocupações deles continuou até uma garota de 17 anos falar.

"Meus pais fazem tudo por mim. Minha maior preocupação é que eu vou fracassar na vida." Isso vindo de uma aluna que só tira notas altas e acabou de ser aceita em Yale. O restante acenou com a cabeça, concordando; todos eles se preocupavam em fracassar na vida por não saberem como viver fora do ninho. Suas preocupações eram justificáveis.

A faculdade deveria ser aquele momento especial no qual a garotada abre suas asas e voa sozinha. Mas a cada ano aumenta a porcentagem de adultos voltando para casa depois da faculdade: há alguns anos, cerca de 50% dos recém-formados planejavam voltar ao ninho – e isso foi antes do surto de coronavírus de 2020, que enviou toda uma geração de alunos universitários e jovens adultos de volta para casa[47]. Embora a dívida estudantil e o desemprego sejam os motivos, outro é a incapacidade de lidar com a vida. Muitos têm dificuldade em fazer a transição para a vida adulta devido aos mimos parentais. As histórias que eu ouço sobre pais de universitários são especialmente preocupantes. Não estamos cortando o cordão umbilical.

- Um pai me contou que ele viu uma mãe cortar o bife do filho universitário na cantina durante uma orientação aos pais na Universidade de Chicago;
- Os cadetes da Academia da Força Aérea dos Estados Unidos me perguntaram como "impedir com respeito que nossos pais nos superprotejam. Precisamos aprender a comandar e até ir para uma batalha!";
- Os diretores dos dormitórios disseram que os pais pediam as chaves dos alojamentos dos alunos para decorá-los antes de seus filhos começarem seu programa de MBA em Harvard.

Os alunos universitários (comparados com aqueles das décadas de 1980 e 1990) tiveram uma pontuação bem mais alta na escala de "medos da maturidade". Há uma probabilidade maior de os adolescentes atuais concordarem com frases como: "Eu queria poder voltar à segurança da infância" e "o momento mais feliz na vida é quando você é uma criança"[48]. Eles estão preocupados em crescer!

A "Escola para Adultos" é um mercado em ascensão que oferece aulas para jovens adultos, ensinando-os a realizar tarefas como estabelecer metas, administrar o dinheiro, fazer a cama e até dobrar a roupa. Chega! Vamos fazer um acordo para parar com a superproteção e desenvolvermos crianças fortes de dentro para fora. Um ponto comum total entre Prósperos é que eles desenvolvem autonomia para que possam guiar suas próprias vidas. Isso começa ajudando nossos filhos a aprender a assumir um pouco o controle e tomar as suas decisões. Para isso, nós devemos nos abster de sempre controlar, orientar e supervisionar suas vidas. Pergunte para seus filhos o que eles querem aprender *antes* de deixar seu ninho e comprometa-se a ensinar essas habilidades.

O nosso papel é ajudar nossos filhos a aprender a lidar com a vida um dia sem nós. Devemos soltá-los para que possam aprender a fazer escolhas, tomar boas decisões e resolver *seus próprios problemas*. Mas há um porém: quando seu filho faz uma escolha, *deixe*. Não o socorra! Seu filho nunca vai adquirir habilidades de autocontrole ou tomada de decisão se você ficar decidindo por ele. (E pare com o "Você deveria ter feito isso" ou "eu te avisei!") Cada experiência estende o autocontrole um bocado mais até as crianças conseguirem tomar decisões completamente sozinhas. E é assim que criamos crianças que acreditam que possam lidar com tudo o que aparecer no seu caminho e prosperar.

1. **Identifique seu estilo de parentalidade.** Como você costuma agir sempre que seu filho o procura para ajudar a fazer escolhas?

    Facilitador: "Você teve um dia importante. Me deixe escolher por você."

    Impaciente: "Estamos atrasados, então eu decido."

    Aquele que mima demais: "Eu digo ao Sam que você sente muito. Não se preocupe!"

    Competidor: "O projeto do Ryan vai ser bom. Vamos colocar mais fotos para o seu ficar melhor."

    Salvador: "Eu refaço seu projeto de Ciências. As suas letras não parecem certas."

    Se você reconhecer que seu estilo parental pode estar roubando o autocontrole do seu filho, identifique *o que ele é capaz de fazer sozinho nessa idade e o nível de habilidade*. Então, aprenda um novo mantra: *"Nunca fazer por meus filhos o que eles podem fazer sozinhos."* Da próxima vez que sentir o impulso de "consertar", "ajudar" ou "atenuar", permita-se dar um passo para trás e dizer não. Quando seu filho pedir ajuda para algo que for capaz de fazer algo sozinho, diga: "Aposto que você pode fazer tudo sozinho."

2. **Possibilite escolhas.** Se seu filho estiver acostumado a decidir, encontre meios para aumentar as oportunidades para que ele tenha de escolher. A questão fundamental é: "O que você está escolhendo por seu filho que ele pode escolher sozinho?" Coisas como: roupas, atividades, compras, horários, afazeres domésticos, comida, decorações do quarto, entretenimento. Algumas coisas não são negociáveis, mas quais escolhas adequadas à idade você pode passar para o seu filho para ele ganhar autocontrole?

3. **Ofereça decisões "ou-ou".** Comece fazendo seu filho escolher entre apenas duas opções: "O que você quer jogar: *Cobras e Escadas*

ou *Candy Land*?" "Você quer andar de bicicleta ou a pé?" Em seguida, tente três opções: "Você quer bolo, sorvete ou pudim de sobremesa?" Você pode aumentar as opções e abranger problemas mais sofisticados depois: "Qual faculdade você vai escolher?" Continue expandindo a lista de opções.

4. **Pergunte: "O que poderia acontecer se...?"** Uma parte do processo de tomada de decisão é focar nos resultados possíveis. Ajude seu filho a pensar nas consequências da decisão perguntando: "O que poderia acontecer *se* você tentasse isso?" Ajude-o também a pesar os prós e os contras de cada possibilidade: "Quais são todas as coisas boas e ruins que poderiam acontecer *se* você escolhesse isso?" Crianças mais velhas podem listar todos os *se* e então contar se há mais positivos ou negativos.

5. **Ensine a técnica "Pare, pense, aja direito" (STAR, na sigla em inglês para Stop, Think, Act Right).** O que as crianças dizem para si mesmas ("autoinstrução") durante momentos tentadores é um determinante significativo de se elas usam o autocontrole e dizem não a desejos impulsivos[49]. Essa técnica ajuda as crianças a tomarem as melhores decisões. Requer paciência e prática, mas, com o tempo, as crianças podem aprender a Parar, Pensar e Agir Direito para manterem o controle e tomarem decisões sábias *sozinhas*.

COMO O AUTOCONTROLE PODE SER O SUPERPODER DO SEU FILHO

Michael Phelps é o atleta olímpico mais condecorado da história, com um total de 28 medalhas. Muitos supõem que o sucesso de Phelps se deve ao seu talento natural, um físico inato de nadador ou a uma predisposição genética, mas as ferramentas mentais que ele aprendeu para se tornar um fenômeno mundial são fundamentais para o seu imenso sucesso. Como ele desenvolveu autocontrole tem grandes lições para adultos que trabalham com crianças.

"Quando eu era mais novo, era alguém que estava sempre agitado", Phelps explicou. "Eu estava não somente sempre em movimento; eu simplesmente não conseguia ficar parado"[50]. Sua mãe vivia recebendo ligações da escola sobre seus problemas de autocontrole: ele não prestava atenção na aula, tinha dificuldades em focar, problemas de concentração, não fazia a lição e estava sempre com pressa. Aos nove anos, Michael foi diagnosticado com transtorno de déficit de atenção e hiperatividade, uma condição mental que afeta cerca de 4 milhões de crianças e adolescentes nos Estados Unidos. Assim como para milhões de outras crianças estadunidenses, o médico prescreveu Ritalina, embora os relatos escolares continuassem a demonstrar uma falta de melhora em sua habilidade de permanecer na tarefa. Alguns professores lhe disseram que ele nunca teria sucesso em nada porque não conseguia se concentrar. Mas Michael encontrou uma forma única de canalizar sua energia excessiva: a piscina.

"Acabou que eu conseguia ser rápido na piscina, em parte porque estar na piscina desacelerava minha mente", Phelps lembra. "Na água eu me sentia, pela primeira vez, no controle"[51].

A mãe ajudou Michael a permanecer focado em seus campeonatos de natação, lembrando-o de considerar as consequências do seu comportamento (como na ocasião em que ele tinha dez anos, chegou em segundo, e ficou tão chateado que arrebentou seus óculos e os jogou com raiva no *deck* da piscina). Eles criaram um sinal que ela fazia para ele da arquibancada. "Eu fazia um 'C' com a minha mão, que significava 'comporte-se'", Debbie Phelps explicou. "Sempre que eu o via ficando frustrado, eu fazia o sinal."

Phelps também desenvolveu estratégias de relaxamento para lidar com a inevitável pressão da natação competitiva. "Minha mãe e eu costumávamos praticar técnicas de relaxamento e programação em casa... fechar a minha mão direita e relaxar, depois fazer com a mão esquerda", ele explicou[52]. As músicas de Lil Wayne e Young Jeezy o ajudavam a "permanecer na zona de calmaria", então ele as ouvia antes de uma prova. E ele aprendeu formas de controlar as emoções negativas. "A minha raiva crescia para dentro", lembrou. "Eu usava essa raiva como motivação, especialmente na piscina. Analisando agora, eu acredito piamente que esses episódios me ensinaram a controlar as minhas emoções em meu benefício"[53]. E seu treinador o fez passar por *todos* os cenários possíveis para garantir que Phelps conseguisse lidar com qualquer obstáculo possível que viesse em seu caminho. Sem superproteção aqui: seu treinador sabia que os campeões devem aprender autocontrole.

Foram anos de treinamento, desejos, sonhos e disciplina, mas o menino cujo professor disse um dia que ele "nunca teria sucesso" provou que ele estava errado. Michael Phelps foi o primeiro a admitir que não foi fácil: "Mas com trabalho duro, fé, confiança e acreditando em si mesmo e naqueles ao seu redor, não existem limites".

Toda criança enfrentará obstáculos – alguns mais desafiadores do que outros. Mas desenvolver o autocontrole, junto com o amor duradouro de um pai, ajuda *todas* as crianças a ultrapassarem os obstáculos da vida. Vai saber se ganharão medalhas, mas elas se sentirão menos vazias e terão mais chances de prosperidade.

IDEIAS PARA TODAS AS IDADES PARA INCUTIR AUTOCONTROLE

"Vivemos em pequenas bolhas de proteção e dependemos muitos dos nossos pais e eles fazem muito por nós. Precisamos aprender a lidar com as nossas próprias vidas."
– Aiden, 14 anos, Salt Lake City

Uma aluna do primeiro ano do Ensino Médio compartilhou uma sabedoria poderosa. "Quando eu me formei no Ensino Fundamental, minha mãe me deu o livro do Dr. Seuss, *Ah, Os Lugares Aonde Você Irá!*[64]", Scarlett me contou. "Ela me leu as últimas frases: 'Você tem um cérebro na sua cabeça. Tem pés nos seus sapatos. Pode ir para qualquer direção que quiser' e me disse que eu ia arrasar no Ensino Médio. Mas eu não estou indo bem, porque nunca aprendi a fazer nada sozinha. Minha mãe ainda está me guiando. Se ela quiser que eu consiga ir bem, ela precisa parar de fazer tudo por mim e me entregar o volante para que eu descubra como controlar a minha vida."

É verdade! Se realmente esperamos que nossos filhos adquiram autocontrole, sejam bem-sucedidos e prosperem, devemos dar-lhes o volante aos poucos para que possam se guiar.

As seguintes letras designam a classificação etária adequada para cada atividade: C = Crianças novas, da primeira infância à pré-escola; E = Crianças em idade escolar; P = Pré-adolescentes e adolescentes; T = Todas as idades

- **Dê o exemplo de autocontrole.** Antes de tentar desenvolver o autocontrole do seu filho, reflita seriamente sobre o seu próprio comportamento. Por exemplo: Como *você* agiria na frente dos *seus* filhos quando *você* não tem autocontrole? *Você* dirige acima do limite de velocidade, faz muitas tarefas no computador ao mesmo tempo ou compra coisas por impulso na frente dos seus filhos? Como *você* controla o seu estresse? Somos livros vivos para os nossos filhos. Seja o exemplo que você quer que seu filho siga. **T**

- **Crie um lema de autocontrole.** Um pai de Iowa estava tão preocupado com o autocontrole ruim dos colegas do filho que ele passou um dia pesquisando lemas sobre a Força de Caráter com seus filhos. Os favoritos foram escritos em fichas, colados por toda a casa e, então, eles os repetiam diariamente. "Enfim caiu a ficha de que autocontrole era esperado na nossa casa", ele me contou. Alguns dos lemas eram: "Pense antes de agir." "Nada valioso vem de um autocontrole ruim." "Controle-se ou alguém o controlará." "Se você perder o autocontrole, tudo ruirá." Desenvolva um lema familiar e então o repita até seus filhos aprenderem! **T**
- **Fale sobre autocontrole.** Crianças precisam de pequenos bate-papos constantes para entender o valor do autocontrole. Perguntas para usar: "O que é autocontrole?" "Por que é importante?" "Por que algumas pessoas têm mais autocontrole do que outras?" "Você viu alguém perder o autocontrole?" "O que pareceu?" "O que faz as pessoas o perderem?" "O que as pessoas podem fazer para recuperar o controle?" "O que o faz perder o controle?" "O que o ajuda a permanecer controlado?" **T**
- **Assista a filmes.** Filmes são ótimas formas de conversar sobre autocontrole, como em *Star Wars*, quando Yoda e Obi-Wan ensinam autocontrole a Luke Skywalker para afastá-lo do lado escuro da Força. Para crianças mais novas: *Frozen, Kung Fu Panda, Procurando Nemo, O Fantástico Sr. Raposo*. Para crianças em idade escolar: *A Fantástica Fábrica de Chocolate, Homem-Aranha, Karatê Kid*. Pré-adolescentes e adolescentes: *Harry Potter, Até o Último Homem, Alma de Herói*. **T**
- **Dê um sinal.** Algumas crianças têm dificuldade em alternar o foco entre atividades. Por isso os professores usam "sinais de atenção", como comandos de palmas, tocar um sino ou comandos verbais: "Larguem os lápis, olhos para cima." Desenvolva um sinal, pratiquem juntos e então espere atenção! Alguns exemplos são: "Eu preciso da atenção de vocês em um minuto." "Olhos voltados para cá, por favor." "Prontos para prestar atenção?" **C**
- **Enfatize a "pausa".** Sem frear seus impulsos, as crianças podem fazer escolhas perigosas irreversíveis. Desacelerar dá a elas tempo para pensar. Ensine um "comando de pausa" para seu filho poder

usar no mundo real ou digital para lembrá-lo de "parar e pensar antes de escolher!" **E, P**

» "Se você estiver zangado, conte até dez antes de responder.";
» "Na dúvida: pare, pense, esfrie a cabeça.";
» "Nunca aperte 'enviar' em uma mensagem no celular ou e-mail quando estiver com raiva.";
» "Isso ajuda ou magoa? Se magoar, não faça!";
» "Não diga nada que você não ia querer que dissessem sobre você."

- **Leia livros sobre atenção plena.** Crianças mais novas: *Breath Like a Bear*[55] *[Respire como um Urso]* de Kira Willey; *Master of Mindfulness*[56] *[Mestre da Atenção Plena]* de Laurie Grossman; *What Does It Mean to Be Present?*[57] *[O que Significa Estar Presente?]* de Rana DiOrio; I *Am Peace: A Book of Mindfulness*[58] *[Eu Sou Paz: Um Livro sobre Atenção Plena]* de Susan Verde. Crianças mais velhas: *The Mindful Teen*[59] *[O Adolescente Atento]* de Dzung Vo; *Ultimate Mindfulness Activity Book*[60] *[Manual de Atividades da Atenção Plena]* de Christian Bergstrom. **T**
- **Permaneça no "agora".** Clara é uma aluna sensível e criativa da quinta série que muitas vezes pensa demais nas situações, o que agrava suas preocupações e acaba com seu autocontrole. Seus pais ajudam a reduzir seu pensamento excessivo com dicas: "Esteja no momento, Clara. Não se preocupe com o que *pode* acontecer. Pense no *presente* e você se sentirá melhor." Sua mãe me contou que precisou de incontáveis lembretes "esteja presente no momento", mas Clara agora os usa sozinha. Se seu filho exagera nas preocupações, ajude-o a permanecer no "presente". **E, P**
- **Use um aplicativo.** Baixe um aplicativo para ajudar seu filho a praticar o autocontrole. Para crianças mais novas: *Breath, Think, Do with Sesame, Daniel Tiger's Grr-ific Feelings*. Crianças em idade escolar: *Super Stretch Yoga, Mindful Powers*. Pré-adolescentes e adolescentes: *Stop, Breathe & Think, Take A Breath*. Baixe também músicas relaxantes para ouvir no celular ou no tablet. **T**
- **Abra espaço na hostilidade.** Permanecer calmo em uma cena social pode ser difícil. Uma forma de diminuir conflitos sociais é ensinar as crianças a colocar um espaço entre aqueles em conflito.

Explique: "Você pode dizer 'depois resolvemos isso' para se dar tempo para parar, pensar e esfriar a cabeça." Lembre-se de frases para criar espaço, tais como: "Conversamos depois do recreio". "Que tal nós dois esfriarmos a cabeça?" "Agora não é uma boa hora". Seu filho deve escolher uma frase (ou criar outra) e praticá-la até poder usá-la. **E, P**

- **Inicie uma turma de ioga ou atenção plena.** As mães de Redondo Beach disseram que iniciaram uma turma semanal de ioga para mães e filhas a fim de ajudar o estresse entre suas filhas pré-adolescentes. Pesquisas confirmam que ioga e atenção plena aumentam as habilidades de autocontrole e melhoram a saúde mental. Encontre um DVD de ioga ou atenção plena adequado à idade ou procure aulas na sua área para aprender a técnica. Depois, inicie uma turma de ioga ou atenção plena com os jovens ou pratique com sua família. **P**

- **Cogite tirar um ano sabático.** Tirar um ano de folga entre o final do Ensino Médio e o início da faculdade pode ajudar os jovens a administrar suas próprias vidas. Isso também lhes dá tempo para explorar interesses, viajar, fazer um estágio, ter um emprego ou apenas se encontrarem antes de rumar para a faculdade. Uma pesquisa demonstra que aqueles que tiram um ano sabático têm um *desempenho consistentemente melhor na escola e atingem médias mais elevadas* do que os colegas que se formaram no colégio e foram direto para a faculdade[61]. **P**

- **Almeje 21 dias.** Ensinar uma nova forma de controlar um impulso não é fácil, especialmente se uma criança praticou formas inadequadas. Escolha uma área do autocontrole que precise de melhora, mostre ao seu filho a nova estratégia e então pratique-a alguns minutos por dia por pelo menos três semanas – ou pelo tempo que for necessário. (A ciência agora diz que pode levar de 18 a 254 dias!) A possibilidade de seu filho adotar a habilidade é bem maior por causa da prática repetida: o modo exato com o qual se aprende qualquer novo comportamento. Roy F. Baumeister, autor de *Willpower*[62] *[Força de Vontade],* destaca: "O importante é praticar o domínio das formas habituais de fazer as coisas e exercer um controle deliberado sobre suas ações. Com o tempo, a prática melhora o autocontrole"[63]. Isso é o que nossos filhos precisam para obter a Vantagem do Caráter. **T**

OS CINCO PRINCIPAIS APRENDIZADOS

1. O autocontrole é como um músculo que fica mais forte com o exercício diário regular.
2. Respirar fundo e devagar e expirar pelo dobro do tempo da inspiração ajuda as crianças a adquirir controle.
3. As chances de uma criança adotar uma habilidade de autocontrole é maior se ela praticar várias vezes.
4. A habilidade de uma criança de controlar atenção, emoções, pensamentos e ações é uma das forças mais relacionadas ao sucesso e à resiliência.
5. Somos modelos vivos para os nossos filhos. Dê o exemplo do autocontrole para seu filho captá-lo.

UMA ÚLTIMA LIÇÃO

> *"Os adultos precisam oferecer às crianças uma variedade de ferramentas de controle do estresse para que escolham aquelas que funcionem para eles. E nós precisamos praticar como executá-las para se tornar um hábito."*
> – Elijah, 15 anos, Phoenix

Tarrytown é uma aldeia pitoresca localizada no vale do rio Hudson a cerca de 30 minutos de Manhattan. Eu falava com os alunos da Pocantico Hills Central School sobre caráter. Eu os ensinei várias formas de frear seus impulsos e expliquei: "O autocontrole é como um músculo que fica mais forte com o exercício diário regular, mas a mudança real e duradoura vem de *dentro* para fora." Cada aluno, então, escolheu uma estratégia para trabalhar e desenvolver seus músculos do autocontrole.

Em seguida, a equipe de funcionários desafiou os alunos a ir para casa e praticar seu fortalecedor muscular para o autocontrole naquela noite. Aqueles que o fizessem avisariam a todos usando suas camisetas do uniforme viradas do avesso no dia seguinte. Foi uma poderosa lição para a vida toda sobre a mudança real e duradoura tanto para filhos quanto para os pais. Afinal, as crianças devem aprender o autocontrole de dentro para fora, e nós devemos soltar suas habilidades para que elas consigam. Melhor ainda, no dia seguinte – e no outro, e no outro –, as crianças usaram suas camisetas do avesso. Elas estavam adquirindo a Vantagem do Caráter.

Capítulo 4

Integridade

Prósperos têm um forte código moral e o cumprem.

Norm Conard, um professor de Ensino Médio de Uniontown, Kansas, acredita que uma das melhores formas de ensinar crianças sobre o desenvolvimento de um código moral é por meio do estudo de História. A cada ano, ele encoraja os alunos em suas aulas de estudos sociais a trabalhar em uma competição acadêmica chamada National History Day [Dia da História Nacional][1]. Seu desejo é que o projeto ajude os alunos a aprender História e habilidades de pesquisa, sim. Mas a maior esperança de Conard é os alunos compreenderem que eles podem fazer a diferença, assim como as pessoas que eles estudam. Por isso, o lema da sua aula é: "Aquele que muda uma pessoa muda o mundo todo"[2].

Há vários anos, duas alunas do primeiro ano na aula, Megan Stewart e Elizabeth Cambers, concordaram em trabalharem juntas na competição. Quando elas pediram ajuda para criar uma ideia de projeto, Conard lhes deu uma caixa cheia de artigos inspiradores que ele reunira ao longo dos anos e mantinha à mão para os alunos. Um deles era um recorte que mencionava uma mulher chamada Irena Sendler e dizia que ela salvou mais de 2.500 crianças judias do Holocausto. As garotas imaginaram que o número fosse um erro – afinal, era mais do que o dobro do número de vidas resgatadas atribuído a Oskar Schindler e, como elas nunca ouviram essa história antes, será que essa mulher realmente salvou tantos jovens?

"Investiguem", o Sr. Conard recomendou. Foi o que as garotas fizeram. Elas contataram centros sobre o Holocausto, bibliotecas e sociedades históricas. Ninguém tinha ouvido falar dela. Seria tudo isso um erro ou uma farsa? Uma pergunta as fazia continuar: uma pessoa poderia realmente fazer tanta diferença assim?

As garotas continuaram com uma busca na internet e encontraram uma ocorrência sobre Sendler da Fundação Judaica para os Justos. Liz telefonou para a organização da cidade de Nova York, e confirmaram que a história era verdadeira, mas não tinham muitos detalhes. Agora elas tinham de saber mais. "Continuem investigando", disse o Sr. Conard.

Sabrina Coons, uma aluna do segundo ano, se uniu à equipe e as garotas passaram o dia no Midwest Center for Holocaust Education em Kansas City. Lá elas acharam uma foto de uma bebê de cinco meses que tinha saído escondida do gueto de Varsóvia passando pelos oficiais nazistas dentro de uma caixa de carpinteiro: toda sua família foi morta mais tarde em Treblinka. As garotas seguraram o fôlego: dizia que a bebê tinha sido resgatada por Irena Sendler. A lição de história ganhava vida, e os fatos estavam além da sua imaginação.

Irena Sendler era uma assistente social e líder de um grupo de resistência polonês. Quando os nazistas começaram a rondar os judeus, a polonesa ficou horrorizada com tamanha crueldade. Ela se disfarçou como uma enfermeira de controle de infecções e entrou no gueto para persuadir os pais judeus a deixá-la salvar seus filhos. Entre 1942 e 1943, a mulher de 1,49 metros passou por guardas nazistas em bebês, crianças e adolescentes escondidos em caixas de ferramentas, malas e velhos canos de esgoto. Em seguida, a mulher registrou cuidadosamente todos os nomes das crianças em lenços de papel e os enterrou em potes de vidro embaixo de uma macieira. Algum dia, ela esperava reunir as crianças com seus pais.

Sendler acabou sendo capturada, torturada e presa pelos nazistas, mas se recusou a revelar os nomes daqueles que ajudou. Mais tarde ela escapou e, de forma incrível, continuou trabalhando com a resistência polonesa. Ao fim da guerra, quase todos os pais tinham morrido nos campos de concentração, mas Sendler salvara 2.500 crianças. Então ela voltou para a obscuridade, tornando-se nada além de uma nota de rodapé na história. "Como isso é possível?", as garotas se perguntavam.

E então elas consultaram dúzias de livros, releram artigos e se corresponderam com os sobreviventes do Holocausto. Enfim, Liz contatou a Fundação Judaica para os Justos de novo para perguntar onde Sendler estaria enterrada e recebeu uma resposta chocante: ela estava viva em Varsóvia, e eles até lhe deram seu endereço. As garotas imediatamente escreveram uma carta.

"Nós andamos até a agência do correio para enviá-la, mas nos perguntamos por que uma mulher no leste europeu se importaria com garotas na área rural de Kansas?", Megan Felt me contou. "Mas ela respondeu! Nunca vou me esquecer do dia que Liz veio correndo pelo corredor gritando: 'Recebemos uma carta!' Ficamos tão animadas! A primeira frase dizia: 'Para minhas queridas garotas amadas.' Ainda a guardo no meu coração."

As garotas ficaram cativadas pela integridade de Sendler e tiveram de contar sua história. Elas escreveram uma peça de dez minutos sobre suas experiências extraordinárias chamada *Life in a Jar [Vida em um Pote]* e a apresentaram à comunidade. Um membro da plateia ficou tão comovido que levantou fundos para levar as garotas, seus pais e seu professor, Sr. Conard, à Polônia para se encontrarem com sua heroína. Foi assim que as garotas se viram no pequeno apartamento de Irena Sendler abraçando-a e chorando com ela. E elas conseguiram finalmente fazer a única pergunta que as assombrava: o que a levou a ser tão heroica?

"O que eu fiz não foi extraordinário", ela contou. "Eu só estava sendo decente"[3]. A mulher até admitiu que ela ainda tinha pesadelos se questionando o que mais ela poderia ter feito[4].

A peça das garotas ainda é apresentada em centenas de escolas e organizações, e o lema de um professor, "aquele que muda uma pessoa muda todo o mundo", agora é compreendido não só pelas garotas, mas por centenas de crianças que assistiram ao espetáculo. Irena Sendler foi indicada para o Prêmio Nobel da Paz em 2007 e faleceu em 2008 com 98 anos, mas seu legado de integridade ainda vive.

Mas como Irena Sendler desenvolveu uma essência moral tão inquebrantável? A resposta veio da própria Sendler, que disse, simplesmente: "Foi como eu fui criada"[5]. Ela cresceu em uma pequena cidade judaica além dos limites de Varsóvia, filha única de pais católicos que a ensinaram a respeitar todas as pessoas, independentemente de sua religião, condição social ou nacionalidade[6]. Seu pai foi um médico conhecido por seu bom coração, que tratava os pobres, incluindo judeus, sem cobrar nada, e sempre disse para sua filha: "Se você vir uma pessoa se afogando, tem de pular e salvá-la, quer você nade ou não." Desde nova, Irena, muitas vezes, ficava ao lado do pai, observando e prestando atenção ao seu exemplo. Crianças novas podem aprender integridade desde cedo, e Irena aprendia bem.

Nós queremos que nossos filhos sejam boas pessoas e façam a coisa certa, mas quais lições os ajudam a desenvolver bússolas morais fortes para que saibam o que defendem, permaneçam leais às próprias crenças e se manifestem pelo que é certo? E como inspiramos as crianças a perceber que podem fazer a diferença em seu mundo? A estrada para a integridade, como mostra a história de Irena, começa em casa – e pode ter um efeito cascata no mundo ao nosso redor por gerações futuras.

O QUE É INTEGRIDADE?

A integridade não é feita de DNA (ou de uma média ponderada de notas), mas de crenças aprendidas, capacidades, atitudes e habilidades que criam uma bússola moral usada pelas crianças para ajudá-las a *saber* o que é certo, *se importar* com o que é certo e *fazer* o que é certo. Essa Força de Caráter coloca limites, dá força para resistir às tentações e oferece às crianças uma orientação sobre como agir da forma certa, mesmo quando não estamos presentes para mantê-los na linha! E dá a elas, e a nós, paz de espírito quando fazem a coisa certa.

Crianças com integridade são leais consigo mesmas e honestas com os outros, bem como tenazes, responsáveis, corajosas e resilientes – o tipo exato de pessoa que precisamos em nosso mundo cruel e egoísta[7]. Mas pesquisas nacionais demonstram um declínio profundo dessa força.

- Mais da metade dos adolescentes admitem colar em prova; 57% concordam que "pessoas bem-sucedidas fazem o que tiverem de fazer para vencer, mesmo se envolver trapaça"[8];
- Uma pesquisa nacional com 43.000 adolescentes revelou um aumento desmedido de roubo e mentira; 80% das crianças admitem mentir aos pais sobre alguma coisa importante; 82% e 2% dos adultos sentem que as crianças hoje são mais egocêntricas do que nas gerações passadas[9];
- O *bullying* escolar aumentou 35% em três anos[10]; um quarto dos adolescentes acredita ser aceitável ameaçar ou bater em alguém quando sentem raiva; 31% acreditam que a violência física é um grande problema na escola[11];
- 70% dos adolescentes alegam ter testemunhado um aumento de *bullying*, ódio e mensagens motivadas por racismo[12].

Mas, apesar dessas descobertas perturbadoras, 92% das crianças se sentem "bem satisfeitas" com seus padrões éticos e conduta; 77% até dizem: "Em se tratando de fazer o que é certo, sou melhor do que a maioria das pessoas que eu conheço"[13]. Mas aí é que está: as crianças não se tornam pessoas boas por osmose. A integridade deve ser ensinada com intenção, e os pais são *sempre* os primeiros e melhores professores morais de seus filhos.

POR QUE PODE SER TÃO DIFÍCIL ENSINAR INTEGRIDADE

> *"É preciso apenas uma pessoa postar algo ruim para haver um dano irreversível. Nós precisamos aprender a ter coragem de fazer o que sabemos ser certo e nos posicionarmos contra a crueldade, mas isso só vai funcionar se nos virmos como pessoas boas."*
> – Stephanie, 13 anos, Myrtle Beach, Carolina do Sul

O ataque constante de mensagens imorais e exemplos horrendos está cobrando um preço do desenvolvimento moral das crianças, de qualquer idade ou código postal. Os escândalos dos ricos, famosos e poderosos ganham as manchetes diárias. Os *coaches* profissionais roubam jogadas dos oponentes. As campanhas políticas estão mais sujas. As redes sociais tornaram-se plataformas para a vergonha pública. Não é de se admirar que não estejamos conseguindo transmitir nossas lições de moral.

Aluno do Ensino Fundamental: "Integridade é a palavra do mês na escola, mas está apenas em um pôster. Ninguém sabe como botar a integridade em ação."

Aluno do Ensino Médio: "Nossa escola tem um código de honra, mas por que eu deveria ser o único a segui-lo?"

Pai: "As agendas das crianças estão muito lotadas, como você espera que encontremos tempo para falar sobre integridade?"

Professor: "Nós conversamos sobre caráter nas reuniões, mas os pais só querem ouvir sobre como ajudar a melhorar as notas e médias dos seus filhos."

Diretor: "Eu reconheço os alunos pelo bom caráter, mas os pais me dizem que isso estava tirando tempo de aula e não ajuda seus filhos a entrar nas faculdades da Ivy League."

Na nossa cultura obcecada por notas, as lições de integridade são escassas em muitas agendas de parentalidade. Aqui estão os motivos pelos quais "Introdução à Ética" deve ser uma parte essencial da educação infantil e juvenil.

Os adultos exibem um comportamento com deficiências éticas

Esqueça as crianças: três em cada quatro estadunidenses dizem que os adultos são menos morais do que costumavam ser[14]. As manchetes confirmam esse veredito. Em 2019, promotores públicos federais condenaram 33 pais por supostos comportamentos antiéticos, incluindo subornar administradores de universidade, falsificar as pontuações dos seus filhos, criar registros atléticos falsos, fabricar biografias, fingir deficiências e pagar para outras pessoas fazerem os exames de SAT dos seus filhos[15].

Em se tratando de conseguir para o seu filho aquela cobiçada entrada na faculdade, *nada* está além dos limites, mas o comportamento antiético é um preço alto a pagar pelos direitos paternos de se gabar. E quanto às crianças honestas que deram duro e perderam suas cobiçadas vagas merecidas por causa dos pais desonestos dos seus colegas? A garotada observa e aprende com o comportamento com deficiência ética dos adultos e seus comentários são fortes. Um adolescente de Manhattan me contou: "Se você não colar e todos os outros fizerem isso, sua classificação escolar fracassa. Eu sou o perdedor, porque sou honesto." Um jovem de 17 anos de Sherman Oaks disse: "Eu escrevi meu ensaio de admissão na faculdade. Outros pais contrataram pessoas para escrevê-los para os seus filhos. Eles entraram em faculdades de alto nível, eu não. Pra que fazer a coisa certa?"

Uma das melhores formas de ensinar um comportamento moral é servindo de exemplo, e isso coloca muitas crianças em uma grave desvantagem. Muitos pais, líderes, clérigos, *coaches*, mestres escoteiros e celebridades são membros do Muro da Vergonha.

Nós não temos a língua para falar de integridade

Pesquisadores rastrearam o uso de palavras sobre caráter em mais de 5,2 milhões de livros publicados nas últimas décadas e descobriram que nós literalmente não mais falamos, escrevemos nem lemos sobre caráter hoje em dia. Palavras como "consciência", "moralidade", "caráter", "virtude", "honestidade", "gentileza", "coragem" e "honra" estão em declínio[16]; os termos relativos a "cuidado" e "preocupação com os outros" foram os que mais diminuíram.

E quando falamos sobre caráter com nossos filhos não significa necessariamente o que achamos que significa. David Brooks, autor de *A Estrada para o Caráter*[17], salienta que a palavra "caráter" "costumava conotar traços como abnegação, generosidade, sacrifício pessoal e outras qualidades que às vezes tornam o sucesso mundial menos provável. Hoje a palavra é usada para descrever qualidades que tornam o sucesso mundial *mais* provável".

Estamos disciplinando nossos filhos da forma errada

Muitos pais vacilam entre dois estilos de parentalidade opostos: por um lado, uma parentalidade muito rígida e "autocrática" (*"Por que eu mandei"*) ou, no outro extremo, uma parentalidade muito leniente e "permissiva" (*"O que for melhor para você"*). Mas a ciência demonstra que nem o estilo autocrático nem o leniente podem ajudar as crianças a desenvolver integridade.

Em vez disso, nós deveríamos nos concentrar no que a ciência chama de estilo de parentalidade "autoritativo", caracterizado por demandas cordiais e sensatas e uma alta receptividade: "Você sabe as regras – sei que pode fazer melhor." O estilo autoritativo tem mais chances de intensificar o crescimento moral porque estabelece regras familiares consistentes e limites firmes, mas também encoraja uma discussão aberta para explicar – e, quando justificado, rever – as regras. Esses parâmetros ajudam as crianças a desenvolver fortes egos morais e a perceber que elas são suas próprias agentes morais, que são dois traços essenciais da resiliência.

Mas aqui está onde muitos pais erram hoje: a parentalidade autoritativa não é necessariamente igual ao tipo de parentalidade hiper-intensiva, que muitos pensam que precisam adotar para estar no auge. Pais com o estilo intensivo se envolvem *demais* com seus filhos o *tempo todo* – seja matriculando-os em atividades extracurriculares, participando das brincadeiras em casa ou reivindicando suas necessidades individualizadas com professores e profissionais. Essas são todas coisas boas, é claro, mas com moderação.

Se não nos afastarmos e darmos para nossos filhos a liberdade de tomar suas próprias decisões morais – e, sim, provavelmente, errar às vezes –, seus crescimentos de caráter e de ética nunca terão a oportunidade de se desenvolverem sozinhos. É assim que acabamos com crianças sem bússolas morais e que fazem tudo o que for preciso para o ganho pessoal. Todos nós ouvimos falar da parentalidade helicóptero, mas esses pais progrediram para o modo *Black Hawk*.

Para adotar a integridade, as crianças devem vê-la em ação, reconhecer que ela importa e ter oportunidades para exibi-la. Apenas então elas compreenderão que a integridade é a verdadeira fonte do sucesso que pode levá-las ao topo e *permanecer lá*.

COMO ENSINAR INTEGRIDADE ÀS CRIANÇAS

Embora a cultura esteja mudando, não desista rápido demais: essa Força de Caráter *pode* ser ensinada. Os próximos tópicos oferecem lições para incutir a consciência moral, a identidade moral e o raciocínio ético. Essas habilidades ajudam as crianças a desenvolver integridade e dão a elas a Vantagem do Caráter, de modo que elas pensam, sentem e agem com integridade, tornam-se seu melhor pessoal e prosperam.

Dê o exemplo da consciência moral para seus filhos

Eu conversava com alguns professores da Flórida sobre esse assunto, e todos eles mencionaram a mesma aluna que se formou recentemente em sua escola: Mia. Ela "sempre fazia a coisa certa". Ela tinha "uma forte bússola moral". "Ela defendia qualquer pessoa tratada injustamente." Todos se perguntavam: como Mia desenvolveu tamanha integridade – e como poderiam fazer outras crianças seguirem seu exemplo?

"Você deveria entrevistá-la", eles disseram. Então, levei a jovem para almoçar e fiz a pergunta que rondava as mentes dos seus professores: "Como você desenvolveu esse caráter?"

Ela sorriu e disse: "Foi como eu fui criada." A meu pedido, Mia me contou como seus pais educaram seu temperamento. É uma lição para todos nós.

"Minha mãe e meu pai sempre falaram sobre caráter e esperavam isso de mim, mas eu nunca vou me esquecer de um encontro familiar quando eu tinha seis anos. O chão da cozinha estava coberto de cartolina e canetinhas. Meu pai disse para mim e para meus irmãos que nós íamos decidir as características da nossa família. Nós lembramos de palavras como 'gentil', 'solidária', 'confiável', 'generosa', 'respeitosa' enquanto minha mãe as anotava. Então meu pai disse que tínhamos de escolher uma que melhor descrevesse como queríamos ser lembrados. Nós escolhemos honestidade. Nosso sobrenome é Dunn, então nosso lema familiar tornou-se 'Os Dunns Honestos'."

Eu perguntei como ela se lembrava do lema e Mia riu. "Era impossível não lembrar! Meus pais diziam isso 50 vezes por dia. Quando meu pai saía para o trabalho, ele dizia: 'Lembre-se, seja uma Dunn Honesta!' Quando minha mãe nos levava para a escola, dizia: 'Lembrem-se, somos Dunns Honestos.' Nós fazíamos reuniões de Dunns Honestos à noite. Eles falavam tanto esse lema que nós nos tornamos ele."

"Eu me casei recentemente", ela acrescentou. "Logo antes da cerimônia, minha mãe nos chamou para reunirmos todos para uma última reunião de Dunns Honestos. Então meu pai me acompanhou até o altar enquanto eu brigava com as lágrimas. Eu sabia que nunca mais moraríamos juntos, mas eu sempre serei uma Dunn Honesta e carregarei seus valores no meu coração para sempre."

"Meus pais falaram tanto que nós nos tornamos isso" é a melhor maneira de incutir a consciência moral nos nossos filhos. A integridade não se materializa depois de uma única repreensão, mas da repetição de discussões, ênfases, explicações, exemplos, expectativas e reforços. Aqui estão lições simples para ajudar as crianças a entenderem o que é integridade e por que você a valoriza, para elas "se tornarem" ela. Apenas lembre-se dos passos:

- **Aponte seus padrões.** Reflita sobre as virtudes que você considera mais significativas e que quer estimular nos seus filhos e crie sua bússola moral familiar. Discuta suas escolhas com seu(sua) parceiro(a). Tente identificar algumas com as quais os dois concordam. Então, anote suas escolhas na sua pauta do dia para lembrá-lo(a) de enfatizar os padrões como outros aspectos da agenda dos seus filhos;
- **Exemplifique o caráter.** Servir de exemplo é uma das melhores formas para melhorar a integridade do filho, então avalie sua "conversa moral". 1. Como meu filho descreveria meu caráter para outra pessoa? 2. É como eu gostaria de ser descrito? 3. Se meu filho só testemunhasse meu comportamento hoje, o que ele captaria? Então, reflita sobre como sintonizar seus padrões morais escolhidos no seu comportamento. As crianças estão vendo!
- **Saliente com um lema.** Lemas morais ajudam as crianças a definirem quem são como pessoas, então crie um mantra familiar como fez a família Dunn. Convoque uma reunião doméstica e pergunte: "Que tipo de família queremos nos tornar?" "Como você espera que as pessoas nos descrevam?" "Como queremos ser lembrados?" Lembre-se de virtudes que signifiquem o máximo para a sua família e escolha uma ou duas com as quais todos concordem. Então transforme isso em uma frase curta e cativante. Repita o lema até seus filhos "tornarem-se ele";
- **Capte-o.** Ajude seu filho a entender o caráter "captando-os", vivendo na virtude – e então os elogie por isso. Use dois passos. 1. *Nomeie* a virtude. 2. Então *descreva* o que o filho fez para merecer o reconhecimento. "Você precisou de coragem para ser *honesto*

e contar ao seu pai que você perdeu a caneta dele." "Eu gosto de como vocês foram *respeitáveis* esperando pela vovó terminar de falar." "Você demonstrou *responsabilidade* por fazer suas tarefas domésticas antes de sair.";

- **Destaque.** Encontre momentos diários para reforçar o padrão até seu filho adotá-lo como seu. Conflitos: ("Estamos trabalhando no *autocontrole*, então respire fundo antes de falar com seu irmão"). Dirigindo: ("Aquele motorista não foi *atencioso* quando encostou na calçada para me deixar entrar?").

Ajude seus filhos a desenvolverem a própria identidade moral

Expor nossas próprias expectativas para os nossos filhos é uma parte enorme do enigma da integridade. Mas igualmente importante é dar espaço para eles desenvolverem sua *própria* identidade moral juntamente com a sua e separados – uma que os ajudem e os preservem quando não estivermos por perto.

Eu nunca vou me esquecer do quinto aniversário do meu filho. Um de seus amigos entrou correndo, gritando a plenos pulmões: "Cadê a mãe? Tenho que achar a mãe!" Supondo o pior, eu disse a Nate que eu era a mãe e perguntei do que ele precisava.

"Eu tenho de saber as regras da sua família", Nate disse. "Minha mãe disse que as suas podem ser diferentes das nossas, e eu não quero criar problemas. Então, quais são as suas regras?"

Pega de surpresa, eu pedi para ele explicar as regras da família *dele*.

"Minha mãe realmente diz 'ser bonzinho' é nossa maior regra", ele disse. "Eu já disse uma coisa legal para Kevin quando eu entrei. Mas mesmo se suas regras forem diferentes, minha mãe diz que eu tenho sempre de usar a 'regra de ouro'. Preciso tratar as pessoas como eu quero ser tratado – muito bem."

Garanti a Nate que ele se daria muito bem na festa, porque nós tínhamos quase as mesmas regras familiares. Ele sorriu, aliviado, correu para brincar, e eu fiz uma anotação mental para almoçar com a mãe dele. Eu tinha de dizer a ela que trabalho fabuloso ela fazia em ajudar seu filho a reconhecer que, embora algumas pessoas tenham regras diferentes, a Regra de Ouro serve para tudo. Aos cinco anos, Nate estava aprendendo identidade moral, ter a imagem de si como uma boa pessoa.

William Damon, professor de Desenvolvimento Juvenil de Stanford, diz que essa segunda habilidade da integridade se desenvolve devagar em centenas de pequenas formas, como quando nossos filhos observam os outros, refletem sobre suas experiências, ouvem o *feedback* dos outros, bem como da família, de colegas, da escola, das instituições religiosas e da mídia. Uma imagem de um "eu" moral começa a se formar na infância quando as crianças começam a analisar a si mesmas e aos outros e começam a definir "quem são". Os identificadores pessoais das crianças mais novas costumam ser habilidades relacionadas à ação e envolvem seus interesses: "Eu adoro futebol." "Eu jogo basquete." "Sou um bom leitor." Mas, com a idade, as crianças começam a aplicar qualidades morais: "Sou bonzinho." "Sou paciente." "Sou uma pessoa honesta." Definições internas importam porque a identidade moral impulsiona comportamentos e atitudes, e é sempre construída de dentro para fora[18]. Em suma, as crianças agem como elas se veem ser. Aqui estão lições para moldar o "eu" moral do seu filho.

As crianças não nasceram diferenciando o certo do errado, por isso devemos sempre explicar as virtudes até elas internalizarem nossas mensagens. Uma forma é usar uma disciplina do cotidiano que "corrige o errado" e leva para casa a lição moral. Faça de conta que seu filho arranca o controle com raiva da mão do seu amigo e o menino começa a chorar. Aqui está como usar os quatro "Rs" da disciplina moral.

» **R1: Responder** com calma para ajudar seu filho a pensar em sua ação. "Por que você tirou o controle do Sam daquele jeito? Além do mais, era a vez dele.";

» **R2: Relembrar** por que o comportamento é errado. Diga, "Não é legal quando você não divide." "Por que nós temos o lema 'Ajude, não magoe'?" ou "O que estava errado no que você fez?" Importante: não diga apenas para uma criança que sua ação estava errada; ajude-o a entender *por quê*;

» **R3: Refletir** sobre os efeitos do comportamento. Pergunte: "Você viu como Sam parecia triste quando você pegou o controle? Como você se sentiria se eu o tomasse de você? Estou decepcionado(a) com seu comportamento porque sei que você é uma boa pessoa." Quando seu filho tem uma sensação prolongada de que suas ações estavam erradas, é um sinal de que ele está desenvolvendo identidade moral;

» **R4: Reparar** o erro. Por fim, ajude seu filho a descobrir como melhorar para ele não repetir o mesmo ato. "Como você pode ajudar Sam a se sentir melhor?" "O que você fará da próxima vez?" ou "me conte seu plano, porque eu espero que você seja bonzinho e isso não se parecia com você." O passo final de reparação transmite à criança que você sabe que ele é capaz de corrigir um erro, e deve, porque a ação não combinava com sua identidade moral e as crenças morais da sua família.

Mostre ao seu filho como se manifestar

Crianças devem aprender a pensar, perguntar e responder perguntas para estimular suas visões morais. Mas um estudo de dez anos de Christian Smith, sociólogo de Notre Dame, constatou que a maioria dos alunos graduados no Ensino Médio não têm raciocínio moral suficiente e são incapazes até de considerar os problemas morais em sua vida cotidiana[19]. Aulas expositivas, fazer provas e memorizar fatos não ajudam as crianças a se tornarem pensadores éticos profundos, mas o antigo ensinamento de Sócrates, o filósofo grego, tem respostas promissoras, e por isso, muitos educadores adotam suas lições.

Observei uma professora de inglês do Ensino Fundamental II usando o modelo de aula socrática em Riverside, Califórnia. Suas regras eram claras: "Seja respeitoso, fale com clareza, participe no mínimo cinco vezes e venha preparado para ter uma conversa acadêmica." Alunos da sétima série se sentavam em dois círculos concêntricos para facilitar suas discussões. Os tópicos passados eram motivados pela ética e relevantes. ("O que são sociedades funcionais?" "Quais são as responsabilidades dos indivíduos em sociedade?" "Como as decisões impactam nos futuros?") As perguntas foram retiradas do livro *The Outsiders: Vidas Sem Rumo*. "O preconceito é aprendido?" "Por que as pessoas excluem os outros?" "Como as pessoas podem ser mais inclusivas?" Durante todo o período eu vi os alunos de 12 anos refletirem, discutirem e defenderem questões morais sobre racismo e inclusão.

O processo socrático requer que os adultos se afastem para que as crianças aprendam a pensar e façam as perguntas certas para desenvolverem o raciocínio ético, e era isso o que essas crianças faziam. Na verdade, a professora deixava os alunos conduzirem seu próprio diálogo e eles apreciavam a oportunidade. "A maioria dos adultos não deixa as crianças compartilharem suas visões, mas como nós aprenderemos a nos manifestarmos se não praticarmos?", uma garota me disse. "Isso ajuda as crianças a se tornarem pessoas melhores." O processo é empoderador porque as crianças percebem que suas visões importam e serão ouvidas, e elas têm a chance de se manifestarem.

Use os três passos seguintes para ajudar seu filho a entender a integridade e desenvolver o raciocínio moral. O objetivo é ajudá-lo a achar sua voz e desenvolver opiniões para se tornar um pensador ético e manifestar suas visões com confiança.

1. **Permita a divergência.** O melhor lugar para as crianças aprenderem a se manifestar e esclarecer seus princípios morais é em casa, então por que não começar debates familiares? Estabeleça regras claras: *Todos têm a sua vez e um tempo de exposição igual. Ouça a ideia completa de cada pessoa. Humilhações não serão permitidas.* Os tópicos variam de preocupações familiares (mesadas, horários de chegada em casa e tarefas domésticas) a problemas mundiais (pobreza, *bullying* e imigração). Algumas famílias criam uma caixa para os membros colocarem tópicos para debate. Se seu filho tiver uma opinião diferente ou questão premente, deixe-o compartilhar sua visão com todo o respeito. O ponto central: vocês não precisam concordar, mas devem tentar entender a visão da outra pessoa. Se você discordar, diga sua opinião com respeito e ofereça uma forte "razão".

2. **Faça perguntas.** Maurice Elias, diretor do Rutgers Social-Emotional and Character Development Lab [Laboratório de Desenvolvimento Social Emocional e de Caráter Rutgers], sugere usar comandos para ajudar as crianças a pensar em questões morais e defender suas visões[20]. Algumas perguntas são:

    » Quem você admira? Liste três das qualidades mais admiráveis dessa pessoa;

    » Descreva um incidente ou evento com o qual você aprendeu uma lição na marra;

    » Quais são as três qualidades que você valoriza em um amigo? Um professor? Um pai?

    » Quem foi mais importante na sua vida para ajudá-lo a estabelecer seus valores?

    » Quais são os três valores importantes que você encorajaria quando tiver seus próprios filhos?

    » Qual é a única regra que você acredita ser importante pela qual viver?

    » Se vivêssemos em um mundo perfeito, como as pessoas se comportariam de forma diferente do que se comportam agora

» Use livros e exemplos da vida real com crianças mais novas: "O (*nome do personagem*) era mesmo culpado?" "O que você gostou nele?" "Você viu algumas das forças dele em si mesmo?"

3. **Declare suas crenças.** Mas as crianças também precisam da nossa permissão para se manifestarem e reconhecerem que nós esperamos que elas façam a coisa certa. E devemos ensinar que ter integridade não é fácil, defender nossas crenças morais é difícil e a pressão dos colegas é intensa. Pratiquem juntos até sentir que elas podem fazer isso sem orientação.

COMO A INTEGRIDADE PODE SER O SUPERPODER DO SEU FILHO

"Eles não podem atirar nos meus sonhos, não podem matar minhas crenças e não podem deter minha campanha para ver cada garota e cada menino na escola"[21].
– *Malala Yousafzai*

Malala descrevia-se como "uma garota como qualquer outra". Ela adorava *cupcakes* e pizza, estalar os dedos, a cor rosa, compartilhar segredos com sua melhor amiga e ler Jane Austen e *Os Jogos Vorazes*. Mas sua infância foi singular. Malala cresceu no Swat Valley, no Paquistão, um dos lugares mais perigosos do mundo, especialmente para garotas. Quando o Talibã assumiu o controle e anunciou um veto à educação das garotas, Malala se recusou a ser silenciada porque acreditava que a educação é um direito humano. Aos 15 anos, foi baleada na cabeça pelo grupo terrorista no ônibus escolar. Ela se recuperou milagrosamente, continuou a lutar pela educação feminina e tornou-se a pessoa mais jovem a ganhar um Prêmio Nobel da Paz. Mas como essa jovem adquiriu uma essência ética e uma resiliência tão fortes? Foram as lições morais que ela aprendeu com seus pais quando nova.

Samuel e Pearl Oliner conduziram um dos estudos mais abrangentes de salvadores de judeus durante o Holocausto e revelaram semelhanças notáveis em como eles foram criados para serem altruístas. Os pais costumavam ter relacionamentos próximos, cordiais e solidários com seus filhos, enfatizavam bem a gentileza, davam o exemplo do comportamento caridoso, esperavam que seus filhos aplicassem o valor a todas as pessoas e usavam o raciocínio moral para disciplinar[22]. Isso era consideravelmente semelhante ao modo como Malala foi criada.

Vizinhos descreveram a família de Malala como "doce, feliz e muito risonha", e seus pais davam o exemplo e esperavam gentileza. "Nós nunca devemos nos esquecer de compartilhar o que temos", a mãe lembraria a sua filha[23]. Ela cresceu em uma atmosfera que reforçava fortes valores morais, sendo *Nang* (ou "honra") um dos mais importantes. Nas poucas vezes nas quais ela mentiu, responsabilizaram a jovem e exigiram que ela fizesse reparações. Ela nunca mais mentiu.

Seu pai contava para ela histórias sobre grandes heróis como Mahatma Gandhi e Abraham Lincoln. Ele administrava uma das escolas na região que instruía jovens garotas e era um ativista pelos direitos da educação feminina. Ele também encorajou sua filha a se sentar e ouvir as discussões políticas entre ele e seus amigos, o que ajudou a arraigar seus valores. Seu pai tornou-se um exemplo para Malala[24]. "Ele me inspirava", ela disse.

Seus pais também respeitavam sua liberdade de pensamento e lhe deram autoconfiança. "As pessoas me perguntavam o que tornou Malala tão arrojada e corajosa, franca e equilibrada", seu pai disse certa vez. "Eu digo a elas: 'Não me perguntem o que foi. Perguntem o que não foi. Eu não cortei suas asas, foi isso'"[25].

As pessoas costumam se surpreender com a força das crenças morais de Malala, mas não conseguem perceber que ela estava desenvolvendo e praticando integridade desde nova. Quando fez o discurso na Organização das Nações Unidas aos 16 anos, ela vivia suas crenças éticas e ninguém – inclusive o Talibã – poderia detê-la. Uma integridade forte é fomentada com as lições e experiências de parentalidade certas; Malala recebeu ambas de presente.

IDEIAS PARA TODAS AS IDADES PARA INCUTIR INTEGRIDADE

"Nós nunca somos elogiados por sermos apenas boas pessoas. Tudo gira em torno de nossas provas e notas. Acho que nossa parte humana não importa muito."
– Olivia, 11 anos, San Diego

A Cambridge Elementary School em San Antonio tem um lindo jardim ornamental embaixo de um grande carvalho. A orientadora, Diana Cashion, me contou que o objetivo da escola é ajudar cada aluno a "ter um desempenho acadêmico excelente, mas também tornar-se um cidadão confiante e solidário com um caráter impecável". No entanto, os professores se preocuparam com os pais que, como muitos hoje em dia, focavam na parte acadêmica, colocando o caráter em segundo plano nas suas prioridades. Então, eles deram uma lição de casa aos pais: "Por favor, conversem com seus filhos sobre sua principal Força de Caráter, o motivo que vocês a admiram e escreva a resposta neste formulário."

Os alunos entregaram sua tarefa no dia seguinte com exuberância: "Minha mãe adorou meu coração gentil!" "Meus pais me contaram que estão felizes por eu ser tão responsável." "Meu pai aprecia minha honestidade!"[26] Então cada criança pintou sua Força de Caráter identificada em uma pedra e a colocou no jardim. Naquele dia, inúmeras crianças apontavam para sua rocha, orgulhosas. "A minha diz que sou compreensivo", um menino disse. "Meu pai me disse isso!" Eu me perguntava se as crianças reconheceriam suas Forças de Caráter sem essa tarefa. Nossos filhos precisam de lições que desenvolvam seus "lados humanos".

As seguintes letras designam a classificação etária adequada para cada atividade: C = Crianças novas, da primeira infância à pré-escola; E = Crianças em idade escolar; P = Pré-adolescentes e adolescentes; T = Todas as idades

- **Reconheça a integridade.** Elogie o comportamento ético quando seu filho o demonstrar, para que ele perceba que você valoriza. Evoque a integridade e, então, descreva a ação para o seu filho saber o que ele fez que merece reconhecimento para que tenha mais probabilidade dele repetir o comportamento. Usar a palavra "porque" torna seu elogio mais específico. "Foi uma demonstração de integridade *porque* você se recusou a transmitir essa fofoca." "Você demonstrou integridade *porque* manteve sua promessa de ir com seu amigo mesmo tendo de desistir da festa do pijama!" "Foi integridade *porque* você foi honesto apesar de todos trapacearem. A integridade é fazer a coisa certa, mesmo se não for popular." **E, P**
- **Faça "duas regras de ouro".** Uma mensagem importante é ajudar as crianças a perceberem que as pessoas com integridade tratam *todos* igualmente e da forma que elas gostariam de ser tratadas. Uma mãe de Palm Springs me contou que, como ela queria que suas filhas aprendessem a Regra de Ouro, ela as encorajava a fazer o que ela chamava de "duas regras de ouro" por dia ("duas coisas que você gostaria que os outros fizessem com você, porque essa é a forma com que você gostaria de ser tratado"). Elas selecionaram "ideias de ouro" simples (como abrir a porta, sorrir, chamar

alguém para brincar). Então, a cada noite, elas compartilhavam o que tinham feito. A mãe me contou: "Quanto mais elas praticavam, mais começavam a se ver como pessoas de caráter. Então nós demos um passo adiante selecionando 'regras de ouro' que exigiam coragem e nem sempre eram populares: como defender alguém tratado com injustiça, pedir para um colega excluído se sentar com elas no almoço ou consolar um colega alvo de *bullying*. É uma alegria observar a integridade crescer nas minhas filhas." Teste a ideia com seus filhos. **C, E**

- **Joguem "E se?"** Façam uma roda de conversa "E se?" para cada infração moral a fim de corrigir o erro. Se seu filho "pega algo emprestado" de um amigo sem pedir, proponha: "*E se* isso acontecesse com você? Como você se sentiria se alguém pegasse algo da sua mochila sem você saber?" "*E se* alguém trapaceasse (mentisse, fizesse *bullying* pela internet ou plagiasse)? O que você faria para exercitar seu músculo da integridade?" Continue perguntando "e se" até seu filho entender que a integridade nem sempre é fácil, mas é necessária para as pessoas confiarem em você. Elas têm uma maior probabilidade de fazerem a coisa certa e assumirem a responsabilidade por seu comportamento – mesmo se ninguém estiver olhando. **E, P**

- **Crie uma caixa de heróis.** Norm Conard encheu uma caixa com histórias de pessoas inspiradoras e mudou as vidas dos seus alunos. Crie uma caixa familiar de artigos e debata sobre a pessoa para o seu filho compreender o impacto da integridade. "Quem o inspira?" "Que virtude você admira?" "Como ela ajudou os outros?" Veja o Giraffe Heroes Project (giraffe.org), *50 American Heroes Every Kid Should Meet*[27] *[50 Heróis Americanos que Toda Criança Deveria Conhecer]* de Dennis Denenberg ou *Real Heroes*[28] *[Heróis Reais]* de Lawrence Reed. Apresente ao seu filho Irena Sendler, Hugh Thompson e Malala Yousafzai deste capítulo, bem como o livro *Eu Sou Malala: Como Uma Garota Defendeu a Educação e Mudou o Mundo*[29]. **E, P**

- **Traga heróis à vida.** Um a cada quatro adolescentes admite que é influenciado mais por celebridades do que por pessoas que eles conhecem[30], e uma pesquisa da Gallup com jovens concluiu que um número substancial de adolescentes estadunidenses revelaram *não* ter heróis[31]. Apresente indivíduos que possam ajudar seu filho a entender a integridade, incluindo Abraham Lincoln, Emmeline Pankhurst, Mahatma Gandhi, Rosa Parks, John Lewis, Harriet Tubman, bem como pessoas reais nas vidas dos seus filhos, como a tia Jo ou o bombeiro que mora na casa ao lado. Enfatize que é preciso ter coragem para manter a integridade e fazer a coisa certa, não importam quais sejam as consequências. A Shipley School promove um Dia do Herói, no qual os alunos mais novos fazem figuras em papelão em tamanho natural dos seus heróis. (Nunca vou me esquecer um aluno da quarta série me apresentando ao seu herói, Martin Luther King, Jr., e compartilhando as forças que ele admirava.) A professora Sally Songy pede para os alunos da segunda série se vestirem como seu herói. (Meu filho foi de Dwight D. Eisenhower.) **C, E**

- **Use mantras da virtude.** Mantras podem ajudar as crianças a entender o caráter. Encontre um sobre integridade que combine com os valores da sua família. "A honestidade é a melhor política." "Diga a verdade." "Mantenha suas promessas." "Faça o que você diz" ou "cumpra com o que você diz." Então, fique repetindo e explicando essa frase no contexto até seus filhos conseguirem usá-la sem você. O lema da nossa família era: "Ações falam mais do que palavras." Meus filhos crescidos ainda terminam nossas conversas com "Eu sei, mãe, 'ações'!" **T**

- **Leia livros sobre integridade.** Livros ajudam as crianças a reconhecer como as pessoas com uma forte integridade contribuem com uma sociedade. Para crianças mais novas: *Stand Tall*[32] *[Cabeça Erguida]* de Cheri J. Meiners; *The Boy Who Cried Wolf*[33] *[O Menino Que Gritou O Lobo]* de B.G. Hennessy; *My Name Is Truth*[34] *[Meu Nome é Verdade]* de Ann Turner; *The Golden Rule*[35] *[A Regra De Ouro]* de Ilene Cooper; *Horton Hears a Who!*[36] (*Horton e o Mundo dos Quem*) do Dr. Seuss; *As Três Perguntas: Baseado numa história de Leon Tolstói*[37] de Jon J. Muth. Para crianças mais velhas e adolescentes: *Nothing but the Truth*[38] *[Nada Além da Verdade]* de Avi; *O Ódio que você Semeia* de Angie Thomas; *Harry Potter e o Cálice de Ouro*[39] de J. K. Rowling. Para a família: *O Livro das Virtudes para as Crianças*[40] de William J. Bennett e *What Stories Does My Son Need?*[41] *[Meu Filho Precisa de Quais Histórias?]* de Michael Gurian. **T**

- **Estabeleça um código de honra.** A Escola Americana de Taipei é uma escola academicamente rigorosa em Taiwan, e seu conselho de honra estudantil estava no palco fazendo um apelo para os colegas assinarem um código de honra. Eles sabiam que o sucesso exigia um acordo permanente de todos, então eles argumentaram a favor da integridade, e eu me alegrei porque seus colegas assinaram. Uma pesquisa mostra que códigos de honra mantidos com um compromisso sério com a integridade funcionam[42]. Estabeleça um código moral na sua casa, na equipe esportiva, no clube, na escola ou na comunidade. A professora Deb Brown pede para os alunos assinarem cada tarefa atestando que ela foi realizada com honestidade e a cola diminuiu. **E, P**

- **Identifique uma causa do "interesse da criança".** Muitas vezes, os projetos de serviço comunitário são escolhidos baseados no que parece bom em currículos escolares para a faculdade. Não caia na armadilha da mania acadêmica! O aprendizado com um serviço comunitário pode ajudar a desenvolver integridade, *mas a experiência deve ser significativa, apropriada ao desenvolvimento e combinar com o interesse da criança*[43]. Encontre um projeto que combine com a paixão do seu filho, como ser voluntário em um centro de distribuição de comida para necessitados, ajudar no Special Olympics ou jogar *Candy Land* com crianças em um orfanato. De fato, as ações de modelos de moral costumam ser despertadas quando os jovens encontram causas alinhadas com suas crenças éticas[44]. **E, P**

- **Crie uma rede para construção da integridade.** Transmita seus padrões familiares para avós, parentes e outros que se importem muito com seu filho. Encontre técnicos, professores, mestres escoteiros e líderes de clubes que emulem a integridade. Inicie grupos de pais para discutir a criação dos filhos com integridade ou leiam livros juntos, como *The Moral Child*[45] *[A Criança Moral]* de William Damon; *Raising Good Children*[46] *[Como Criar Crianças Bondosas]* de Thomas Lickona; ou os meus livros *Building Moral Intelligence*[47] *[Como Desenvolver a Inteligência Moral]* ou *Prósperos* (use o guia de discussão no apêndice). Entre a bordo com os pais dos amigos do seu filho e façam serviços comunitários juntos. Quanto mais as crianças ouvirem a mesma mensagem de caráter e estiverem cercadas por pessoas que sejam exemplo de integridade, mais chances terão de se tornarem pessoas de caráter. **T**

OS CINCO PRINCIPAIS APRENDIZADOS

1. O crescimento moral das crianças é um processo contínuo que dura a vida toda.
2. Os pais desempenham um papel importante em ajudar os filhos a desenvolver códigos morais para guiar o comportamento.

3. A integridade deve ser estimulada, influenciada, exemplificada e ensinada. Use seu tempo com sabedoria!
4. As crianças devem ouvir repetidas mensagens sobre caráter. Continue a explicar o motivo que importa.
5. O desenvolvimento moral não é aprendido sozinho, mas sim influenciado por pais, vizinhos, colegas, escolas e comunidades. Encontre formas de criar uma cultura da integridade.

UMA ÚLTIMA LIÇÃO

No início da manhã de 16 de março de 1968, um subtenente-chefe do exército de 24 anos voava de helicóptero e avistou corpos espalhados de civis vietnamitas abaixo. Ele percebeu que as tropas americanas estavam atirando em crianças, mulheres e homens desarmados sob ordens de seu oficial superior, o Ten. William Calley. Em uma fração de segundo, o jovem piloto deparou-se com uma decisão moral: concordar com as instruções do seu comandante ou desafiar a autoridade militar e ajudar os civis, sabendo que isso poderia levá-lo à corte marcial.

Hugh Thompson, Jr. resolveu fazer o que sabia ser certo. Ele relatou imediatamente o massacre e pediu reforços no rádio. Nas poucas horas seguintes, ele voou pela linha de tiro, ajudou a evacuar civis e protegeu os moradores com seu corpo. Quando os oficiais superiores o mandaram se afastar, Thompson se recusou e continuou a oferecer assistência médica aos feridos. Seus esforços corajosos levaram à ordem de cessar-fogo em My Lai e impediu as atrocidades[48].

Então, onde Thompson conseguiu seu caráter extraordinário? "Eu só acho que foi com meus pais, que me ensinaram a diferenciar o certo do errado", ele disse. "Eles sempre me ensinaram a viver pela Regra de Ouro: 'Faça aos outros aquilo que você gostaria que fizessem a você'"[49].

Irena Sendler, Malala Yousafzai e Hugh Thompson são três indivíduos muito diferentes que realizaram feitos extraordinários. Cada um deles creditou o aprendizado de integridade à sua criação, de modo que, quando chegou o momento, eles não tiveram escolha a não ser fazer a coisa certa. Os pais não criam crianças éticas por acaso; eles são intencionais e consistentes em seus esforços. E usam momentos do cotidiano para ensinar lições sobre integridade, para seus filhos aprenderem a colocar em prática e manifestar as crenças da família e prosperar.

Capítulo 5

Curiosidade

Prósperos pensam fora da caixa.

Sam Houghton, um menino de três anos, inventou uma vassoura dupla amarrando duas escovas com um elástico para varrer as folhas mais rápido, e tornou-se a criança mais jovem a ter uma patente[1].

A adolescente de 13 anos Alissa Chavez ficou perturbada com os casos de crianças morrendo ao serem esquecidas acidentalmente em carros fechados no calor. Ela criou a almofada infantil Hot Seat com um sensor conectado ao celular do pai para avisá-lo se o bebê ainda estivesse no carro[2].

Riya Karumanchi tinha 14 anos quando conheceu uma mulher usando uma bengala branca, mas com dificuldades de locomoção. A adolescente canadense obcecada por tecnologia desenvolveu um dispositivo chamado SmartCane que vibra e alerta o usuário em situações perigosas. "Meu pensamento inicial foi: 'O quê? Como assim não tem ninguém trabalhando nisso?'"[3]

Crianças de qualquer idade podem ser inovadoras. A questão delicada é como estimular os dons criativos da criança em uma era de conformidade, obsessão por provas e uma consciência de segurança extrema, especialmente depois de uma pandemia. Encontrei algumas das melhores lições em um dos laboratórios mais inovadores do mundo.

Se você leu um livro na tela de um leitor digital, construiu um robô com seus filhos usando o brinquedo Lego Mindstorms, pediu informação para a Siri ou andou em um veículo com *airbags* seguros para crianças, teve uma prévia das invenções extraordinárias do Media Lab do MIT em Cambridge, Massachusetts. Passei o dia observando esses gênios criativos e aprendi que seu sucesso se baseia em quatro princípios: pares, paixão, projetos e parque de diversões[4]. Podemos usar esses mesmos princípios para liberar a curiosidade e a resiliência dos nossos filhos do início da infância à adolescência.

Pares. O laboratório do MIT fica em um edifício de vidro inigualável de seis andares sem paredes: apenas um espaço aberto para todos os pesquisadores poderem se ver de vários pontos de vista. O que você vê e ouve é um fluxo infinito de ideias que deram origem a algumas das invenções mais originais do mundo, como veículos autônomos, cultivo de alimentos no deserto, conectar o cérebro humano à internet. Mas o que fica evidente na hora é a diversidade intelectual: cientistas da computação, músicos, neurobiólogos, *designers*, artistas, engenheiros biomédicos e arquitetos trabalhando todos juntos, atravessando todas as fronteiras acadêmicas para encontrar soluções para a humanidade.

A curiosidade floresce quando as pessoas – de qualquer idade – colaboram e constroem sobre o trabalho do outro. Muitas vezes, nós compartimentamos o aprendizado das crianças em tópicos selecionados e as colocamos uma contra a outra em ambientes de teste de alto risco. Se quisermos que nossos filhos se abram para a diversidade, eles devem ser expostos a opiniões diferentes e aprender a colaborar.

Shannon, uma menina de 15 anos de Baton Rouge, me contou: "As crianças não se conhecem porque estamos sempre fazendo trabalho individual. Nós deveríamos fazer mais exercícios em equipe que nos dão mais tempo para sermos criativos, seguirmos nossas paixões e nos divertirmos." Quando colegas aprendem uns com os outros, a necessidade de superar o outro diminui, porque o aprendizado de cada criança melhora o desempenho da outra, em vez de inibi-lo.

Paixão. O psicólogo Mihaly Csikszentmihalyi constatou que quando pessoas criativas são apaixonadas por projetos, elas experimentam um estado de interesse total e alegria que ele chama de "fluxo". "Você sabe que o que precisa fazer é *possível* de fazer, embora seja difícil", Csikszentmihalyi explica. "Você esquece de si, sente-se parte de algo maior... o que você faz torna-se digno de ser feito por si só"[5].

Em cada laboratório, observei adultos intensamente focados, empolgados e ávidos realizando tarefas difíceis. Vi projetos quebrarem, caírem e claramente não saírem como o planejado, mas esses fracassos nunca os detiveram: os *designers* apenas recolhiam as peças, alteravam seu curso e seguiam em frente. Eles estavam revitalizados e ávidos – mesmo diante de obstáculos – porque eram movidos por paixão. Essa fórmula realçadora do desempenho também funciona em crianças.

Observe seus filhos quando eles estão tão absortos que não querem parar: eles estão naquele estado de fluxo abastecido por sua curiosidade.

82% de mais de 40 mil alunos do Ensino Médio estadunidense[6] disseram que "gostariam de ter oportunidades de serem criativos na escola" e admitem que se envolvem mais quando as atividades são significativas para suas vidas[7]. Eles não estão tendo essas oportunidades de expressarem sua imaginação e explorarem seus interesses na nossa cultura acadêmica valorizadora de notas. Nosso trabalho é encontrar as paixões das crianças e estimulá-las.

O massacre da escola Sandy Hook inspirou o clube de robótica da Benjamin Banneker Academic High School a encontrar uma solução para um problema que eles identificaram: "Nós queríamos saber como poderíamos impedir que invasores entrassem na nossa escola", contou Deonté Antrom, um aluno do segundo ano[8]. Os adolescentes criaram um protótipo para uma fechadura de porta de emergência produzida em metal com um preço acessível, chamada DeadStop, que tranca uma porta com facilidade e impede a entrada em uma sala de aula no caso de um atirador ativo. Sua solução criativa foi impulsionada por uma necessidade de ajudar os outros e impedir que uma tragédia acontecesse da mesma forma em outras escolas. "Nós fizemos isso pelos outros", disse o aluno do segundo ano Anjreyev Harvey, "não para colocar na nossa inscrição [para a faculdade]"[9] Os alunos ganharam uma doação de US$ 10.000 do Prêmio Estudantil Lemelson-MIT para aprimorar a invenção e conseguiram uma representação *pro bono* de uma firma de advogados para solicitar uma patente. Sua invenção agora está à venda por US$ 15[10]. Uma inovação movida pela paixão para ajudar a humanidade pode produzir resultados profundos – em qualquer idade.

Projetos. Você já notou que as crianças ficam mais energizadas quando se envolvem em projetos de que gostam? É porque a curiosidade aumenta quando as crianças estão ajust*ando*, divid*indo*, constru*indo*, desenh*ando*, constru*indo*, brinc*ando*, projet*ando* ou fazendo o que eu chamo de "parte prática". O engajamento ativo aumenta a curiosidade; a passividade a reduz. Os projetos provocam a curiosidade; as folhas de exercícios a reprimem. Por isso a "parte prática" é uma parte essencial do laboratório. Em todos os lugares que eu visitava eu via alunos do MIT trabalh*ando* animados em seus projetos juntos – seja desenvolv*endo* conceitos, desenh*ando* protótipos, faz*endo* melhorias ou cri*ando* ideias. E seus produtos finalizados eram incríveis: Amazon Kindle, Clocky, Guitar Hero, Symphony Painter, Audio Spotlight e o *laptop* XO, para citar apenas alguns.

Um motivo para o seu desempenho criativo exemplar é uma regra implícita do MIT: todos encorajam uns aos outros a assumir riscos. De fato, não existem respostas "erradas" ou ideias "malucas": pensar de maneira não convencional é apreciado. Desafios e contratempos são considerados chances de repensar e explorar opções. "Grandes ideias não surgem na zona de conforto", explica Frank Moss, ex-diretor do Laboratório de Mídia do MIT. "Em vez disso, elas surgem quando pensamos sobre as coisas de um jeito que ninguém pensou"[11]. Portanto, "isso não pode ser feito" ou "não vai funcionar" não fazem parte do vocabulário do MIT.

Infelizmente, nossos filhos ficam na zona de conforto porque se preocupam que suas ideias originais ou respostas erradas possam prejudicar suas chances na faculdade. Um professor de Ciências da Flórida me contou que ele escreveu: "Nessa aula, o errar não é uma opção, mas uma exigência" na lousa digital. Os alunos leram isso e ficaram escandalizados. "Demorou uns três meses para convencê-los", ele disse. "Agora eles estão começando a assumir riscos e sua originalidade *finalmente* está crescendo. Eu também tive de rever minhas lições, colocando os alunos em equipes para fazer os projetos. Eles ficavam repetindo uns para os outros: 'Não tem problema cometer erros'." A curiosidade desabrocha quando os alunos são encorajados a pensar de maneira não convencional, assumir riscos criativos, trabalhar em projetos e saber que o fracasso é uma opção.

Parque de diversões. Meu laboratório favorito no MIT era o Jardim de Infância para a Vida Toda, no qual alunos universitários e de pós-graduação trabalham em espírito de brincadeira dos seus dias de Jardim de Infância. Balcões, mesas e pisos estavam cobertos com martelos, pregos, papelão, metal, impressoras 3D, parafusos, peças de plástico e quadros brancos para ajudar os pesquisadores a criar com a emoção pueril da descoberta. Prateleiras do chão ao teto estavam cheias de Lego – e os adultos brincavam com eles. As ferramentas de engenharia típicas de computadores e transferidores foram substituídas por *brinquedos* táteis e tangíveis! Parecia mais quase um recreio do que uma instalação de pesquisa.

Mas, ao mesmo tempo, eles estavam convers*ando*, colabor*ando*, ajust*ando*, cri*ando*, question*ando* e inov*ando* com produtos para melhorar a humanidade. "Se nós realmente quisermos que as crianças se desenvolvam como pensadores criativos", disse o Diretor do Jardim de Infância para a Vida Toda, Mitchel Resnick, "precisamos tornar o restante da escola – na verdade, até mesmo o restante da vida – mais parecido com um Jardim de Infância"[12].

Imagine o quanto nossas crianças, privadas de brincadeiras, compulsivas pelo digital, estressadas, aos trancos e barrancos, gostariam das aulas projetadas com esses quatro princípios do MIT. As crianças me dizem como é difícil se sentar passivamente em carteiras escolares, ouvir aulas e fazer longas tarefas com lápis e caneta. Uma aluna de oito anos descreveu sua sala de aula como uma "fábrica de exercícios". Muitos educadores reconhecem a falta de curiosidade e estão adicionando esses quatro Ps: pares, paixão, projetos e parque de diversões, mas também estão encontrando um obstáculo surpresa: seus alunos.

Um professor de uma escola de Ensino Fundamental de Houston implementou a *Genius Hour* [Hora do Gênio]. Os alunos escolhem uma pergunta que desperte sua curiosidade e, então, pesquisam a resposta por semanas ou pelo ano todo. Observei sua apresentação. "Eu sei que vocês são curiosos sobre as coisas", ele disse. "A cada semana eu lhes darei uma hora para aprender algo pelo qual é apaixonado e tem curiosidade! Sobre o que você se pergunta?"

As crianças se entreolharam e então olharam de volta para o professor. Silêncio.

"Vamos!", questionou. "É a sua chance de encontrar respostas e ser criativo!" Mais silêncio.

Então, um menino corajoso levantou sua mão e disse o que provavelmente estava passando pela cabeça dos alunos. "Ninguém nunca nos pediu para sermos curiosos", afirmou. "Nós podemos precisar de um tempo para pensar."

Meus olhos encontraram os do professor e percebemos uma triste verdade: essa Força de Caráter é uma prioridade tão baixa nas vidas ultracorridas e repletas de provas das crianças que elas precisam de permissão para serem curiosas. O MIT tem uma fórmula para cultivá-la, organizações importantes comprovam que a curiosidade é imperativa para o nosso futuro, a ciência diz que ela ajuda as crianças a serem mais resilientes e terem vidas mais significativas. Agora é hora de os adultos darem às crianças seu consentimento para serem inquisitivos, pensarem com ousadia e se questionarem sobre seu mundo.

O QUE É CURIOSIDADE?

"Somos forçados a crescer rápido demais e estamos cansados.
Precisamos de mais tempo para brincar e sermos crianças."
– Isabella, 11 anos, Sherman Oaks

Seu filho lê um livro e se depara com um fato novo. Sua filha visita um museu e fica fascinada com um conceito sobre o qual nunca tinha ouvido falar. De repente, eles querem saber mais! A curiosidade é o "reconhecimento, a busca e o desejo intenso de explorar eventos novos, desafiadores e incertos"[13]. Observe uma criança pequena explorar um novo ambiente e você verá essa Força de Caráter em ação.

A curiosidade do meu neto de dois anos é incontrolável. Dê a ele uma tigela de madeira e uma colher de plástico e os Rolling Stones terão um sério competidor. Dê a ele giz e um cavalete e, então, Picasso que se cuide. Se vir uma borboleta, ele para tudo em seu mundinho. Eu sou suspeita para falar, é claro, mas a verdade é que *todas* as crianças pequenas são gênios criativos com quantidades infinitas de ânsia por aprender e descobrir; experimentar e tentar. Suas mentes famintas ainda são guiadas por uma sensação sincera de admiração e não poluída por "não, não consigo, não posso" ou preocupações sobre notas, médias e atividades para colocar no histórico escolar. A questão é manter livre a curiosidade dos nossos filhos, porque os benefícios são profundos.

- O Fórum Econômico Mundial prevê que a curiosidade, a solução de problemas complexos e o pensamento crítico serão as habilidades *mais cruciais* no futuro dos nossos filhos[14];
- 90% dos entrevistados em uma pesquisa recente da Pesquisa Pew[15] citaram a criatividade, a colaboração e o pensamento abstrato como essenciais para o mercado de empregabilidade variável;
- Organizações mundiais e universidades importantes (incluindo IBM, Harvard e Bloomberg) citam essa Força de Caráter como uma habilidade essencial do século XXI[16].

A curiosidade é o que ajuda as crianças a se abrirem às possibilidades e as motiva a aprender – tanto dentro da sala de aula como além dela. Alunos com mais curiosidade têm um sucesso acadêmico maior do que seus colegas menos curiosos[17]. De fato, uma meta-análise[18] com 200 estudos envolvendo mais de 50 mil alunos constatou que *a curiosidade é tão importante quanto a inteligência* para determinar um bom desempenho das crianças na escola.

Mas essa Força de Caráter também inspira as crianças a pensar de novas formas, fazer descobertas, além de despertar interesses e atiçar a criatividade. Ela ajuda as crianças a ter vontade de adquirir novas informações, a considerar a exploração de novos horizontes, e as inspira a ir atrás de seus sonhos. Estimula as crianças a encontrar soluções, desafia-as a explorar ideias diversas, motiva-as a seguir suas paixões e a acolher cada dia com "o que mais posso descobrir?" Por isso, as crianças com uma pontuação maior em curiosidade relatam consistentemente um bem-estar psicológico maior: elas se sentem satisfeitas e menos vazias por usarem suas forças e seguirem suas ambições para o sucesso[19,20].

E aqui está a melhor notícia de todas: a curiosidade também tem um Efeito Multiplicador. Se você juntar a curiosidade com qualquer Força de Caráter discutida neste livro, é uma fórmula certeira para o sucesso. Resumindo: a curiosidade amplifica os talentos, as forças, o desempenho e o potencial das crianças.

Curiosidade + Autoconfiança aumenta a abertura a assumir riscos saudáveis e explorar.
Curiosidade + Empatia abre e fortalece os relacionamentos.
Curiosidade + Perseverança aprofunda o aprendizado.
Curiosidade + Integridade pode iniciar um movimento social.

A curiosidade torna as vidas das crianças interessantes e fornece as habilidades necessárias para prosperar em um mundo desafiador. E quando as crianças enfrentam obstáculos, esse traço as ajuda a pensar em formas de resolver seu problema e encontrar novas maneiras de "dar a volta por cima e recomeçar". São todas as razões pelas quais devemos estimular essa Força de Caráter crucial nos nossos filhos esgotados que estão aos trancos e barrancos.

POR QUE A CURIOSIDADE PODE SER TÃO DIFÍCIL DE ENSINAR

Picasso não poderia ter falado melhor quando disse: "Toda criança é um artista. O problema é como permanecer um artista depois de crescer." Embora a curiosidade *possa* ser aprendida, ela também pode ser facilmente esquecida. Ajudar as crianças de hoje a manter suas mentes famintas é agora uma prioridade global – e a falta de curiosidade que estamos promovendo na próxima geração de crianças é uma crise iminente.

George Land, junto com pesquisadores da NASA, acompanharam o potencial criativo de 1.600 crianças novas ao longo do tempo. 98% das crianças de quatro e cinco anos pontuaram no nível de gênio criativo. Cinco anos depois, apenas 30% das mesmas crianças permaneciam nesse nível; e, aos 15 anos, apenas 12% eram gênios criativos. Aos 31 anos de idade, a porcentagem de gênios criativos despencou para meros 2%[21]! Outra pesquisa confirma que a criatividade dos nossos filhos está em queda livre.

Kyung Hee Kim, professor de Educação na College of William & Mary, analisou milhares de pontuações em criatividade de crianças e adultos em décadas e constatou um aumento constante da criatividade até 1990, depois disso começa um declínio e continua a despencar. "A redução é muito significativa", Kim alegou. Mas "são as pontuações das crianças novas na América – do Jardim de Infância até a sexta série – que tem o declínio mais acentuado"[22].

A curiosidade diminui por muitos motivos, incluindo certos estilos de parentalidade que colocam a curiosidade das crianças em rédeas curtas. Por sorte, a ciência pode nos mostrar as lições certas para estimular essa Força de Caráter crucial.

Dependemos muito de recompensas externas

"O que eu ganho se fizer isso?" "Quanto você vai me dar?" "Eu não faço isso por menos de dez dólares."

Se você já ouviu uma dessas frases dos seus filhos, é provável que eles estejam sofrendo de uma epidemia generalizada chamada "vício em recompensas". Os sintomas são esperar aquelas estrelas douradas, adesivos ou prêmios financeiros por um trabalho bem-feito. Mas uma pesquisa[23] comprova que os incentivos tangíveis tornam as crianças *menos* criativas e *piores* em resolução de problemas[24], e o efeito é ainda *mais* prejudicial para crianças em idade escolar do que para alunos universitários.

- Crianças em idade pré-escolar que antes gostavam de desenhar ficavam bem *menos* motivadas se esperassem recompensas com fitas e selos dourados. Os juízes até classificavam seus desenhos como *menos* agradáveis esteticamente se elas desenhassem depois de receber tais incentivos[25];
- Alunos das quinta e sexta séries elogiados por suas tarefas criativas fizeram um trabalho de qualidade *mais baixa* quando comparados com alunos que receberam comentários mais neutros[26];
- Alunos da sexta série que receberam notas sobre os resultados do seu trabalho – em vez de apenas serem encorajados a focar na tarefa em si – tiveram uma piora no desempenho, na criatividade e no interesse na tarefa à mão[27].

Alfie Kohn, autor de *Punidos Pelas Recompensas*[28], analisou centenas de estudos e concluiu que atrair as crianças com incentivos acaba fazendo mais mal do que bem, especialmente em se tratando de sua curiosidade.

"As recompensas motivam as pessoas? Claro", Kohn disse. "Elas motivam as pessoas a obter recompensas"[29]. A curiosidade é impulsionada internamente, então anuncie uma política de "sem recompensas por cada coisinha" e espere que seus filhos façam seu melhor – sem esses incentivos.

Microgerenciamento parental

Nós negamos, mas a ciência demonstra que tratamos as crianças de um modo diferente com base na ordem de nascimento, por isso nossos filhos mais novos provavelmente se tornarão os mais criativos. Uma análise de 11 mil adolescentes pelo National Longitudinal Survey of Youth [Estudo Longitudinal Nacional da Juventude] constatou que somos bem menos rígidos com nossos filhos mais novos – nós relaxamos um pouco mais, não superprotegemos tanto e não estabelecemos tantas regras como fazemos com nossos filhos mais velhos[30]. E assim nossos filhos mais novos (Charles Darwin, Harriet Tubman, Copérnico e Mozart são alguns) acabam sendo mais descontraídos, mais dispostos a ver o ponto de vista do outro e mais criativos[31,32]. Crianças mais novas também assumem mais riscos, têm um pensamento mais original e são mais propensas a questionar a autoridade: todas qualidades de um curioso.

Estudos também constataram que uma *parentalidade menos* intensa produz crianças mais criativas. Crianças classificadas como criativas por professores foram comparadas com aquelas que não foram consideradas altamente criativas[33]. Pesquisadores revelaram que pais de crianças altamente criativas tinham menos regras, além de agendas e horários menos rígidos do que pais de crianças que não sejam extraordinariamente criativas.

Embora nós devamos considerar as crianças responsáveis por seus atos, nós também precisamos nos afastar e microgerenciar menos: restrições em excesso atrapalham a curiosidade. Decida o que não for negociável (em geral algo em relação a segurança e seu código moral) e então liberte-se lentamente dessas regras excessivas para dar às crianças liberdade para explorar, aprender autossuficiência e se sentir menos vazia e mais realizada.

Nós perdemos a hora de brincar de consertar coisas

Meu entretenimento em um voo recente de três horas foi assistir a uma criança em idade pré-escolar e sua mãe muito bem preparada sentadas perto de mim. A "mochila de diversões para o voo" incluía livros de exercícios, material para artesanato, cartões para testar a memória e geringonças eletrônicas. Do momento em que elas afivelaram o cinto de segurança até a aterrissagem, não houve um segundo em que a criança não estivesse ocupada – e cada atividade era orientada pelos pais. Embora nós tenhamos uma boa intenção, preencher a agenda dos nossos filhos com atividades administradas pelos adultos, minuto a minuto, prejudica sua curiosidade e potencial de prosperidade. Esses momentos sozinhos, sem direção, quando as crianças deixam seus pensamentos vagarem, costumam produzir as ideias mais profundas, pessoais e criativas[34]. Nos "momentos solitários", as crianças também adquirem ideias frescas, tecem pensamentos criativos ou apenas descomprimem[35]. A curiosidade não pode ser apressada nem ter limites de tempo, e precisa de muita tentativa e erro.

As vidas corridas dos nossos filhos não deixam intervalos para uma reflexão silenciosa, que dirá observar as nuvens. De fato, 7% das escolas estadunidenses não fornecem mais o horário de recreio diário para crianças novas, trocando o trepa-trepa por mais preparação para as provas[36]. Mas não são só as tarefas em sala de aula. Os montes de atividades extracurriculares nos quais matriculamos nossos filhos (tudo na esperança de deixá-los versáteis) estão, em vez disso, fazendo-os fracassar e se sentirem vazios. Toda essa programação bem-intencionada reduz ainda mais as oportunidades para as crianças apenas brincarem. E, se *houver* algum momento livre, as crianças admitem gastá-lo em aparelhos eletrônicos, que não são os mais indicados para intensificar a curiosidade.

Analise a agenda do seu filho: existe algum intervalo não estruturado no qual a mente do seu filho pode apenas vagar? Cortar apenas uma atividade por semana pode liberar tempo para as crianças exercerem a curiosidade.

COMO ENSINAR CURIOSIDADE PARA AS CRIANÇAS

A curiosidade deve ser desenvolvida para preparar nossos filhos para um século XXI incerto e ajudá-los a prosperar. A boa notícia é que essa Força de Caráter não é inata, mas pode ser exercitada. A utilização dessas lições corroboradas pela ciência ensinará três habilidades que criarão crianças mais fortes e preparadas para o mundo e que se sintam realizadas: uma mentalidade curiosa, resolução criativa de problemas e pensamento divergente.

Desenvolva uma mentalidade curiosa

Os pais podem fazer uma grande diferença no caráter e no futuro sucesso dos seus filhos se os ajudarem a desenvolver mentalidades que se abram à curiosidade e à capacidade de imaginar, criar e inventar ideias. Orville Wright (que fez a história da aviação com seu irmão Wilbur) disse: "A melhor coisa a nosso favor foi crescer em uma família na qual sempre houve encorajamento à curiosidade intelectual"[37]. O pai de Steve Jobs criou uma oficina na garagem com um espaço para seu filho consertar coisas. Steven Spielberg disse que sua vida mudou quando seu pai lhe deu uma câmera aos 16 anos[38]. A mãe do Matt Damon disse que ele "brincava com jogos de faz de conta por horas todos os dias por muitos anos, inventando histórias, interpretando papéis e reelaborando suas experiências de formas criativas"[39].

Pedi para as crianças e os jovens descreverem os tipos de experiências que teriam mais chance de satisfazer suas mentes famintas e atiçar sua curiosidade. Da idade do tanque de areia à idade do baile de formatura, eles inevitavelmente deixaram as experiências ativas, versáteis e conduzidas pelas próprias crianças um pouco no lado incomum.

> "Projetos de ciência, porque nós descobrimos as coisas. Ontem nós colocamos uvas passas em água borbulhante onde elas dançam, mas afundam na água potável. Então nós adivinhamos por quê!" – Johnny, 7 anos, Rancho Mirage

> "Nosso laboratório de mídia! Nós conseguimos projetar nosso próprio site sobre um tópico pelo qual somos apaixonados. Estou criando um sobre animais em perigo de extinção." – Gianna, 11 anos, Kansas City

> "História! Nossa professora nos pede para fingir que estamos em um lugar no nosso texto. Nós fechamos nossos olhos e nos imaginamos na Batalha de Bull Run e imaginamos como nós nos parecíamos, o que vestíamos, como nos comportávamos e o que sentíamos. Ela faz a história ganhar vida!" – Sally, 16 anos, Dallas

Oportunidades como essas ajudam as crianças a acreditarem em suas habilidades criativas e mantêm sua curiosidade vibrante. Comprovou-se que os sete fatores seguintes desenvolvem a curiosidade. Eles podem ser usados nas nossas casas e escolas.

Conduzidas por crianças. A atividade atiça o interesse ou a paixão da criança.

Não gerenciada. A criança, não o adulto, planeja, estrutura ou orienta o aprendizado.

Arriscada. A tarefa é um pouco incerta e um bocado fora da zona de conforto da criança.

Intrínseca. A atividade é conduzida pela criança de dentro para fora, e não motivada por uma recompensa.
Versátil. O fim é desconhecido e há mais de uma resposta ou possibilidade.
Incomum. A tarefa é uma novidade, com a chance de explorar ou experimentar o desconhecido.
Solidão. Existe tempo para contemplar, sonhar acordado e reunir pensamentos ou revitalizar.

Mas uma coisa é querer incutir curiosidade no seu filho, outra bem diferente é entender como entrelaçar essas lições na vida cotidiana. E essas lições são ainda mais cruciais em nosso mundo pandêmico imprevisível e com senso de segurança. Aqui estão algumas ideias específicas para ficar curioso com seu filho e ensiná-lo(a) a abordar a vida com uma mentalidade curiosa.

- **Propicie momentos de desenvolvimento criativo.** Reveja os sete intensificadores de curiosidade e avalie quantos fazem parte das experiências diárias do seu filho. Quais faltam? O que você pode fazer para aumentar os intensificadores de curiosidade no cotidiano do seu filho? Como começar?;
- **Use brinquedos, aparelhos eletrônicos e jogos versáteis.** Crianças criativas ficam felizes com experiências nas quais elas podem soltar a imaginação e não precisam se preocupar com respostas "certas". Ofereça produtos versáteis, sem estrutura definida, para deixar seus filhos soltarem a imaginação, como canetinhas, pintura a dedo, cubos de açúcar, lã, palitos de sorvete, tubos de papel higiênico e fita crepe para criar construções. Mantenha uma porção de massinha feita em casa na geladeira. Forneça lanternas e lençóis para espalhar sobre as cadeiras para fazer fortes, castelos e cavernas. Ofereça clipes de papel e hastes de chenile e desafie seus filhos a verem de quantas formas incomuns eles podem usá-los. Ou introduza argila, areia e água e deixe a criatividade dos seus filhos voar mais alto;
- **Pergunte "por que será?"** Verbalizar suas próprias curiosidades dá aos seus filhos a permissão para serem questionadores. Então, comece fazendo suas perguntas em voz alta para o seu filho: "Por que será que o lago está congelado?" "O que será que aconteceria se as abelhas fossem extintas?" "Por que será que o céu é azul?" Encoraje seus filhos a compartilhar suas próprias perguntas e desafie-os a encontrar as respostas para manter o interesse vivo usando a próxima dica;

- **Prolongue o interesse.** Em vez de "isso não vai funcionar", tente: "Vamos ver o que acontece!" Em vez de dar respostas, pergunte: "O que *você* acha?" "Como *você* sabe?" ou "Como *você* descobre isso?" Ao ler um livro, assistir a um filme ou apenas caminhar ao lado de alguém, dê o exemplo do questionamento com perguntas no estilo "o que/por que será?" "O *que será* que ele está fazendo?" "*Aonde será* que ela vai?" "*Por que será* que eles estão fazendo isso?" "O que será que vai acontecer depois?";
- **Crie um espaço para trabalhos manuais.** A curiosidade floresce em qualquer idade com experiências manuais divertidas, ativas, com uma parte prática, então crie uma área de consertos manuais como no MIT ou na garagem do Steve Jobs, onde seus filhos e os amigos deles podem deixar a imaginação voar. Duas garotas de 12 anos em uma escola de Ensino Fundamental de Los Angeles me disseram que sua parte favorita do dia era o Clube de Mecânica depois da escola. Elas me mostraram mesas cobertas com telefones celulares, teclados, computadores, aparelhos de som e rádios para desmontar, consertar e remontar. "Nós desmontamos as coisas e descobrimos o que acontece", uma delas explicou: "É como aprendemos inovação." Pegue fios, ganchos, ímãs, martelo, pregos, alavancas (e tudo o mais que for necessário); câmeras, computadores, celulares, aparelhos de DVD e outros dispositivos eletrônicos velhos para as crianças desmontarem e remontarem. Além disso, procure laboratórios de inovação, museus de descoberta para crianças ou espaços coletivos com laboratórios e oficinas de criação na sua comunidade;
- **Permita a solidão.** Crianças criativas precisam de tempo para sonharem acordadas, brincarem e soltarem a imaginação. Fique de olho no fim de semana do seu filho ou na agenda extracurricular e encaixe um tempo de inatividade sem aparelhos digitais. Você pode precisar ajudar seu filho a aprender a curtir sua própria companhia. Abasteça uma cesta com itens como estes citados a seguir, e os introduza gradativamente para ver onde estão os interesses do seu filho.

    » *Caixa Leonardo da Vinci:* Cola, rolos de papel-toalha, palitos de sorvete, clipes de papel, papel alumínio;

    » *Caixa Frank Lloyd Wright:* Martelo, pregos, madeira, alavanca, fita métrica, lixa;

» *Caixa Frida Kahlo:* Papel, gizes de cera, lápis, tinta, pincéis, tela, canetas hidrográficas coloridas;

» *Caixa Meryl Streep:* Chapéus, echarpes, camisetas velhas, lençóis rasgados, toalhas de banho para capas;

» *Caixa Louisa May Alcott:* Papel, lápis e um caderno ou diário;

» *Caixa Taylor Swift:* Objetos que fazem som, incluindo tubos de papel, papel manteiga, elásticos, tigelas, colheres de madeira, instrumentos musicais.

Troca de ideias para a solução criativa de um problema

A resolução de problemas atiça a curiosidade, gera ideias, desenvolve o pensamento divergente, resolve desafios e aumenta a resiliência. Até mesmo crianças em idade escolar são capazes de aprender a solucionar problemas[40]. Os psicólogos amplamente respeitados George Spivack e Myrna Shure verificaram que, quando crianças novas aprendem a habilidade, elas têm menos probabilidade de serem impulsivas quando as coisas não saem como o esperado, ficam mais atenciosas, menos insensíveis, mais capazes de fazer amigos e alcançam um maior sucesso acadêmico. Há formas divertidas de ensinar essa habilidade essencial ao século XXI, e eu aprendi as melhores lições com as crianças.

O Odyssey of the Mind [Odisseia da Mente] é um criativo programa internacional de solução de problemas do Jardim de Infância à faculdade. Eu treinei três times do Primário e estou convencida de que o processo é uma das melhores formas de estimular a criatividade das crianças. Elas trabalham o ano todo em times de até sete membros com um problema ("pode ser desde inventar uma máquina para uma fábrica até escrever um novo capítulo para *Moby Dick*")[41]. Então – *sem ajuda dos adultos* –, as crianças criam seu roteiro, cenários, figurinos, acessórios e interpretam sua solução para juízes adultos. E qual é o critério para escolher o vencedor? Criatividade!

Minha função era ajudar as crianças a aprender a colaborar, pensar de modo não convencional, tirar vantagem das forças uns dos outros (times ideais têm membros com diversas forças, como música, arte, ciência, desenho, teatro e redação) e identificar o problema a resolver. Um dia, um membro disse ao time que ele estava preocupado com as árvores: "Elas estão perto da extinção!", anunciou. Bem, os alunos da quinta série ficaram lívidos e decidiram que sua apresentação abordaria o "problema das árvores". Eu os ensinei a trocar ideias e então me afastei enquanto eles criavam sua peça. Fiquei maravilhada enquanto observava suas habilidades criativas para assumir riscos e resolver problemas que surgiram ao longo do processo – eu estava vendo em ação os quatro princípios do Laboratório de Mídia do MIT (pares, paixão, projetos, parque de diversões).

O desempenho final foi um testemunho da criatividade das crianças. Johnny Appleseed (um membro da equipe chamada Sarah) apresentou o problema das árvores, dois meninos (ambos chamados Adam) viajaram pelo tempo (atravessando um portal feito com um lençol) para descrever um futuro sem árvores, três "guardas florestais" (Mohsen, Uval e Maritza) ofereceram formas criativas para reduzir o risco e então Byron Williams, um dos membros, encerrou cantando uma canção que ele escreveu com a melodia da música *We Are the World*:

> "Agora é hora de nossa 'canção da árvore' cantar.
> E há muitas e muitas palavras a dizer, então vamos começar.
> É uma escolha que fazemos; nossas vidas vamos salvar.
> Então, pelo nosso mundo, deixe nossas árvores em paz."

Byron impressionou a plateia com sua letra inspiradora e voz majestosa. Sete alunos diversos deixaram sua curiosidade solta ao redor de sua paixão em comum e venceram. O time ganhou o terceiro lugar no campeonato estadual naquele ano, e a competição os ensinou lições de vida importantes, mas eu demorei duas décadas para perceber totalmente seu valor. Eu tinha acabado de dar uma palestra para professores na minha cidade natal, e um jovem me esperava no final da escada segurando uma foto. Eu reconheci a imagem na hora: meu time da quinta série da Odyssey! O homem sorriu, apontou para o menino vestido de árvore e depois de volta para si mesmo. Era Byron! Ele deu aulas de música por muitos anos, era agora um professor da terceira série e foi à minha palestra porque queria me contar o valor da experiência.

"Odyssey of the Mind nos ajudou a descobrir nossa criatividade", ele me contou. "O programa nos deu a chance de aprender a trabalhar em equipe para resolver um problema com o qual nos importávamos muito. É exatamente disso que as crianças precisam hoje."

Às vezes, demoramos para entender as lições de parentalidade. Como orientadora deles, agora eu percebo que uma grande razão para o seu crescimento criativo foi porque eles praticaram o debate de ideias repetidas vezes: tudo que as crianças precisam agora e no futuro para prosperar.

A troca de ideias atiça a criatividade das crianças, deixa-as mais bem preparadas para lidar com os desafios e para recuperarem-se das adversidades, e pode ser ensinada. Primeiro, explique o debate de ideias: "Todo problema tem uma solução. O truque para nos soltarmos é debatermos ideias ou 'clarear o cérebro' para encontrar soluções." Então, compartilhe as regras para a troca de ideias, enumeradas a seguir. Afixar essas regras em um mural ajuda as crianças a decorar até que possam usá-las sem lembretes visuais ou a sua orientação.

Anuncie o problema. Esclareça para si ou para os outros o que precisa ser resolvido.

Seja positivo. Estabeleça uma zona sem julgamento. Comentários mordazes e críticas sufocam a curiosidade.

Sobreposição de ideias para criar mais opções. Não tem problema sobrepor ideias. *Todas* as ideias contam.

Rajada de ideias. Diga a primeira coisa que vier à mente. Um ritmo acelerado atiça a criatividade.

Continue a lançar ideias até não haver mais nenhuma ou acabar o tempo que você estabeleceu para a troca de ideias. Escolha as ideias com as quais você e o grupo concordam.

Então, pratique essas regras usando problemas relativos à idade com seu filho ou como uma família. Algumas opções: "Como chamaremos nosso filhotinho?" "Por que mentir é errado?" "Como as escolas podem ser mais relevantes para as crianças?" Seu filho pode usar as regras para resolver seus próprios problemas ou usá-las com outros para ele aprender sobre a troca de ideias colaborativa. Então, desse momento em diante, sempre que seu filho se deparar com um dilema, *não o resolva*. Em vez disso, solte os poderes criativos dele: "Acione sua mente e pense no que você pode fazer para resolver! Sei que você consegue."

Assuma riscos criativos

Eu observava uma aula de História avançada em uma escola muito rica da elite de Boston. O professor estava engajado, conhecia o assunto e se importava com seus alunos. A lição era sobre o Holocausto, e, como queria que os alunos fizessem uma reflexão aprofundada, ele apresentou questões provocadoras além do texto.

"Por que é importante confrontar a brutalidade dessa história?"

"Qual é o sentido da dignidade humana?"

"Quais são as formas criativas para assegurar que o Holocausto nunca seja esquecido?"

Seus alunos inteligentes e bem-educados conheciam o material, mas eu vi hesitação. Poucos levantaram as mãos, e aqueles que levantaram fizeram apenas observações experimentais breves. Nenhuma delas exprimiu uma curiosidade intelectual ou ideias originais. Receber a aprovação do professor e ganhar notas altas superava assumir o risco de ter um pensamento diferente. Um aluno explicou depois: "Eu não queria dizer algo que pudesse prejudicar a minha nota." Seu comportamento exibiu uma nova tendência perturbadora.

Muitos professores se preocupam que os alunos sejam "cautelosos com suas ideias" e tenham receio de desviar do *status quo*[42]. A obsessão com as notas e a adulação do histórico escolar têm parte da culpa. Os alunos colocam energia demais nas provas, no ganho de mérito, no acúmulo de elogios e na coleção de estrelas douradas que simplesmente acham não valer a pena compartilhar pensamentos originais que possam diminuir uma nota e prejudicar a entrada em uma faculdade.

As universidades também notam a mudança perturbadora. O ex-professor de Yale William Deresiewicz classifica o grupo universitário atual como "um rebanho excelente". Ele afirma que nosso sistema educacional "fabrica alunos que são espertos, talentosos e motivados, sim, mas também ansiosos, tímidos e perdidos, com pouca curiosidade intelectual e um senso de propósito atrofiado"[43]. Não é o perfil de jovens que prosperam, sentem-se realizados ou estarão prontos para viver em um mundo incerto e muito competitivo.

Jean Twenge, uma psicóloga da San Diego State University e autoridade em diferenças intergeracionais, vê outra tendência perturbadora. Os alunos universitários também estão obcecados com a segurança emocional e não querem ser expostos a ideias "ofensivas" ou até à discordância dos outros[44]. Em 2017, uma pesquisa constatou que quase 60% dos alunos universitários afirmaram ser "importante fazer parte de uma comunidade no *campus* onde eu não seja exposto a ideias intolerantes e ofensivas"[45]. Se um palestrante controverso é convidado a ir ao *campus*, os alunos sentem que eles deveriam receber "espaços seguros" para que não fiquem sujeitos a opiniões depreciativas ou ofensivas. (Algumas faculdades preparam "salas seguras", cheias de biscoitos, bolhas, massinha, música relaxante e vídeos de filhotes brincalhões.) Os alunos também exigem proteção de palavras e assuntos que possam causar desconforto em sala, e esperam que os professores universitários os avisem de ideias carregadas emocionalmente – como a violência racial em *O Mundo se Despedaça* e o abuso físico em

O Grande Gatsby. Lembre-se de que essas constatações foram *antes* do surto do coronavírus, que exigiu medidas extremas – desinfetantes, máscaras, distanciamento social, lavagem constante das mãos – para proteger a saúde de todos. O impacto da pandemia sobre as crianças ainda é desconhecido, mas pesquisas sobre resiliência dizem que uma crise apenas amplifica condições preexistentes. As preocupações das crianças com sua segurança física e emocional serão certamente maiores.

A superproteção é uma receita tóxica para a curiosidade e o progresso. Aumenta a fragilidade, a dependência, o estresse e a aversão ao risco entre crianças e jovens, reduz a resiliência, mata a criatividade e expande o vazio. Parte de prepará-los para o século XXI é ajudá-los a se sentirem confortáveis com visões divergentes: afinal, é assim que a curiosidade cresce, a empatia se fortalece, aprende-se a ter um engajamento cívico e forma-se a autonomia. Por isso, devemos parar de tentar proteger as crianças de todo desconforto imaginável, e deveríamos começar quando elas são pequenas – não ligadas a universidades ou nos alojamentos universitários. Mas como podemos dizer aos nossos filhos que não tem problema se arriscar – e até errar – às vezes?

- **Dê permissão para desviar do caminho.** Crianças curiosas são apaixonadas por suas ideias originais e dispostas a defendê-las, mas devem sentir o suporte de adultos para que elas possam desviar da norma. Você transmite esse suporte para o seu filho? Seu filho sabe que você admira originalidade? Você explicou que o fracasso faz parte da vida? Está deixando de sempre proteger ou socorrer seu filho diante de erros ou desafios? Se quisermos criar crianças curiosas prontas para o mundo, que prosperam e não se sentem vazias, precisamos dar-lhes espaço para assumir riscos criativos, abraçar a originalidade e desenvolver mentalidades não convencionais;
- **Prolongue as zonas de conforto.** As crianças avessas a riscos precisam de pequenos passos para se aventurarem fora das suas zonas de conforto até se sentirem seguras para compartilhar ideias originais. Comece encorajando seu filho a assumir riscos baixos: "Levante sua mão apenas uma vez amanhã." "Anote seu pensamento primeiro para ter a coragem de compartilhá-lo com a classe." "Conte seu pensamento para o professor depois da aula." Então exercite gradativamente sua confiança até ele conseguir assumir riscos sozinho;
- **Institua reuniões familiares.** Reuniões familiares regulares ajudam as crianças a aprender a se manifestar, resolver problemas e conhecer

pensamentos divergentes. Os tópicos são infinitos: horários de chegada, tarefas domésticas, conflitos entre irmãos, lição de casa, bem como coisas do mundo real. As crianças também podem praticar as habilidades deste capítulo. Encoraje-as a manifestar suas opiniões, mas *contenha* seu julgamento para que consigam aprender a falar independentemente de qualquer coisa. Estabeleça regras para a garotada se sentir segura para compartilhar visões divergentes.

» A opinião de cada membro é igual e *todos* têm o direito de serem ouvidos. Você pode discordar de uma opinião, mas deve fazê-lo com calma e respeito;

» Agende reuniões familiares: o ideal é ser uma vez por semana com duração de 20 a 30 minutos;

» Determine como as decisões são tomadas (pela maioria ou por consenso unânime);

» Revezem os papéis para cada membro receber uma posição diferente a cada semana: presidente da sessão, parlamentar, secretária, cronometrista e líderes de torcida para encorajar.

- **Encoraje disputas divergentes.** Eu ouvi Robert Zimmer, presidente da Universidade de Chicago, falar recentemente sobre a necessidade de preparar melhor os alunos para as situações complexas que eles enfrentarão no mundo. Ele foi taxativo ao dizer que as crianças de hoje devem aprender a desafiar as suposições dos outros e as suas, e defender suas posições efetivamente. Mais tarde, disse em uma audiência do congresso: "Se a educação que fornecemos não der aos alunos a oportunidade de adquirir essas habilidades, eles ficarão despreparados para tomar decisões informadas no mundo complexo e incerto que confrontarão ao entrar no local de trabalho[46]". Eu concordo do fundo do meu coração, e o debate é uma excelente via para preparar as crianças para se sentirem confortáveis com opiniões divergentes. Pode também ajudar as crianças a praticar a argumentação de suas opiniões, a apontar notícias falsas e identificar falhas nos argumentos dos seus oponentes.

  » **Altere as discussões com crianças mais novas.** Os tópicos poderiam ser: "Qual deveria ser nossa próxima leitura familiar em voz alta?" "O que vamos comer no jantar?" "Quais animais são os melhores bichos de estimação: gatos ou cachorros?" Um pai da Flórida engaja em debates divertidos com seus gêmeos de seis anos, com uma regra: "Você pode dar qualquer resposta, *mas deve dar um motivo.*" A resposta do seu filho à pergunta de qual animal seria o melhor bicho de estimação: "Cachorros são melhores *porque* eles podem latir para proteger você." (Pedir para as crianças dizerem "porque" na sua resposta as lembra de dar um motivo.);

» **Ensine a discordância efetiva para crianças mais velhas.** Assista a filmes como *O Grande Desafio, Rocket Science, Speech & Debate, Intelligence Squared Debates* (na TV, em *podcasts* e no YouTube) e debates presidenciais para ver debatedores criativos (e ruins) em ação e ajudar pré-adolescentes e adolescentes a aprender habilidades de pensamento divergente. As escolas muitas vezes têm clubes de debates para crianças mais velhas. Compartilhe o conselho de Desmond Tutu: "Não levante a sua voz, melhore o seu argumento."

- **Encoraje argumentos construtivos.** A maioria das crianças tenta evitar discutir, mas uma argumentação construtiva pode ajudá-las a considerar opiniões alternativas, aprender independência e intensificar a curiosidade. Ajuda também a serem *menos* avessas a riscos, *mais* dispostas a dar voz a pensamentos originais e a se sentirem mais confortáveis ouvindo opiniões divergentes. "Se ninguém nunca discutir, você provavelmente não desistirá das formas antigas de fazer as coisas, que dirá tentar coisas novas", declara Adam Grant, autor de *Originais*[47]. Grant também diz que, embora a maioria das pessoas criativas cresçam em lares cheios de argumentos (saudáveis), poucos pais ensinam seus filhos a argumentar de forma construtiva. Então, ensine as crianças mais velhas a argumentar de modo construtivo com os três passos descritos a seguir, usando o acrônimo ARE[48]:

  » **A – Afirmação.** Seja breve e compartilhe o ponto principal da sua opinião com fatos. "Eu penso..." ou "eu li... ouvi... acredito..." A afirmação de Sam, de dez anos: *"Acho que mereço uma mesada maior..."*

  » **R – Razão.** Em seguida, sustente sua afirmação com uma razão válida ou comprovada: a parte do "porquê" do argumento. A razão de Sam: *"...porque estou um ano mais velho..."*

» **E – Evidência.** Por fim, ofereça provas para sua razão, a parte do "exemplo" de um argumento. A evidência de Sam: *"...e recebo a mesma quantia mesmo fazendo duas vezes mais coisas."*

O desenvolvimento do pensamento divergente requer prática. Portanto, ajude seus filhos a aprender a técnica ARE com discussões familiares e debates. Alguns dos tópicos possíveis são: "A televisão faz mais mal do que bem." "Sacos plásticos deveriam ser banidos dos mercados." "Os telefones celulares deveriam ser permitidos na escola." "É melhor ser um líder do que um seguidor." "A escola deveria durar o ano todo." Ou então pegue qualquer questão controversa, dilema real para as crianças ou notícia, e que os debates comecem! As crianças podem se revezar na argumentação dos prós e contras de cada questão.

COMO A CURIOSIDADE PODE SER O SUPERPODER DO SEU FILHO

A parentalidade nunca é fácil, mas nosso papel principal é ajudar nossos filhos a se tornarem a sua melhor versão e deixá-los prontos para o que a vida lançar em seu caminho. Estimular sua curiosidade aumenta essas chances, mas para fazer isso devemos nos afastar, parar de superprotegê-los e adaptar a nossa parentalidade às paixões dos nossos filhos. Essa é a fórmula que dois pais usaram para estimular os dons do seu filho, e isso pavimentou seu caminho para o sucesso.

Pauline e Hermann se preocuparam com seu primeiro filho desde o início: ele nasceu com a cabeça deformada, e eles temiam problemas no desenvolvimento[49]. Seu filho também teve um aprendizado de fala lento. Quando finalmente falou, com três anos, sussurrava as palavras baixinho para si mesmo antes de dizê-las em voz alta. Eles consultaram médicos e presumiram o pior, mas também descobriram que seu filho era curioso, e estimular essa força foi como eles o ajudaram a prosperar.

O menino tinha o seu próprio ritmo e adorava caminhar, e Pauline encorajou suas explorações e sua liberdade desde cedo. Sua mãe o ensinou a tocar violino e piano e frequentemente tocava música clássica como uma técnica de fluxo de ideias para ajudar sua criatividade a fluir[50]. Seu pai sabia que o filho tinha curiosidade sobre as partes móveis dos objetos e comprou para ele uma bússola de bolso. Quando ele quis saber o motivo que a agulha se mexia, Hermann explicou que a Terra é como um ímã gigante... e a curiosidade do menino com a ciência perdurou.

A escola foi desafiadora e o menino tinha dificuldade em ficar sentado. Ele odiava memorizar e aprender mecanicamente, sonhava acordado muitas vezes e questionava com frequência seus professores. Crianças criativas têm menor probabilidade de se tornarem o queridinho do professor; os alunos que seguem direções e fazem o que mandam são favorecidos[51]. Então, não foi uma surpresa muito grande a criatividade do menino não ser valorizada na escola. (Um educador até lhe disse francamente que ele nunca seria grande coisa.) Sua fome de aprender não vinha da sala de aula, mas da sua família, que estimulava suas curiosidades.

Ele gostava de fazer construções, então sua mãe e seu pai lhe davam baralhos de cartas para construir casas gigantes. Ele adorava observar seu tio criar equipamentos eletrônicos, então eles o deixavam passar um tempo na oficina elétrica do seu pai. Ele estava fascinado por Ciência, Física e Geometria, então um amigo da família lhe deu livros. Ele estava fascinado com a solução de problemas, então seus pais lhe compraram livros. E sua curiosidade desabrochou.

A criança era Albert Einstein, um dos gênios mais criativos do mundo. "Eu não tenho talentos especiais. Sou apenas um curioso apaixonado", disse certa vez. Embora nosso objetivo *não* seja tentar e criar um Einstein, uma Marie Curie, Mozart ou Frida Kahlo, podemos identificar as curiosidades, forças e paixões dos nossos filhos para que eles fiquem ávidos por aprender e deixar a imaginação voar. Pauline e Hermann Einstein ensinaram a fazer isso.

IDEIAS PARA INCUTIR A CURIOSIDADE EM TODAS AS IDADES

"A carga das quatro aulas avançadas além da banda marcial e o teatro consome muito do tempo livre para fazer as coisas de que eu mais gosto. Então, meu estresse sobe e eu sinto um vazio."
– Robin, 15 anos, Torrance, Califórnia

As seguintes letras designam a classificação etária adequada para cada atividade: C = Crianças novas, da primeira infância à pré-escola; E = Crianças em idade escolar; P = Pré-adolescentes e adolescentes; T = Todas as idades

- **Ofereça personagens criativos para crianças mais novas.** Livros infantis com personagens que enfrentam problemas e os resolvem com criatividade são ótimos para discutir a curiosidade. Para crianças mais novas: *George, o Curioso*[52] de H. A. Rey; *Zoey and Sassafras* [53] *[Zoey e Sassafrás]* de Asia Citro; *Papa's Mechanical Fish*[54] *[O Peixe Mecânico do Papai]* de Candace Fleming; *Rita Bandeira, Engenheira*[55] de Andrea Beaty; *Windows*[56] *[Janelas]* de Julia Denos; *O Jardim Curioso*[57] de Peter Brown; *Beautiful Oops!*[58] *[Belo Oops!]* de Barney Saltzberg; *The Most Magnificent Thing*[59] *[A Coisa Mais Magnífica]* de Ashley Spires; *Um Raio de Luz: A história de Albert Einstein*[60] de Jennifer Berne; Curiosity: *The Story of a Mars Rover*[61] *[Curiosidade: A História do Mars Rover]* de Markus Motum; Além deles: *O Que Você Faz Com Uma Ideia?*[62], *O Que Você Faz Com Um Problema?*[63] e *O Que Você Faz Com Uma Oportunidade?*[64] de Kobi Yamada. **C, E**

- **Limite a tecnologia.** Vários dos principais gurus de tecnologia – incluindo Steve Jobs, o cofundador da Apple, Chris Anderson, presidente da 3D Robotics, e Bill Gates, ex-presidente da Microsoft – limitaram estritamente o tempo de tela de seus filhos: eles se preocupavam que os aparelhos eletrônicos reduzissem a curiosidade[65,66]. Decida a quantidade de tempo apropriada para a sua família e, então, estabeleça momentos específicos nos quais os aparelhos eletrônicos sejam *proibidos*. Considere usar um cronômetro para tempo de tela e aplicativos para controle parental para monitorar quais aparelhos são usados por quem e por quanto tempo. Então, substitua o tempo conectado pelo estímulo à curiosidade durante os tempos livres e desconectados usando as ideias deste capítulo. **T**

- **Proponha desafios criativos.** O pensamento divergente é uma forma de criatividade que resolve problemas com originalidade em vez de contentar-se com respostas convencionais. Propor desafios criativos ajuda as crianças a desenvolver a habilidade. Com o tempo, eles as inspiram a assumir riscos criativos, pensar de maneira não convencional, considerar várias formas de resolver os problemas e cogitar: "E se eu fizesse isso... ou tentasse aquilo?" Ofereça os materiais necessários, e então apresente um desafio criativo semanal para a sua família sugerindo a questão "de quantas formas diferentes você pode..." **E, P**

    » Usar um clipe de papel? (ofereça uma caixa de clipes de papel);
    » Andar daqui até lá? (fim da garagem, seu quarto, pelo jardim etc.);
    » Construir algo com uma caixa de hastes de chenile?

» Desenhar formas a partir de um círculo? (ou triângulos, quadrados, retângulos etc.);
» Usar uma colher e uma tigela?
» Fazer algo com um barbante (ou fio de lã) e tesouras?
» Criar coisas com bolas de algodão e cola?
» Usar um tubo de toalha de papel e fita crepe?
» Usar um saco de papel, tesouras e canetinhas?
» Usar um copo de papel e palitos de sorvete?

- **Mostre filmes que retratem mentes curiosas.** No filme *Perdido em Marte*, o astronauta Mark Watney (Matt Damon) está perdido na superfície de Marte e precisa descobrir como sobreviver. Ele é a epítome de uma mente curiosa: consertando coisas constantemente e resolvendo problemas, e acaba sobrevivendo devido à criatividade. Os filmes podem ajudar as crianças a perceber que pessoas curiosas não encontram respostas na hora, mas continuam aguentando firme! Para crianças mais novas: *Alice no País das Maravilhas, Procurando Nemo, O Lorax: Em Busca da Trúfula Perdida, Os Incríveis, Esqueceram de Mim, O Céu de Outubro*. Para crianças mais velhas: *Uma Dobra no Tempo, O Jogo da Imitação, Dunkirk, Estrelas Além do Tempo, Apollo 13*. **T**
- **Encoraje perguntas!** Em geral, crianças curiosas fazem 73 perguntas por dia. Infelizmente, a maior parte do desejo de saber das crianças chega ao auge na idade de quatro anos porque nós as desencorajamos, e por isso suas perguntas acabam. Continue encorajando a curiosidade lidando com suas perguntas com quatro dicas:
  1. *Encoraje:* "Eu adoro suas perguntas!" "Bem pensado!" "Por favor, não pare de perguntar!"
  2. *Esclareça:* "Você quer dizer...?" "Você está perguntando...?" "Dá para repetir para eu entender?"
  3. *Encontre a resposta:* "Não sei bem, mas vou descobrir." "Boa pergunta! Aposto que o vovô sabe a resposta."
  4. *Resolvam juntos:* "Para quem podemos perguntar?" "Vamos procurar no Google." "Vamos para a biblioteca." **T**
- **Use um solucionador de problemas manuais.** Ajude seu filho a perceber que os erros não são fracassos, mas oportunidades de aprender. Quando meus filhos eram novos, eles adoravam usar um solucionador de problemas manuais. Eu contei para eles:

"Quando você tiver um problema, use sua mão para ajudá-lo a pensar em uma solução. Mostre o polegar e 'diga o problema'. Em seguida, mostre o indicador, o dedo médio, o anelar e 'cite uma solução para cada dedo'. Quando chegar ao dedinho, 'escolha a melhor ideia e a realize'." Tempos depois, eles estavam "enchendo seus cérebros de ideias" e resolvendo problemas sozinhos. **C**

- **Brinque com o jogo da solução.** Ajude as crianças mais velhas a praticar o fluxo de ideias brincando com o jogo das soluções. O objetivo é gerar várias soluções para um problema. Estabelecer um limite de tempo aumenta o desafio: "Vamos ver quantas ideias podemos ter em três (ou mais) minutos." Use o cronômetro do forno ou um temporizador no celular para contar o tempo. Escolha uma criança para registrar as respostas e, então, compará-las com partidas anteriores. Os problemas devem ser adequados às idades das crianças e podem ser reais ou imaginários. "Como você responde aos xingamentos das crianças?" "Quais são as formas gratuitas de agradecer a alguém?" "Que conselho você daria ao presidente para salvar as baleias?" Lembre seu filho: "Não se preocupe se sua ideia parecer boba. Diga-a em voz alta, porque ela pode gerar outra ideia." **E, P**

- **Busque oportunidades de aprendizado versáteis.** A curiosidade desabrocha com experiências versáteis, práticas e guiadas pelas crianças. As possibilidades escolares podem ser um aprendizado baseado em um projeto, educação ao ar livre, pensamento em *design*, aprendizado de um serviço, projetos científicos, Odyssey of the Mind [Odisseia da Mente], Dia da História Nacional, teatro, arte, debate, música e robótica. Ou experimente atividades extracurriculares no escotismo, em grupos religiosos, em museus de descobertas, acampamentos ou equipes esportivas. Além disso, junte forças com pais que compartilhem da mesma opinião e então crie projetos que atendam aos interesses e às paixões dos seus filhos. O projeto deve ser apenas *dirigido pela criança*. **T**

OS CINCO PRINCIPAIS APRENDIZADOS

1. A curiosidade desabrocha com oportunidades versáteis, práticas, guiadas pela criança.

2. As crianças devem se sentir apoiadas pelos adultos para desviarem da norma e serem criativas.
3. As crianças são mais propensas a pensar de maneira não convencional e assumir riscos criativos quando não são recompensadas.
4. A curiosidade e o desempenho máximo são movidos pela paixão: ajude as crianças a encontrar suas paixões.
5. Quando as pessoas colaboram e umas animam as outras, a curiosidade aumenta.

UMA ÚLTIMA LIÇÃO

Pesquisando sobre curiosidade, li dúzias de estudos e entrevistei importantes acadêmicos, mas a melhor resposta sobre como cultivá-la veio de uma criança precoce de oito anos[67]. Eu conheci Adam El Rafey em uma conferência internacional sobre educação em Dubai, onde fui convidada a dar uma palestra, mas ele roubou a cena. O jovem e talentoso menino estava preocupado com as escolas silenciando a curiosidade e compartilhou suas preocupações em um discurso de dez minutos para educadores e líderes políticos.

"Não temos permissão de sermos tão criativos quanto podemos ser", ele contou aos representantes. "As escolas não deveriam limitar a criatividade de uma criança pedindo-lhe que siga apenas um caminho específico, como colorir dentro das linhas." Ele mencionou artistas abstratos famosos que "não colorem dentro das linhas, e eu diria que eles se deram muito bem assim", Adam apontou. "Então por que nós não nos daríamos?"

Ele tinha uma mensagem para os pais. "Nenhuma ideia é 'ridícula' e deveria ser dispensada. Expliquem para nós as coisas nos mínimos detalhes", solicitou. "Vocês poderiam se surpreender com o quanto nós entendemos."

E ele queria que a educação fosse mais personalizada. "As escolas realmente precisam focar em nos ensinar como pensar por si só, sonhar grande e pensar de maneiras diferentes. Então, em vez de focar em nos ensinar o que é conhecido, nos ensinem como tornar o desconhecido possível."

A curiosidade dos nossos filhos está despencando e um menino de oito anos estava de pé em um palco lembrando os adultos de priorizá-la. Devemos reimaginar a educação das crianças e reajustar nossa parentalidade para soltarmos a curiosidade dos nossos filhos para acompanhar nossa época. Adam disse bem: "As crianças devem aprender a pensar por si só, sonhar grande e pensar de maneiras diferentes." Cabe aos adultos dar atenção ao seu conselho. Fazer isso é uma das melhores formas de criar Prósperos com a Vantagem do Caráter.

Parte 3

Cultivo da Vontade

"Os pais precisam dar aos filhos oportunidades para terem experiências de vida e aprenderem com os erros sem que sempre lhes digam o que fazer. Precisamos aprender a viver sozinhos."

— Tate, 13 anos, Boise, Idaho

Capítulo 6

Perseverança

Prósperos terminam o que começam e não precisam de estrelas douradas.

Em cada verão, desde 2012, mais de uma centena de alunos e alunas da Lake Highland High School na Flórida partem para a Outdoor Odyssey Leadership Academy [Academia Ao Ar Livre de Liderança da Odyssey] nas Montanhas Allegheny. Os alunos que entrevistei disseram que a experiência de sete dias na selva mudou sua vida.

"Quando voltei para casa foi estranho porque eu era um homem, e não mais um menino", um adolescente me contou, ainda empolgado com a experiência quando conversei com ele meses depois. "Consegui vencer meus medos porque descobri que tinha garra."

T. S. (Tom) Jones, fundador e diretor-executivo do Outdoor Odyssey [Odisseia ao Ar Livre], é um ex-major general da Marinha dos Estados Unidos que acredita que uma liderança efetiva requer elementos mentais, morais e físicos. Sua filosofia é "Crescimento Por Meio da Adversidade", e ele acredita que o progresso acontece quando você sai da sua zona de conforto. Por isso, Jones repete aos adolescentes: "Você vai fazer coisas nesta semana que realmente o desafiam, mas se nós não os tirarmos da sua zona de conforto, nós falharemos."

Esse processo começa no momento da chegada dos adolescentes, quando eles são separados dos amigos, divididos em equipes menores de 21 alunos do mesmo gênero e mentores lhes são atribuídos. Então, começam as atividades: escalar paredes de pedra, subir em redes de corda, andar em cordas a nove metros no ar, praticar *rafting* em corredeiras sob a chuva e fazer longas trilhas. Essas são atividades assustadoras nas quais os adolescentes encaram o perigo real, e eles operam sem uma rede de segurança – exceto aquela fornecida por sua própria resistência e por cada um dos outros membros de sua equipe. E essas experiências acabam sendo o que as crianças "esgotadas" desejam, privadas da natureza e superprotegidas por pais helicópteros.

"Um motivo para a nossa geração estar tão estressada é sermos mimados pelos nossos pais. Se você sempre for socorrido, deixa de aprender como ter sucesso sozinho", Andrew C., um graduado do acampamento, me contou. "Cada experiência da Odyssey o ajuda a se tornar mais seguro de si, porque você se obriga a sair da sua zona de conforto e sua confiança aumenta. Você aprende que é mais forte do que pensa." É o ambiente fundamental para desenvolver perseverança e resiliência.

Desenvolver perseverança também requer que as crianças aprendam a lidar com os desafios e seguir em frente sem o socorro de um adulto. "Se um adolescente tem um problema, os orientadores da Odyssey nos falam: 'Isso não é o nosso problema, mas seu'", explicou June, uma ex-graduada da Odyssey. "Telefones são proibidos, então não podemos ligar para as nossas mães. Aprendemos a nos comunicar uns com os outros. E quando você consegue resolver o problema, percebe ser capaz de fazer coisas que nunca acreditou poder fazer. É aí que você realmente cresce como pessoa."

Jenna frequentou o acampamento aos oito anos, depois da morte de sua mãe, e afirmou que a experiência a ajudou a recomeçar a vida. "Eu era uma menina deprimida, mas a Odyssey me ajudou a encontrar minha força interior, e eu a aprendi na Caverna do Urso. Os orientadores nos levaram a um pequeno túnel estreito, com uma lanterna, por onde nós tínhamos de passar rastejando. Eu achava que era impossível", Jenna lembra, "mas os orientadores me encorajaram, e eu me dei conta de que 'eu tenho força e garra para superar muito mais do que jamais imaginei'. No fim, eu me sentia bem em ser a Jenna."

Talvez a lição de construção do caráter mais fácil da Odyssey é que os adultos devem parar de mimar e sempre fazer as coisas no lugar dos filhos. É a mensagem que eu sempre ouço dos meus alunos. "Você aprende a ter garra ao ser exposto às adversidades para ter a chance de perceber que é mais capaz do que pensava", disse Amy.

"A Odyssey o força a crescer por meio das adversidades porque o coloca em situações nas quais você não se sente confortável", Emma me contou.

William, de 17 anos, resumiu: "Os jovens precisam encarar a adversidade com pequenos passos. Nós precisamos saber que somos seres humanos capazes."

"Coisas de valor real o tornam a pessoa que você quer ser — coisas como seu caráter, que você realmente precisa trabalhar e desenvolver", o general

Jones lembrava aos campistas. E essa é a mensagem fundamental a cada lição que ensinamos aos filhos sobre essa força crucial.

O QUE É PERSEVERANÇA?

"Aprender que você consegue descobrir as coisas sozinho é como se aprende perseverança e confiança. Um grande problema na nossa geração é que todos querem fazer as coisas por nós."
– David, 14 anos, Des Moines, Iowa

Todo pai quer sucesso para o seu filho, mas a ciência mostra que podemos estar usando as lições erradas. Angela Duckworth, atualmente uma professora de Psicologia e membro do Programa MacArthur Fellows, começou a buscar pela fórmula mágica do sucesso quando trabalhava como professora de Matemática em uma escola do Ensino Fundamental. Ela notou que algumas crianças (que ela considerava terem uma habilidade matemática "natural" mais baixa) tinham, na verdade, um desempenho melhor do que aqueles que demonstravam uma facilidade inata maior com os números. Por quê?

Duckworth acompanhou 164 alunos do Ensino Fundamental ao longo do ano escolar e descobriu um segredo: as pontuações em autodisciplina dos alunos previam sua média mais do que o QI[1]. As crianças que persistiam – mesmo quando não entenderam um conceito a princípio – eram aquelas que tinham sucesso na sala de aula. Mas a perseverança das crianças prevê sucesso em outras circunstâncias?

Para descobrir, Duckworth desenvolveu uma "escala de garra" para as pessoas se classificarem, com frases como "eu termino tudo o que começo" ou "eu supero obstáculos para vencer um desafio importante". Ela testou os cadetes novatos de West Point: pontuações baixas em garra foram um indicador de desistência mais preciso do que suas notas acadêmicas, a classificação no Ensino Médio, a habilidade atlética ou pontuações em liderança. Ela testou os Boinas Verdes: a garra foi o que distinguiu os homens que suportaram o exaustivo treinamento intenso. Ela testou os competidores do campeonato de soletração Scripps National Spelling Bee: crianças com mais garra iam mais longe na competição. E ela acompanhou alunos de graduação em uma universidade da Ivy League: alunos com mais garra (apesar das pontuações mais baixas no SAT) conseguiram médias mais altas do que seus colegas com menos garra. Seus estudos continuaram, mas uma constante permanecia: era sempre aquele com mais garra – não o mais inteligente ou mais talentoso – que tinha sucesso.

Os termos "garra" e "perseverança" são, muitas vezes, usados alternadamente nestas páginas, e isso é de propósito. Mas eu vejo uma distinção entre os dois. Garra é um termo popular que se tornou parte do vocabulário convencional e é definido como constituído de dois componentes: paixão *e* perseverança[2]. Eu concordo, mas creio que outras Forças de Caráter também energizam a perseverança. Por isso, os jovens que brilham são mais propensos a usar suas forças pessoais, autocontrole e otimismo para lidarem com as contrariedades, e curiosidade para aumentarem sua força de vontade e chegarem à linha de chegada. A solidariedade (empatia) ou sentir uma preocupação profunda (integridade) com a questão aumentam ainda mais a determinação. As Forças de Caráter são *sempre* intensificadas quando combinadas para colher o Efeito Multiplicador e por isso eu uso o termo "perseverança". Ela nunca está sozinha.

A perseverança ajuda as crianças a continuar quando tudo o mais torna mais fácil desistir. Para uma criança, isso poderia ser o Motorzinho que respondeu a cada desafio subindo a montanha com "acho que posso, sei que posso". Para um pai, treinador, ou professor, a perseverança é uma criança que aguenta firme e não desiste simplesmente, e então é bem mais provável que ela brilhe.

E mais: a perseverança não é fixa nem inteiramente determinada pelos genes, mas assim como as outras qualidades abordadas até agora neste livro, pode ser exercitada e aprimorada com as lições certas. E os benefícios de fortalecer esse traço podem ser enormes. Esse traço do caráter aumenta a resiliência, a saúde mental, o desempenho, a confiança, o autocontrole, a autossuficiência e a esperança das crianças. Ou seja: *a habilidade de se ater a uma tarefa e uma meta de longo prazo é o maior indicador de sucesso e mais forte do que o QI, o desempenho acadêmico, as pontuações no SAT, atividades extracurriculares e notas em provas*. A perseverança mantém as crianças na linha, as aproxima dos seus sonhos e as ajuda a prosperar – e por isso devemos adicionar o ensino da perseverança a nossas lições de parentalidade.

POR QUE A PERSEVERANÇA PODE SER TÃO DIFÍCIL DE ENSINAR

A perseverança é o traço que força os limites para ajudar os jovens a prosperar e muitas vezes faz a diferença decisiva em seu sucesso ou fracasso. Mas pode ser que precisemos recalibrar nossa parentalidade e educação atuais. As lições erradas que não são corroboradas pela ciência privam as crianças não apenas do desenvolvimento de suas verdadeiras paixões como também liquidam seu "reservatório de garra".

Nós não damos às crianças tempo suficiente para a prática deliberada

Em nossa sociedade que prioriza o vencedor, os pais tentam desesperadamente dar aos filhos uma "margem de sucesso" e acreditam que a resposta deva ser *mais* times, *mais* treinadores, *mais* atividades. Mas uma pesquisa com pessoas com alto desempenho negam essas alegações. Não ter tempo o bastante para praticar deliberadamente sua paixão, habilidade ou talento *diminui* a motivação, a perseverança e o potencial de uma criança brilhar. Agendas muito cheias e que excluem a verdadeira paixão estão fazendo muitos jovens desistirem de seus sonhos e não atingirem seu potencial de prosperidade.

De um jovem de 15 anos: "Eu quero ser um cinegrafista. Meus professores dizem que sou muito bom nisso, mas com todas as minhas atividades eu não tempo para desenvolver isso."

De um jovem de 13 anos: "Eu amo nadar, mas nunca ficarei bom nisso porque meus pais me fazem praticar três esportes para meu currículo parecer bom."

De um jovem de 17 anos: "Minha paixão é o desenho, mas com todas as classes avançadas que eu tenho de fazer para ter uma chance em uma faculdade decente, eu não fiz uma aula de arte."

Anders Ericsson era um psicólogo cognitivo da Florida State University que estudou especialistas mundiais. Ele descobriu que grandes artistas (como Tchaikovsky, Wilma Rudolph, Jerry Rice, Itzhak Perlman ou Serena Williams) focam em aspectos *específicos* da sua força, e então praticam *deliberadamente* por anos para desenvolvê-la. Seus feitos extraordinários não se devem a habilidades sobre-humanas, forças inatas, memória, QI elevado, dinheiro ou recompensas, mas sim à prática intencional focada – e isso requer perseverança[3].

Angela Duckworth, em seu aclamado livro *Garra: O Poder da Paixão e da Perseverança*[4], também destaca que o aprimoramento em qualquer área requer perseverança, sim – mas não se trata apenas da quantidade, mas também da *qualidade* do tempo gasto. Para obter os benefícios dessa Força de Caráter, a prática deve envolver não *mais* tempo, mas um tempo mais bem *aproveitado*. Estar envolvido em várias atividades sem tempo para praticar reduz as chances de sucesso.

Estamos criando as expectativas erradas

Mihaly Csikszentmihalyi, professor de Psicologia na Universidade de Chicago, preocupou-se com muitos jovens talentosos desistindo de suas habilidades. Ele liderou um estudo de cinco anos com 200 adolescentes talentosos para entender por que alguns continuam a cultivar seu talento enquanto outros igualmente brilhantes desistem e nunca desenvolvem seu potencial. Csikszentmihalyi encontrou duas condições especialmente perigosas para a desistência: ansiedade e tédio. A ansiedade ocorre principalmente quando os adultos esperam *muitíssimo* dos jovens, mas o tédio acontece quando os adultos esperam *pouco*[5]. "Quando as experiências curriculares estão fora de sintonia com as habilidades dos alunos, não apenas diminui a motivação, mas também o sucesso", diz Csikszentmihalyi.

As expectativas ideais são quando a criança "assume desafios que estejam exatamente à altura ou acima das suas habilidades". As expectativas certas também aumentam a perseverança e ajudam a criança a atingir o "fluxo" (estar tão envolvido com a tarefa que se perde a noção do tempo). Se quiser que seus filhos se dediquem a uma tarefa e mantenham a garra, deve-se criar o nível certo de expectativas que se alinhem com seus interesses, talentos ou habilidades. Nossa função é encontrar a aula, o professor, a atividade, o esporte ou a tarefa que sejam desafiadores para a criança, mas sem sobrecarregá-la – ou, para falar nos termos da Cachinhos Dourados: nem muito altas ou muito baixas, apenas as corretas. Infelizmente, crianças demais são forçadas para além das suas capacidades rápido demais, cedo demais e desistem de seu talento ou habilidade que poderiam ajudá-la a prosperar.

Nós resgatamos nossos filhos do fracasso

Sem experimentar o fracasso, as crianças não conseguem desenvolver perseverança nem aprendem como lidar com desafios inevitáveis que ajudem a desenvolver a resiliência. A parentalidade excessiva e o "resgate" na América do Norte é prevalente, especialmente em áreas abastadas onde os pais pagam mensalidades altas em escolas para assegurar que seus filhos *não* fracassem. Dominic Randolph, diretor da Riverdale Country School no Bronx, Nova York, destaca: "Nos ambientes acadêmicos mais elevados dos Estados Unidos, ninguém fracassa em *nada*"[6].

Os pais admitem que pagam mensalidades pesadas em escolas particulares para que seus filhos não deslizem. Uma mãe de Greenwich com dois filhos matriculados em uma prestigiosa escola me contou: "Pela quantia que pagamos por sua educação, eu espero notas altas e um ingresso em uma faculdade da Ivy League." Um pai de Sarasota com filhos em um pequeno colégio da elite disse: "Sei que estou criando meus meninos em um casulo, mas quero protegê-los do fracasso o máximo possível." Mas esse resgate não faz nenhum favor aos filhos.

Décadas de pesquisa demonstram que os filhos cujos pais os *permitem* fracassar são *mais* resilientes, *mais* motivados, *mais* empolgados para aprender e acabam tendo *mais* sucesso do que os filhos cujos pais ficam em cima, rodeiam e resgatam. Mark Seery da University at Buffalo, da Universidade Estadual de Nova York, examinou uma amostra nacional de pessoas e constatou que aquelas expostas a alguns eventos adversos relataram uma saúde mental melhor e mais resultados de bem-estar do que aquelas sem obstáculos ou adversidades. Na verdade, aqueles que vivenciaram pouca ou nenhuma dificuldade eram *menos* felizes e *menos* confiantes quando adultos do que aquelas que passaram por contratempos[7].

Cada vez que nós as resgatamos ou consertamos, enviamos uma mensagem mortal às crianças: "Não acreditamos que você seja capaz de fazer isso sozinho." Então nossos filhos aprendem a se afastar, a depender de nós para recolher suas peças, e o vácuo entre Prósperos e Esforçados se alarga. Enquanto os Prósperos desenvolvem uma atividade, os Esforçados sentem-se mais desamparados. Em vez disso, recue e adote um novo comportamento: "Nunca faça por seu filho aquilo que ele pode fazer sozinho." Seu filho o agradecerá algum dia.

COMO ENSINAR PERSEVERANÇA AOS JOVENS

Para nossos filhos terem sucesso, eles devem aprender a aguentar firme, não desistir e seguir em frente. A perseverança é a Força de Caráter que os ajuda a resistir muito depois de nós partirmos – e é disso que eles precisarão em nosso mundo incerto, acelerado, competitivo e em mudanças constantes. Três habilidades ensináveis estimulam a perseverança: ter uma mentalidade de crescimento, definir metas e aprender com o fracasso. As lições que se seguem também ajudarão seus filhos a serem mais fortes, mais bem-sucedidos e mais capazes de prosperar por saberem que podem acreditar em si.

O cultivo de uma mentalidade de crescimento

Carol Dweck, psicóloga de Stanford, acredita que as pessoas têm dois tipos de mentalidade: "fixa" ou "de crescimento". Sua pesquisa em teoria da mentalidade começou há quatro décadas, quando ela ensinava Matemática para alunos do Ensino Primário e Fundamental e, assim como Angela Duckworth, notaria vários anos depois uma clara separação nos comportamentos de aprendizado dos alunos. Apesar de habilidades semelhantes, alguns alunos pareciam desamparados e desistiam ao primeiro sinal de dificuldade (mesmo sendo recompensados pelo sucesso em problemas mais fáceis), enquanto outros resolviam bem mais problemas de Matemática, despendiam esforços e continuavam a tentar quando os problemas ficavam difíceis. Foi o primeiro indicador de Dweck de que um foco no *esforço* pode reduzir a sensação de impotência e favorecer o sucesso. E sua pesquisa continuou.

Em outro estudo, Dweck pediu para alunos da quinta série pensarem em voz alta enquanto resolviam problemas difíceis. Alguns reagiam na defensiva, intimidados ("Eu nunca fui muito bom em rememorar [sic]") e seus desempenhos se deterioraram. Outros tiraram zero na resolução de seus erros. (Um disse para si mesmo: "Eu deveria me acalmar e tentar resolver isso.") Os "solucionadores" não deram importância aos seus fracassos, mas pensaram nos erros como problemas a serem resolvidos... e então persistiram[8]. Dweck lembrou de uma criança especialmente memorável. Quando confrontado com um problema difícil, ele esfregou as mãos, estalou os lábios e disse: "Adoro um desafio!" E, como previsto, o grupo solucionador teve um desempenho muito superior ao do outro grupo, mais derrotista, que deu importância aos próprios erros.

Dweck desenvolveu uma hipótese: o que separa as duas classes de alunos é como eles veem sua inteligência. Aqueles com mentalidades de crescimento acreditam que seu caráter, inteligência, talentos e habilidades podem ser aprimorados com educação, esforço, boas estratégias e a ajuda dos outros. Eles veem em si um potencial para melhorar. Aqueles com mentalidades fixas, no entanto, estão convencidos de que essas qualidades estão gravadas em pedra: as conquistas se devem à sua inteligência inerente, e não a qualquer esforço adicional que eles colocam.

E essas duas crenças distintas têm um impacto notável no sucesso ou no fracasso dos jovens. A pesquisa de Dweck demonstra que os alunos com mentalidade de crescimento costumam aprender mais, têm mais sucesso em desafios, adquirem um conhecimento mais profundo e vão melhor – especialmente em matérias difíceis – se comparados a alunos igualmente capazes que veem sua inteligência como uma entidade fixa. Esses jovens de mentalidade de crescimento também têm menos probabilidade de desistir e são mais propensos a seguir em frente – mesmo se fracassam ou se as coisas vão mal – porque sabem que é só uma questão de se esforçar mais até eles triunfarem[9].

Embora os genes possam decidir o lugar no ponto de partida do seu filho, a boa e velha perseverança e uma mentalidade de crescimento podem influenciar a posição dele na linha de chegada. A melhor notícia é que, assim como todas as outras qualidades que estudamos, mentalidades de crescimento podem ser estimuladas nas crianças, com as lições simples a seguir.

1. **Redefina sucesso como um "ganho".** Nossa cultura obcecada por provas faz nossos filhos se classificarem por meio de "pontuações", então redefina "sucesso" para o seu filho como uma palavra de cinco letras soletrada como G-A-N-H-O: uma melhora (ou "um passo acima" para crianças mais novas) sobre o desempenho passado devido ao esforço pessoal.

Então, ajude seu filho a identificar seus GANHOS pessoais. "Da última vez, você acertou nove palavras, hoje você acertou dez! Isso foi um GANHO!" "Ontem você acertou uma bola; hoje acertou duas. Isso é um GANHO!" "Mês passado sua nota de Matemática foi 7,3; dessa vez é 7,9. Isso é um GANHO! Todos os seus esforços estão funcionando porque você está melhorando!" Então pergunte: "O que *você* fez para conseguir esses ganhos?" Sempre ajude seu filho a comparar o próprio desempenho com as tentativas anteriores *dele*, e não com as pontuações dos outros.

2. **Acrescente "ainda".** As crianças podem desenvolver mentalidades "não consigo" ou "eu nunca vou acertar", que são negativas e prejudiciais. Quando você ouvir comentários "não consigo, nunca, não vou", responda com uma frase de mentalidade de crescimento que ajude seu filho a saber que, com esforço, ele vai melhorar.

Criança: "Não consigo." Pai: "Não, você não conseguiu 'ainda'!"
Criança: "Eu nunca vou conseguir!" Pai: "Você não sabe isso agora. Continue praticando!"
Criança: "Isso é difícil demais." Pai: "Continue. Você está chegando lá."

3. **Tenha conversas sobre crescimento.** Nós logo perguntamos: "Qual foi a sua nota (pontuação ou classificação)?" Em vez disso,

pergunte sobre esforço para o seu filho saber que você se importa com sua ética de trabalho e aprende o valor de uma mentalidade de crescimento. Alguns exemplos de perguntas:

"Qual foi a atitude que realmente o fez pensar?"
"Quais coisas novas você experimentou?"
"O que foi desafiador?"
"Com qual erro cometido você aprendeu algo?"
"O que você tentou que foi difícil?"
Em seguida, compartilhe seus próprios aprendizados!

4. **Elogie o esforço, não o resultado.** Outro estudo de Dweck com mais de 400 alunos da quinta série constatou que, quando são elogiados por sua inteligência ("Você é tão esperto!" ou "Que crânio você é!"), eles se tornam preocupados em falhar e ficam com *menos* vontade de tentar novos desafios[10]. Mas quando receberam elogios pelo seu esforço ("Você está trabalhando tão bem!" ou "Você está realmente aguentando firme!"), eles trabalharam mais duro e tiveram *mais* chances de sucesso. Por quê? As crianças com a mentalidade fixa não sentiam que tinham controle sobre sua inteligência; aquelas com mentalidades de crescimento entendiam que poderiam controlar o quanto trabalhavam duro, e assim melhoravam. A lição: *exercite uma mentalidade de crescimento, elogie o esforço do seu filho, não o resultado.*

"Quando você descobre como resolver um novo problema, seu cérebro científico cresce!"

"Uau, você realmente está trabalhando duro nisso!"

"Foi inteligente você ter tentado três formas diferentes de resolver esse problema. Bom trabalho!"

"Eu adorei o quanto você deu duro nesse projeto. O que o ajudou a melhorar?"

E caso seu filho brilhe sem desafio, Dweck sugere dizer: "Isso foi fácil demais para você. Vamos ver se há algo mais desafiador para você aprender."

5. **Use lembretes da mentalidade de crescimento.** Stanford analisou 265 mil alunos aprendendo Matemática *online* para ver se a resposta melhorava seu desempenho[11], colocando-os aleatoriamente em cinco grupos e enviando mensagens diferentes. Os alunos

que receberam uma resposta com a mentalidade de crescimento tiveram taxas mais elevadas de aprendizado do que aqueles que receberam uma resposta genérica ("bom trabalho") ou nenhuma. Então, encontre formas rotineiras de oferecer mensagens com a mentalidade de crescimento. Um pai de Dallas colocou um bilhete na geladeira: "A melhora vem com a prática!" Uma mãe de Reno coloca um bilhete no guardanapo no almoço do seu filho: "Quanto mais você trabalha o cérebro, mais forte ele fica." Um pai de Austin manda mensagem ao seu filho adolescente universitário: "Quanto mais você trabalha, melhor fica."

Estabeleça metas realistas e controláveis

O psicólogo Lewis Terman da Universidade de Stanford era conhecido como o "pai da educação de superdotados". Ele acreditava que o QI era uma condição indispensável para o sucesso, defendia que o bem-estar futuro do país dependia da educação de crianças superiores[12]. E Terman estava em uma missão para provar isso. Ele identificou 1.500 crianças superdotadas e as acompanhou pelo resto de suas vidas. O estudo tornou-se o estudo longitudinal mais longo sobre os superdotados no mundo. Mas o psicólogo descobriu que estava errado: QI elevado, pontuações, médias elevadas ou frequentar faculdades da elite *não* determinam o sucesso futuro de uma criança. O que diferenciou as crianças mais bem-sucedidas foi sua habilidade de estabelecer metas realistas e administráveis – e usar a perseverança para cumprir essas metas.

A determinação de metas pode ser ensinada, e a maioria daqueles com o melhor desempenho no estudo de Terman não apenas aprenderam essa habilidade como também a aprenderam *cedo* – antes de sair do Ensino Médio[13]. Nosso erro é que esperamos demais para tentar incutir essa habilidade crucial nos nossos filhos. Quanto mais cedo nós começarmos a ensinar essas lições, mais cedo as crianças estarão no caminho certo para prosperar e ter sucesso.

Uma determinação de meta eficaz pode ser ensinada, mas deve atender a cinco fatores. A criança deve:

1. Ter as habilidades, a aptidão, os recursos, os mentores e o conhecimento necessários para ter sucesso.
2. Não precisar de ajuda excessiva.
3. Ter tempo o suficiente para ter sucesso.

4. Demonstrar o interesse e a paixão para perseverar.
5. Estar no controle. Pergunte: "Você tem poder sobre isso? Uma meta deve ser algo que *você* pode controlar."

Se a resposta a qualquer uma dessas perguntas for "não", ajude seu filho a escolher outra meta ou refinar a selecionada para se tornar mais realista e atender aos cinco fatores. Agora você está pronto para ensinar seu filho a estabelecer uma meta.

- **Defina "meta".** Uma forma fácil de explicar metas é ligar o termo a esportes, como futebol, futebol americano ou hóquei. Diga: "Uma meta é como um alvo ou algo para onde você chuta uma bola. As metas não servem apenas para esportes, mas também é algo que você quer alcançar para ter mais sucesso na vida. Planejar o que você precisa para trabalhar nisso é chamado determinação de meta, e a habilidade o ajudará na escola, em casa, com seus amigos, ou mais tarde no seu emprego." Pedir para uma criança nomear algo que ela quer "ter, ser ou fazer" a ajuda a pensar nas possibilidades, e então escolher uma meta na qual ela está disposta a trabalhar.

Um professor de uma escola de Ensino Fundamental de Austin me contou: "As crianças estão mais dispostas a tentar habilidades se reconhecem que são importantes na sua vida." Então ele compartilha artigos com seus alunos sobre pessoas bem-sucedidas que usam os princípios de estabelecimento de metas. Michael Phelps estabelece metas desde que começou na natação competitiva. Phelps disse: "Quando eu era mais novo, costumava anotar minhas metas à mão. Agora eu posso digitá-las no meu *laptop*"[14]. Você pode encorajar seu filho a acompanhar o progresso da sua meta em um diário ou documento do Word, como Phelps. Compartilhe artigos sobre pessoas que estabelecem metas ou leia a história do Phelps no capítulo sobre autocontrole.

- **Ensine "Eu vou + o que + quando".** As metas costumam começar com "*eu vou*" e têm duas partes: "*o que*" (aquilo que você quer alcançar) e "*quando*" (quando você planeja alcançar). Uma forma fácil de ensinar essa lição é "dar um exemplo proposital" de suas metas para o seu filho. Suponha que sua lavanderia esteja cheia de roupa suja. Diga para o seu filho: "Vou lavar e secar todas essas roupas até as três horas da tarde." (*O que* = lavar e secar as roupas

+ *quando* = até as três horas). Ou descreva seu planejamento para o dia: "Eu vou ligar para Karen para agradecê-la pelos biscoitos no minuto que eu entrar em casa." (*O que* = ligar para Karen para agradecê-la + *quando* = assim que eu entrar em casa.) Depois de dar o exemplo do "eu vou + o que + quando", você pode ensinar isso ao seu filho usando a atividade de tiras de fórmulas para metas a seguir;

- **Use tiras de fórmulas para metas.** Corte uma tira de papel com pelo menos 7 por 30 centímetros (mais comprida para uma criança mais nova). Dobre a tira no sentido do comprimento em três partes iguais: Parte 1. Escreva "*eu vou*". Parte 2. Escreva "*o que*". Parte 3. Escreva "*quando*". Então ajude seu filho a estabelecer uma meta usando a fórmula. Primeiro pergunte: "*O que* você quer conseguir?" (Ele imprime ou desenha sua meta na seção 2.) Então pergunte "*quando* você tentará alcançar sua meta?" (Ele escreve ou desenha seu objetivo. "*Eu vou aprender cinco fatos matemáticos em 15 minutos.*" "*Eu vou ler dez páginas em 30 minutos.*" Ou: "*Eu vou limpar meu quarto em dez minutos.*" Kara M., uma mãe de Iowa, realiza uma sessão de estabelecimento de metas todos os domingos à noite. Cada membro cita sua meta, escrevendo-a em uma nota adesiva usando a fórmula, que é afixada na porta. Ela diz que todos costumam ter sucesso "porque por toda a semana nós encorajamos uns aos outros.";

- **Adicione "*como*" para crianças mais velhas.** Listar o que precisa ser feito para ter sucesso em uma ordem sensata torna as metas administráveis. Forneça várias tiras de papel ou notas adesivas para ajudar as crianças mais velhas a aprender a planejar suas metas. *Pai:* "Qual é sua meta?" *Filho:* "Quero conseguir ter mais rebatidas." *Pai:* "Como você vai conseguir?" *Filho:* "Pedir ajuda ao técnico. Assistir vídeos de bons rebatedores. Praticar 30 minutos por dia." O filho escreve uma tarefa por nota, coloca o "planejamento do processo" em sequência e as deixa coladas juntas. A cada vez que uma tarefa é terminada, o garoto retira uma nota até nenhuma sobrar. Adolescentes podem listar suas tarefas *como fazer* e acompanhar seu progresso;

- **Faça registros do triunfo.** Vitórias, sejam elas grandes ou pequenas, merecem uma celebração, mas elogie o esforço: "Você aguentou firme!" "Você ficou um pouco melhor a cada dia porque não desistiu!" Carolina, uma menina de 12 anos, disse que ela e seus irmãos têm caderninhos que seus pais chamam de "registros do triunfo", onde os irmãos descrevem suas vitórias e os esforços que fizeram.

Ensine que erros são apenas problemas a serem resolvidos

As crianças só conseguirão aprender a perseverar se aprenderem a lidar com o fracasso. Mas eu admito que meu próprio filho teria perdido essa lição se eu não estivesse na porta esperando ele voltar para casa na primeira série. A história que eu contei em *Parents Do Make a Difference [Pais Fazem Sim a Diferença]* repercutiu entre os leitores e continua a se repetir.

Meu filho escondia um papel amassado atrás de si, então eu lhe dei um grande abraço, peguei-o gentilmente e o alisei, e fiquei surpresa ao ver por que ele estava angustiado. Ele tinha errado cinco palavras no ditado, que eram facilmente identificadas com grandes marcas de correção vermelhas. Sei que precisava garantir a ele que os erros são parte da vida. Então comecei: "Não foi legal sua professora ter se dado ao trabalho de colocar essas marcas vermelhas no seu papel?" Eu ignorei seu olhar cético e continuei: "Você sabe por que sua professora se deu ao trabalho de fazer essas marcas?" Ele balançou a cabeça, obviamente confuso com onde eu queria chegar (não se pode culpá-lo).

"Ela quer que você estude essas palavras marcadas para não cometer mais o mesmo erro. Ela deve realmente se importar com você." Ele me deu um abraço rápido e correu para brincar. Mas algumas semanas depois ele estava segurando um pacote enquanto corria para o ônibus. Eu perguntei o que era, e ele explicou, todo animado: "É um presente para a minha professora: um lápis vermelho!" Meu queixo caiu. "Agora ela sempre vai ter um para marcar meus erros para eu não cometê-los de novo!"

Alunos com um alto desempenho aceitam os erros como parte de seu caminho para o sucesso, e é por isso que eles se mantêm por mais tempo nas tarefas e não desistem tão rápido. Eles aprenderam a lição que um erro não significa uma "sentença de morte" de fracasso, mas é, em vez disso, um contratempo temporário. Mas como você pode transmitir esse conceito às pessoas jovens?

1. **Dê exemplos de erros com "eu aprendi".** Quando você errar, admita e aponte o erro ao seu filho e diga o que aprendeu com ele. Se o cardápio do jantar foi um desastre, admita isso para a sua família (antes de eles dizerem) e então diga o que você aprendeu

com seu erro. "Eu me atrapalhei com esse bolo. *Eu aprendi* a ler a receita toda antes de acrescentar os ingredientes." "Eu estava atrasado, mas *aprendi* a pendurar as chaves do meu carro no porta-chaves todas as vezes." "Eu me perdi, mas *aprendi* como colocar as direções no aplicativo."

2. **Apague: "Erros são ruins"**. As crianças só conseguem perseverar se souberem que os erros fazem parte da vida. Converse sobre o erro do seu filho sem criticar, sem demonstrar raiva ou vergonha. Então dê uma resposta construtiva sobre como ele pode melhorar. "Todos cometem erros. O truque é descobrir como aprender com eles para você não repetir o mesmo erro. Vamos dar uma olhada no seu ditado de novo e descobrir como corrigi-lo." Dê aos seus filhos a permissão para errar!

A melhor forma de crianças aprenderem que os erros não são fatais é sentindo nossa aceitação aos seus erros. Quando seu filho cometer um erro, mostre apoio. Lars, com 12 anos, deu a melhor resposta: "Diga ao seu filho que o ama não importa quais sejam suas notas ou pontuações. Isso é o que minha mãe faz, e assim ela me ajuda a descobrir o que fazer para melhorar." Como você está ajudando seus filhos a reconhecer que erros não são fatais?

3. **Não o chame de erro.** Pessoas Prósperas dão ao seu erro um apelido como "lapso", um "*bug*", uma "falha temporária", para que não se sintam desencorajadas e desistam. Ajude seu filho a pensar em uma palavra para dizer para si mesmo sempre que encontrar um erro. Qualquer palavra serve. Então o estimule a repeti-la muitas vezes para usá-la sempre que errar. Um professor de Toronto ensinou os alunos a chamar erros de "oportunidades". Uma hora depois eu vi um menino cometer um erro e tentar apagá-lo. O aluno ao seu lado sussurrou: "Lembre-se, isso é uma oportunidade!" O sorriso no rosto do menino era inestimável, e prova de que a lição funcionou. Ajude seu filho a ver erros como oportunidades!

4. **Crie planos de retomada.** Algumas crianças não conseguem ver uma saída do fracasso e, portanto, repetem o mesmo erro e desistem facilmente. Amy Morin, em seu livro *13 Coisas Que as Pessoas Mentalmente Fortes Não Fazem*[15], divulgou um estudo publicado na *Journal of Experimental Psychology: Learning, Memory and Cognition [Revista de Psicologia Experimental: Aprendizado, Memória e Cognição]*

constatando que, quando os alunos recebiam uma chance de aprender a informação correta, eles poderiam aprender com os erros anteriores. "Quando as crianças pensavam em respostas potenciais, mesmo que estas fossem incorretas, suas taxas de retenção de respostas corretas melhoraram assim que seus erros foram corrigidos". Por isso, nós devemos ajudar as crianças a aprender a corrigir o erro em vez de rotular, envergonhar ou desculpar a criança.

Uma mãe de Denver ajuda seu filho a criar um "plano de retomada". Mãe: "Qual foi seu erro?" Filho: "Eu fui mal na prova de Matemática." Mãe: "Qual seu plano de retomada?" Filho: "Eu poderia estudar um pouco todas as noites e não deixar para a última hora." Mãe: "Vamos anotar seu plano para você se lembrar."

5. **Ensine frases para "dar a volta por cima".** Os Navy SEALs me ensinaram uma ótima dica que utilizam para superar as adversidades: eles pensam em uma frase positiva curta no momento do desafio. Ajude seu filho a identificar uma frase e então encoraje-o a repeti-la até conseguir usá-la sozinho. Frases que as crianças dizem que funcionam: "Não precisa ficar perfeito." "Eu posso aprender com meus erros." "Todo mundo erra." "Eu não posso melhorar se não tentar."

COMO A PERSEVERANÇA PODE SER O SUPERPODER DO SEU FILHO

No início, Michael Jordan era apenas mais um garoto da Carolina do Norte. "De todos os garotos da minha família, eu provavelmente era considerado aquele com menos chances de sucesso", Jordan admitiu[16]. Mas, em algum lugar no caminho, ele se tornou um dos maiores jogadores de basquete de todos os tempos, ganhou duas medalhas olímpicas de ouro, foi eleito para o Hall da Fama do Basquete Naismith Memorial e tornou-se um exemplo de perseverança.

Não há dúvida de que a ética profissional da família de Michael Jordan tenha sido um dos fatores para fomentar a garra e o futuro sucesso de Michael. "Eu realmente acredito em comprometimento, integridade e honestidade", sua mãe disse[17]. E Deloris Jordan introduziu diretrizes em seu lar[18]. Ela esperava reforçar que ele fizesse os trabalhos domésticos, arrumasse a cama, pendurasse suas roupas e terminasse a lição de casa. Michael aprendeu integridade, responsabilidade e uma forte ética profissional.

Seus pais também queriam que seus filhos fossem autossuficientes quando eles saíssem de casa. "Se algo quebrasse na nossa casa, meu pai ensinaria a si mesmo como consertar", Michael lembrou. "Minha mãe era igual. Como seus filhos não teriam a mesma abordagem, fosse na escola, em um emprego ou jogando?"[19] Michael aprendeu autossuficiência e garra.

Os pais também o ensinaram a estabelecer metas. Se um dos irmãos dissesse que eles entrariam para o quadro de honra, a criança tinha de explicar como pretendia ter sucesso. Exigia-se um plano para alcançar cada meta. Também não se tinha vergonha em não atingir a meta, desde que a criança tivesse feito o seu melhor. "Se você não fracassou", Deloris contou aos seus filhos, "você não se esforçou o suficiente, e pode não estar estabelecendo metas altas o bastante. Na verdade, os fracassos nos fortalecem"[20]. Michael aprendeu que os erros eram oportunidades de aprendizado.

Quando Michael ficou devastado por fracassar em sua primeira tentativa de fazer parte de um time de basquete universitário, sua mãe lhe disse para voltar e se disciplinar. Ela também criou uma regra familiar de que ninguém poderia dizer "não consigo". "'Vai tentar' – esse era um slogan para nós", Deloris Jordan disse. "Se você tentar, então não pode fracassar. Você fracassou se não tentou"[21]. E Michael aprendeu que o fracasso era uma oportunidade para melhorar seu desempenho.

Os pais de Michael eram exigentes e incentivadores. Estudos provam que um estilo parental exigente + incentivador em partes iguais = o molho para o sucesso. Adicione garra e um caráter forte à mistura e o potencial sucesso das crianças se amplifica. Michael sobressaiu.

"Cabe a nós, como pais, ensinar aos nossos filhos um padrão mais elevado", disse Deloris Jordan, "não importa qual seja sua dificuldade"[22]. Michael Jordan certamente excedeu todos os padrões em seu esporte – e estabeleceu ele mesmo alguns –, mas quando estamos incutindo perseverança nos nossos filhos, o objetivo não é necessariamente criar super elites. Se seu filho for destinado a NBA ou apenas joga uma bolinha na garagem, incutir mentalidades de crescimento, ensinar a determinação de metas e aprender com o fracasso ajuda todas as crianças a prosperar – especialmente no nosso mundo movido por fama e entrega de troféus. É também como criamos campeões de coração, mente e vontade.

IDEIAS PARA INCUTIR A PERSEVERANÇA EM TODAS AS IDADES

Harold Stevenson, psicólogo da Universidade de Michigan, buscou responder o que muitos estadunidenses perguntam: "Por que alunos asiáticos vão melhor nos estudos do que os alunos estadunidenses?"[23] Ele conduziu cinco estudos intensivos transnacionais analisando o sucesso acadêmico de alunos nos Estados Unidos, na China, em Taiwan e no Japão e constatou que, como um todo, as crianças asiáticas trabalham mais e por mais tempo do que seus colegas estadunidenses. Em suma: as crianças asiáticas tendem a se dedicar por mais tempo às tarefas difíceis do que as estadunidenses.

Stevenson descobriu que um motivo crítico está no que os pais enfatizam no aprendizado dos seus filhos. Os pais estadunidenses estão mais preocupados com o resultado: as notas ou médias das crianças. Os pais asiáticos exercem pressão sobre seu esforço na tarefa: "Trabalhe duro e terá sucesso", e então seus filhos reconhecem que o sucesso se baseia em seu esforço. Isso, na verdade, os capacita a trabalhar mais duro. A lição para desenvolvimento da perseverança: foque no esforço, não no resultado.

As seguintes letras designam a classificação etária adequada para cada atividade: C = Crianças novas, da primeira infância à pré-escola; E = Crianças em idade escolar; P = Pré-adolescentes e adolescentes; T = Todas as idades

- **Leia e discuta sobre perseverança.** Crianças mais novas: *Fortunately*[24] *[Felizmente]* de Remy Charlip; *A Revolta dos Gizes de Cera*[25] de Drew Daywalt; *The Little Engine That Could*[26] *[O Pequeno Motor que Poderia]* de Watty Piper; *Beautiful Oops! [Belo Oops!]* de Barney Saltzberg. Crianças mais velhas: *Timmy Fiasco*[27] de Stephan Pastis; *Fast Talk on a Slow Track*[28] *[Papo Rápido em uma Faixa Lenta]* de Rita Williams-Garcia; *Hatchet*[29] de Gary Paulsen. Adolescentes: *Jogos Vorazes*[30] de Suzanne Collins; *Muito Longe de Casa: Memórias de um Menino Soldado*[31] de Ishmael Beah; *The Boys in the Boat*[32] *[Os Meninos No Barco]* de Daniel James Brown. **T**
- **Dê exemplo do esforço.** Dar o exemplo de qualquer Força de Caráter é o método de ensino mais eficaz. Quando você faz uma tarefa difícil, seu filho deve ouvir você dizer: "Vou persistir até conseguir." "Eu vou insistir até descobrir como programar." "Eu

vou a cada aula até conseguir jogar golfe." Empenhe-se em mostrar ao seu filho que você não desiste quando as coisas são difíceis. T

- **Ensine "uma coisa".** O Sr. White, meu professor de música do Ensino Primário, era um verdadeiro fanático por erros. Se eu cometesse um erro, eu tinha de recomeçar a música do início. Eu adorava piano, e depois odiava porque morria de medo de cometer um erro. Se não tivesse sido pela minha professora de música seguinte, a Sra. Thompson, eu teria devolvido meu metrônomo. Ela me ajudou a encontrar meu "tropeço" (seu "pequenino problema, Michele") e nós praticamos deliberadamente o erro de uma forma relaxada e *divertida* até acertar. Então eu passei a tocar Beethoven desde o início com a maior facilidade e adorando cada minuto.

  Os erros podem tirar a garotada do caminho entre o fim e o sucesso. Então não deixe seu filho fazer do seu problema uma catástrofe ("Eu nunca vou acertar isso!"). Em vez disso, ajude-o a concentrar sua atenção nele e identificar seu tropeço. Faça um plano para corrigi-lo e pratique, pratique, pratique aquele pequeno trecho até *voilà*: sucesso! Pai: "Eu gravei seu chute. Seu pé pega mais a esquerda da bola e por isso ela não vai para a rede. Vamos praticar uma coisa: endireitar seu pé para ver o que acontece." E, P

- **Ofereça exemplos de indivíduos que "deram a volta por cima".** Muitas crianças acham que fama e fortuna se devem à sorte ou dinheiro e se esquecem que pessoas com alto desempenho sobressaem por causa do trabalho duro e da recusa em desistir! As crianças precisam ouvir sobre pessoas famosas que sofreram contrariedades, mas usaram a perseverança para ter sucesso. Reveja as histórias de Elizabeth Smart, Albert Einstein, Michael Jordan, Malala Yousafzai, Michael Phelps, Ruby Bridges e Jim Abbott neste livro: todos usaram a perseverança para se destacar. *Fantastic Failures*[33] *[Fracassos Fantásticos]* de Luke Reynolds e *Mistakes That Worked*[34] *[Erros que Funcionaram]* de Charlotte Foltz Jones têm mais exemplos. Ou conte outros exemplos de pessoas que deram a volta por cima para seus filhos. Alguns deles são:

  » Os professores de Thomas Edison lhe disseram que ele era "estúpido demais para aprender qualquer coisa";
  » O livro de J. K. Rowling, *Harry Potter*, foi recusado por 12 editoras;

» O primeiro livro de Theodor Geisel (Dr. Seuss) foi rejeitado por mais de 20 editoras;
  » Oprah Winfrey ouviu de um produtor de TV que ela era "inapta para o jornalismo televisivo";
  » Steve Jobs foi demitido da Apple, mas voltou com o iPod, o iPhone e o iPad;
  » Walt Disney foi demitido do *The Kansas City Star* por "falta de imaginação".

- **Ensine-o a ir "por partes"**. Algumas crianças desistem porque se sentem sobrecarregadas com "*todos* os problemas" ou "*todas* as suas tarefas". Dividir as tarefas em partes menores ajuda as crianças que têm dificuldades de focar ou iniciar, ou se preocupam demais que "está tudo certo!" Diga para o seu filho mais novo ir por partes cobrindo todos os seus problemas de Matemática com um papel, exceto pela primeira fileira. Vá abaixando o papel para a fileira seguinte e para a seguinte, à medida que cada fileira de problemas é completada. Crianças mais velhas podem escrever cada tarefa em uma nota adesiva, por ordem de dificuldade, e fazer uma tarefa por vez. Encoraje seu filho a fazer "a mais difícil primeiro" para ele não se estressar com isso a noite toda. A confiança e a perseverança crescem à medida que as crianças completam partes maiores sozinhas. **E, P**
- **Use as expectativas certas**. A perseverança desabrocha com as expectativas certas, então faça a si mesmo as seguintes perguntas quando decidir por uma atividade ou aula para seu filho: "Isso é algo no qual meu filho está interessado ou pelo qual mostra um talento, ou é algo que eu quero mais por mim? (Quem está forçando quem?) Ele está pronto para a tarefa em se tratando de desenvolvimento, ou eu estou forçando para além do seu relógio interno? O técnico ou o professor é caloroso, habilidoso e atento ao meu filho? O comprometimento vale o tempo, o dinheiro e a energia para o meu filho e minha família?" **T**
- **Ensine frases de "não desista"**. Ajude seu filho a aprender frases que pessoas com garra dizem, como: "Eu consigo!" "Vou tentar de novo." "Não desista!" "Não vou desistir." "Aguenta firme." "Você vai chegar lá. Continua!" Uma professora de San Antonio imprime frases de "não desista" em um pôster e encoraja os alunos a escolher uma delas para repetir várias vezes por dia. Ela os lembra: "Quanto

mais você a repetir, é mais provável que o ajude a ter sucesso." Um pai de Montana disse que sua família começou com o lema "nunca desista". Eles passaram uma tarde pensando em lemas sobre perseverança e, por fim, decidiram por "nesta família, nós terminamos o que começamos". Eles escreveram seu verso em fichas, penduraram-nas nas paredes do quarto, e o repetiam várias vezes. **T**

- **Crie um prêmio para a "persistência".** Encontre uma vara do tamanho de uma régua para reconhecer a "persistência em uma tarefa". Escreva "persista" nela com uma caneta hidrográfica preta. (Uma família de Seattle usa uma velha vassoura; uma família de Chicago usa um varão de cortina.) Então todos ficam em alerta pelos membros que exibem persistência. A cada noite (ou semanalmente), reúna sua família para anunciar membros que não desistiram, explique o que eles fizeram para merecer o prêmio e marque suas iniciais na vara com a caneta. As crianças adoram contar quantas vezes suas iniciais aparecem na vara e lembrar os momentos nos quais não desistiram! **C, E**
- **Use a "regra da coisa difícil".** Angela Duckworth recomenda a regra da coisa difícil para pais que "gostariam de estimular a garra sem eliminar a capacidade dos seus filhos de escolher seu próprio caminho". Na verdade, ela a usa com sua própria família. É composta de três partes[35]. Primeira: todos – inclusive a mãe e o pai – precisam fazer uma coisa difícil que requeira uma prática deliberada diária para melhorar, como ioga, piano, corrida, futebol, ciência, balé ou qualquer outra coisa que demanda esforço. Segunda: você *pode* desistir, mas só depois de a temporada terminar, as aulas serem pagas, ou algum outro ponto de parada "natural" ocorrer. Você não pode desistir no dia em que o técnico o mandar para o banco, você receber um "D" na prova ou precisar perder uma festa por causa do ensaio do dia seguinte. Terceira: cada pessoa precisa escolher sua coisa difícil porque só elas conhecem seus interesses, o que lhes dá motivos para melhorar. **E, P**

OS CINCO PRINCIPAIS APRENDIZADOS

1. A perseverança desabrocha com oportunidades versáteis, práticas e guiadas pela criança.

2. Para exercitar a mentalidade de crescimento e a perseverança do seu filho, elogie o esforço, não o resultado.
3. Prósperos usam os erros como ferramentas de sucesso para que persistam mais tempo em tarefas e não desistam com facilidade.
4. Um estilo parental exigente e incentivador em partes iguais é a fórmula para a perseverança.
5. Reduzir as tarefas em partes menores ajuda as crianças que tiverem dificuldades em focar, iniciar ou se sentirem preocupadas demais que "tudo esteja certo!" E elas têm mais chance de sucesso.

UMA ÚLTIMA LIÇÃO

Eu estava observando uma turma de crianças com dificuldades de aprendizado e fiquei intrigada com os longos fios de lã colorida amarrados nas cadeiras das crianças. A atividade com a lã começou depois de sua professora ler *Knots on a Counting Rope*[36] *[Nós em uma Corda de Pular]*, de Bill Martin, Jr., para sua turma – a história de um menino cego que enfrenta enormes obstáculos físicos (suas "montanhas escuras"), mas não desiste. Seus alunos enfrentavam dificuldades constantes, e ela queria encorajá-los a ir atrás de seus sonhos.

A professora contou aos alunos: "Todos na vida enfrentam uma montanha escura, mas se você não desistir, e tentar o seu melhor, costuma ter sucesso."

Então a professora deu a cada aluno um pedaço de lã e os instruiu a amarrar um nó da coragem a cada vez que eles conseguissem superar uma montanha escura. Ela também lhes deu um conselho valioso: "O sucesso costuma exigir muita prática, estratégias de tentativas árduas fora da sua zona de conforto e pedir ajuda aos outros." Dias depois, os fios dos alunos estavam todos cobertos de nós, e eles perguntaram se eu queria ouvir sobre as montanhas escuras que eles superaram. Claro!

"Este nó é porque eu fiquei doente por um longo tempo e tinha medo de voltar para a escola, mas voltei!", um menino disse, triunfante. "Robby me ligou e me disse que sentia minha falta", sussurrou.

"Eu acabei de me mudar para cá e não conhecia ninguém", contava uma garota ruiva, "então as crianças disseram que eu deveria dar um nó porque eu perguntei se poderia brincar com elas – e elas deixaram!"

"Eu tenho um problema de gagueira e tive de fazer uma apresentação na frente da classe", uma garota explicou. "Eu fiz e todos os alunos bateram palmas."

O que me impressionou não foi apenas o orgulho dos atadores de nós, mas também a reação de seus colegas: seus rostos brilhavam de orgulho também! Eles entenderam como foi difícil para seus colegas conquistarem esses nós porque eles próprios sentiram suas vulnerabilidades. A lição da professora permaneceu com seus alunos: enfrentar a adversidade requer coragem, mas, com perseverança, sem se preocupar com erros, e pedindo ajuda aos outros, se necessário, você dará um passo por vez. Nossos alunos precisam dessa lição para ajudá-los a aprender a prosperar!

Capítulo 7

Otimismo

Prósperos veem o lado positivo.

As crianças de hoje vivem em tempos baseados no medo: terrorismo, treinamentos para emergências, mudanças climáticas, detectores de metais e pandemia são o novo normal. Nós tentamos protegê-las, mas essas crianças são nativas digitais com acesso instantâneo a notícias perturbadoras, e isso pode ter um preço. Uma a cada três crianças com idades de 6 a 11 anos teme que a Terra não existirá quando elas crescerem. As garotas se preocupam mais[1].

Eu me sentei com um grupo de alunos do Ensino Fundamental II de uma escola da elite de Dallas para ouvir suas opiniões sobre o mundo e as notícias assustadoras. Um menino da sétima série começou: "Não é uma coisa só, mas um monte de coisas ruins que continuam a acontecer, e isso nos faz pensar que o mundo é cruel e assustador."

Um aluno da oitava série entrou na conversa: "Tem um monte de preocupações: mudança climática, vírus, *bullying*, violência doméstica, racismo e tiroteios."

"Nossa carreira escolar inteira é uma memória de treinamentos para emergências", disse um aluno de 12 anos.

"Estamos mais negativos porque as más notícias são muito acessíveis", outro menino explicou. "Nossos pais tentam esconder a parte assustadora, mas ela vem direto para os nossos celulares."

Uma garotinha pensativa concordou. "Às vezes eu me preocupo em acordar. É difícil de pensar em coisa ruim."

Os alunos continuaram a contar histórias tristes, e então um menino quieto se manifestou. "Eu e meus amigos estávamos falando agora que os pais ficam assustados demais para deixar seus filhos brincarem ao ar livre.

É triste. Nós meio que perdemos nossas infâncias." Todos concordaram. O pessimismo com seu mundo era um tema comum.

Eu os deixei me dando conta de que as crianças precisam desesperadamente de otimismo. Os educadores concordam, e eu fiz uma prática nos últimos sete anos de buscar aqueles professores que fazem um ótimo trabalho para incutir otimismo em seus alunos. Foi assim que me vi na sala de aula da segunda série da Sra. Sandler em Long Island, Nova York, em um dia de neve de fevereiro alguns meses depois.

Ela se viu preocupada, assim como eu, com as queixas infundadas de seus alunos sobre as questões do cotidiano e sua propensão de muitas vezes chegar ao extremo máximo, os resultados mais negativos. "O pensamento pessimista realmente atrapalha o desempenho deles", ela disse. Ela fez recentemente alguma pesquisa sobre o assunto e topou com o livro do psicólogo Tamar Chansky, *Freeing Your Child from Anxiety*[2] *[Como Livrar seu Filho da Ansiedade]*, por ideias para aulas sobre como ensinar otimismo para esses alunos estressados da segunda série. Quando ela me convidou para assistir à sua aula, aceitei seu convite na mesma hora.

O conceito no qual Sandler focava com as crianças naquele dia era a ideia de que as preocupações podem aumentar, mas "nós também podemos diminuí-las". Então ela perguntou: "Quem tem uma grande preocupação para contar para nós?" Uma garota com tranças longas imediatamente levou a mão. "Tenho medo de dormir na casa dos outros."

A professora colocou uma caixa de papelão na mesa, aproximadamente do tamanho de uma grande tela de computador. "Tá bom, vamos ajudar a Chloe. Finja que essa caixa é sua maior preocupação sobre dormir na casa dos outros, e nós a ajudaremos a encolhê-la. Você só precisa nos contar por que está preocupada."

Chloe disse: "Eu tenho medo do escuro e me preocupo em não saber onde fica a luz." Sandler pediu aos alunos para mostrarem à colega formas de encolher sua preocupação, e eles fizeram.

"Peça para seus amigos lhe mostrarem."

"Leva uma lanterna."

"Coloca seu saco de dormir do lado do interruptor de luz."

"Ótimas ideias!", exclamou a Sra. Sandler. "Qual funciona, Chloe?" A menina concordou em levar uma lanterna, desenhou seu "redutor de preocupação" em um pedaço de cartolina e o colocou dentro da caixa. "Sua preocupação não é tão grande agora", a professora disse. "Vamos continuar a encolher suas preocupações." A Sra. Sandler colocou uma segunda caixa na mesa, um pouco menor – dessa vez do tamanho aproximado de um *laptop*.

E Chloe contou outra preocupação: "Pode ser que eu não goste da comida da mãe dos meus amigos." De novo, as crianças tinham soluções.

"Leva uma barra de cereal!"

"Eu levei um sanduíche de pasta de amendoim na última vez que dormi fora de casa."

"É só comer alguma coisa antes de ir!"

Chloe resolveu colocar uma barra de cereal na mochila, desenhou o redutor de preocupação e o colocou na segunda caixa.

A Sra. Sandler pegou uma terceira caixa, menor do que as outras, e pela terceira vez os alunos ajudaram sua amiga a reduzir suas apreensões em dormir fora de casa. Quando a quarta e última caixa foi colocada dentro das outras, Chloe estava visivelmente aliviada. "Eu vou dormir fora de casa", ela prometeu e todos nós aplaudimos. Mas eu também aplaudi a professora que ajudou todos os seus alunos a reduzir seu pessimismo – apenas colocando suas preocupações em caixas "mentais" cada vez menores até se tornar algo controlável. A ciência confirma sua lição: uma das formas mais comprovadas de reduzir as preocupações e aumentar a esperança é dar às crianças um senso de controle[3] – algo que nossa geração pandêmica precisará para prosperar.

O QUE É OTIMISMO?

"A sociedade e as pessoas estão mais hostis hoje em dia. É apenas um mundo diferente daquele em que nossos pais cresceram, então é mais difícil sermos otimistas."
– Ava, 14 anos, Nashville

Crianças otimistas veem os desafios e os obstáculos como *temporários e possíveis de serem superados*, e assim elas têm mais chance de sucesso. Mas existe uma visão dramaticamente oposta: o pessimismo. Crianças pessimistas veem os desafios como *permanentes*, como se fossem blocos de cimento impossíveis de mover, e assim é mais provável que elas desistam.

Os psicólogos costumavam acreditar que uma mudança de atitude não seria possível e, por isso, a pesquisa do psiquiatra Aaron Beck, na Universidade da Pensilvânia, nas últimas décadas foi tão importante. Beck revolucionou completamente nossa perspectiva sobre o otimismo e a habilidade que cada um de nós tem de mudar nossas mentalidades. Beck acreditava que as maneiras como nós pensamos (cognição), sentimos (emoção) e agimos (comportamento) interagem. Em suma, *nossos pensamentos determinam nossos sentimentos e nosso comportamento*, não o contrário. Portanto, se nós modificarmos pensamentos imprecisos negativos, podemos alterar nossos sentimentos e comportamento e, com isso, melhorar nossas chances de lidar com o que vier no nosso caminho.

"Podemos escolher focar no positivo ou no negativo", Beck disse uma vez. Ele ensinou as pessoas como alterar sua ênfase para o positivo e colher os resultados na saúde mental que se seguiram. Seu método é chamado Terapia Cognitivo Comportamental (TCC), que foi muito popularizada nas últimas décadas e se provou eficaz em combater depressão e ansiedade até mesmo em crianças. A melhor notícia é: a TCC pode ser ensinada. Mas apenas dizer a uma criança "seja positiva!" não funciona. Nossas lições devem acompanhar a ciência, e fazer isso pode colher resultados incríveis. O primeiro passo costuma ser mudar as mentalidades negativas dos nossos filhos.

"Eu *nunca* sou escolhido." "Ninguém *nunca* me convida." "Eu *sempre* fracasso." Não importa a experiência, as crianças pessimistas têm uma mentalidade "Pra quê?"[4] Elas desistem com muita facilidade, acreditam que qualquer coisa que fazem não fará diferença, supõem que não conseguirão e raramente veem as partes boas da vida. Então se, por acaso, fazem algo bem, rebaixam a conquista: "Não foi tão bom assim." "Foi sorte." "Não foi nada de mais." E no processo, eles acham que não merecem a felicidade e seu potencial para o sucesso.

Muitos jovens admitem ter mentalidades pessimistas. A jovem Jenna, de 14 anos, me contou: "Eu trato coisas como uma catástrofe muitas vezes, como quando eu vou muito mal em uma prova, não entro em uma boa faculdade ou fracasso em um projeto. Realmente me atrapalha."

Ned, um menino de 12 anos, de Boston, tinha uma opinião semelhante. "É desgastante tirar uma nota ruim."

Kara disse: "Você tem essa mentalidade de que está condenado. Ajudaria se você pudesse reiniciar seus pensamentos para não pensar em coisas tão desanimadoras, mas ninguém ensina isso." Os jovens sabem que, se deixado sem controle, o pessimismo entra em uma espiral até o cinismo, o desalento e a depressão, planta sementes de baixo desempenho e influência cada arena de suas vidas e reduz suas chances de prosperar.

Suas visões sombrias são uma diferença completa das crianças otimistas, mais propensas a pensar nos eventos adversos em termos de "às vezes", "ainda" e "quase". Não é coincidência que os otimistas também são menos deprimidos, têm mais sucesso na escola, são mais resilientes e mais capazes de dar a volta por cima depois de uma adversidade, e são até fisicamente mais saudáveis do que os pessimistas. Mas os benefícios continuam: essa força também libera o potencial acadêmico, o caráter e a saúde mental positiva da criança. E a necessidade de otimismo nunca foi tão crucial: dados demonstram que, atualmente, 20% dos jovens sofrerão com depressão em algum momento – isso é o dobro da taxa de depressão sentida por seus pais. Mas a ciência está do nosso lado: *podemos* ensinar lições para ajudar as crianças a ser menos pessimistas e mais otimistas.

O psicólogo da Universidade da Pensilvânia Marin E. P. Seligman conduziu 19 estudos controlados em todo o mundo, nos quais mais de 2 mil alunos de 8 a 15 anos aprenderam a pensar de forma mais realista e flexível sobre seus problemas diários. Nos últimos dois anos, os níveis de otimismo dos alunos aumentaram, e o risco de depressão foi reduzido pela metade, mas eles também descobriram que alunos otimistas e resilientes *aprendem melhor*[5]. Este capítulo oferece lições comprovadas para ajudar nossos filhos a se sentirem mais realizados, menos esgotados e a ver o lado mais ensolarado da vida.

POR QUE O OTIMISMO PODE SER TÃO DIFÍCIL DE ENSINAR

"Estamos mais céticos, negativos, cínicos e pessimistas porque existem muitas más notícias acessíveis, como tiroteios em massa, até em crianças mais novas."
– Charlie, 15 anos, Chicago

O pessimismo está se tornando a forma com a qual nossos filhos veem o mundo, e isso significa que sua habilidade de prosperar está em risco. Aqui estão três fatores que esmagam essa Força de Caráter crucial nas crianças.

Vivemos em uma cultura baseada no medo

Não tem uma semana que passe sem que tenhamos de explicar mais um evento horrendo aos nossos filhos: terrorismo, predadores, ciclones, violência, pandemia e incêndios gigantescos. Muitos pais me dizem: "As crianças não estão seguras em nenhum lugar." Em 2019, a compra do pai zeloso na volta à escola foi uma mochila com inserções à prova de bala removíveis (disponível em várias cores) para proteger as crianças em idade escolar de rajadas de tiros de pistola[6]. Então, em 2020, nós enchemos nossas crianças com luvas de plásticos, máscaras faciais e álcool gel para protegê-las da covid-19. Nós damos um beijo de despedida e as mandamos para a escola enquanto tememos por sua segurança. Estamos vivendo em uma cultura de medo, mas que efeito isso tem nos nossos filhos?

Encontrei a resposta enquanto visitava escolas em Nagorno-Karabakh, uma pequena região e local de uma guerra entre a Armênia e o Azerbaijão, do final de 1980 a 1994. Alguns anos antes, quando eu visitava escolas e famílias na região, o medo era palpável: os buracos de bala eram evidentes, as minas terrestres estavam ativas e os tanques militares eram visíveis. Mas, enquanto escrevo isso, mais uma vez, a região é uma zona de guerra. Um pai que eu conheci lá buscou meu conselho: "Eu era um menino assustado durante a guerra, mas o meu filho de seis anos exibe os mesmos medos hoje. Ele pode captar meu medo?" Minha resposta foi, infelizmente, sim.

Nossos medos e ansiedades derramam-se, *sim*, sobre nossos filhos e podem erodir, com o tempo, sua perspectiva positiva na vida. Eles aprendem com a nossa perspectiva de vida geral e fazem do nosso estilo o seu[7]. Madison, de 12 anos, me contou: "Minha mãe está sempre nos dizendo para não ficarmos ansiosos, mas é difícil não ficar quando ela surta cada vez que ouve algo ruim."

Nós precisamos manter nosso próprio pessimismo sob controle. Nosso cinismo pode nos tornar mais medrosos, ansiosos e com raiva: um trio tóxico que atrapalha a parentalidade efetiva. Essas opiniões negativas passam para as crianças, que, por sua vez, tornam-se mais medrosas, ansiosas e enraivecidas. Pesquisadores agora dizem que os transtornos de ansiedade afetam um a cada quatro jovens entre 13 e 18 anos[8]; a ansiedade continua a ser o principal problema de saúde mental que crianças e adolescentes enfrentam hoje. Um estudo da psicóloga Jean Twenge constatou que até as crianças em idade escolar típicas hoje – sem qualquer diagnóstico – têm níveis de estresse de referência mais elevados do que os pacientes psiquiátricos dos anos 1950[9]. Nós devemos nos manter calmos para ajudar nossos filhos.

Treinamentos de emergência contra um tiroteio ativo causa estresse e trauma diários

Todos os grupos de alunos me dizem que os treinamentos de emergência no caso de um atirador ativo são traumatizantes. "Toda a nossa carreira escolar é uma memória de treinamentos de emergência", disse Elijah, de 12 anos.

Uma garota com grandes olhos castanhos concordou com a cabeça. "Amanhã vamos aprender a nos esconder de atiradores ativos dentro de um armário. Às vezes eu já acordo preocupada."

"Nós temos treinamentos de emergência desde o Jardim de Infância", outra garota acrescentou, triste. "Amanhã vamos aprender como fazer uma barricada em uma porta e que tipo de coisas jogar se formos atacados. Isso te afeta depois de um tempo." Sim, afeta.

Embora devamos manter nossos filhos seguros e ajudar a prepará-los para eles saberem o que fazer nos piores cenários – como em um furacão, pandemia, tornados, terremotos, incêndios ou tiroteios –, não precisamos assustá-los nem aumentar sua ansiedade. Mas isso parece ser o que estamos fazendo com os treinamentos de emergência no caso de um atirador ativo. Os professores me contam que os alunos mais novos sempre carregam celulares, "no caso de sermos baleados". Os adolescentes dizem que o treinamento é tão real que os colegas ficam em prantos e não conseguem dormir. "Nós assistimos a um vídeo de um tiroteio na escola; os colegas estavam deitados no corredor com sangue ao redor", um deles lembrou. "Ninguém disse que era falso. Não consigo tirar a imagem da minha cabeça."

Os dois maiores sindicatos de professores do país, a American Federation of Teachers [Federação Americana de Professores] e National Education Association [Associação Educacional Nacional], declaram que os treinamentos atuais em caso de um atirador ativo são assustadores demais e causam danos à saúde mental dos alunos e querem que as escolas os revisem ou eliminem. Seus pedidos incluem: nunca simular um tiroteio real; avisar pais, educadores e alunos antes de cada treinamento; trabalhar com especialistas em saúde mental para criar exercícios apropriados para cada idade e com informações sobre possíveis traumas; e acompanhar os efeitos do treinamento[10]. E os professores não estão sozinhos em suas preocupações.

Dois professores de Criminologia que criaram uma base de dados de 171 tiroteios em massa também sentem que os custos dos treinamentos para crianças superam os benefícios. "Você quer que os adultos no edifício sejam treinados para saber o que fazer", disse a autora Jilian Peterson. "Mas treinar as crianças, que são os potenciais perpetradores, não faz sentido, de acordo com os nossos dados"[11]. Vamos ensinar precauções às crianças, prepará-las para as emergências e fazer o que pudermos fazer para evitar um tiroteio, mas nós não precisamos deixar os treinamentos tão realistas. Estamos criando crianças traumatizadas que temem por suas vidas.

As crianças são expostas sem parar a imagens assustadoras na mídia

Uma pesquisa conduzida pela MTV e pela Associated Press com mais de 1.300 adolescentes em todos os Estados Unidos constatou que apenas 25% deles se sentem protegidos contra o terrorismo. A grande maioria admite que seu mundo está bem mais aflitivo do que o mundo no qual sua mãe ou seu pai cresceram. Um motivo é que imagens perturbadoras saturam seu cenário nas diversas mídias.

Ver e ouvir imagens assustadoras constantemente faz mais do que apenas aumentar a ansiedade; também altera as visões de mundo das crianças e reduz o otimismo. Gerações anteriores de pais podiam desligar a televisão para que seus filhos não vissem as notícias assustadoras. Hoje em dia, as imagens alarmantes passam direto nos telefones celulares dos jovens. Essa é a primeira geração a ver um fluxo de conteúdo de guerras, ataques terroristas, contagens de mortes diárias na pandemia e tiroteios em escolas ao vivo nas telas pessoais. A violência retratada nos filmes triplicou desde 1986[12]. Manchetes negativas são 63% mais frequentes do que as positivas[13]. Crianças veem cerca de 8 mil assassinatos ao final do Ensino Primário, e cerca de 200 mil atos violentos até os 18 anos, e essas imagens são explícitas e muito perturbadoras[14]. Muitos jovens me dizem que uma das imagens mais perturbadoras foi o vídeo de 25 de maio de 2020 de um policial de Minneapolis ajoelhado no pescoço de George Floyd, um afro-americano, enquanto ele estava algemado, de bruços, implorando por sua vida, repetindo "não consigo respirar" por quase oito minutos e chamando por sua mãe.

O falecido George Gerbner, reitor emérito da Annenberg School of Communications da Universidade da Pensilvânia, cunhou o termo "síndrome do mundo cruel" para descrever quando o conteúdo relativo à violência dos meios de comunicação de massa faz os espectadores acreditarem que o mundo é mais perigoso do que realmente é. Não é a quantidade de violência, Gerbner alertou, mas como ela se acumula para reforçar e normalizar uma visão do mundo como "cruel e assustador" – exatamente como muitos jovens percebem seu mundo.

COMO ENSINAR OTIMISMO AOS JOVENS

Todos esses desafios enfrentados pelos nossos filhos enquanto tentam encontrar uma perspectiva otimista sobre a vida são bem reais. Mas, assim como todos os outros traços de Prósperos que estudamos neste livro, o otimismo pode de fato ser ensinado, apesar do mundo cínico em que todos vivemos. Existem três habilidades comprovadas que os pais podem incutir para estimular o otimismo e dar às crianças a Vantagem do Caráter: pensamento otimista, comunicação assertiva e esperança. Todas podem ser ensinadas e são cruciais para crianças vivendo em um mundo com mudanças tão rápidas.

Dê o exemplo e ensine o pensamento otimista

Terrorismo. Furacões. Bombardeios. Tiroteios em massa. Incêndios. Aquecimento global. Terremotos. Pandemia. Estamos nervosos, mas e os nossos filhos? A história de uma mãe de Iowa mostra que até os nossos filhos mais novos estão adotando uma visão sombria sobre a vida.

"Eu tive de contar ao meu filho de seis anos que seu melhor amigo morreu de câncer. Eu não estava preparado para sua resposta. Ele me olhou em choque, ficou completamente pálido e disse: 'O Lucas se foi? Eu não sabia que crianças da minha idade morriam de câncer. Eu achei que nós só fôssemos baleados na escola.' Como eu ajudo meu filho a ter esperança em nosso mundo?"

Uma das melhores respostas é uma fonte negligenciada: livros de História.

De setembro de 1940 a maio de 1941, aconteceram bombardeios noturnos da Alemanha nazista em Londres e outras cidades britânicas. Mais de 300 toneladas de bombas foram lançadas em Londres por 11 semanas; um terço da cidade foi destruído e milhares morreram, mas a Grã-Bretanha venceu.

Imagine como foi criar um filho durante a Blitz. A cada noite as agudas sirenes aéreas avisavam sobre os ataques iminentes, e a cada noite os pais desligavam as luzes, cobriam as janelas, punham máscaras de gás e faziam o possível para salvar sua família. O lema britânico era "fique calmo e siga em frente" e era o que eles faziam. Mas como os pais ajudaram seus filhos a permanecerem otimistas apesar do terror? Eu desvendei suas lições secretas de uma forma um tanto inesperada.

Vários anos atrás, uma repórter me entrevistou sobre como ajudar as crianças a lidar com o trauma. Eu disse que as crianças imitam o que veem e repetem o que ouvem, de modo que elas aprendem pessimismo ou otimismo conosco. Ela exclamou: "Foi assim que meus avós fizeram!" Ela explicou que vivia em Londres durante a Blitz quando criança com seu irmão e os avós, e durante a nossa conversa ela me contou um pouco sobre aqueles dias assustadores.

"Nós deveríamos estar morrendo de medo, mas meu irmão e eu sempre acreditamos que conseguiríamos. Agora eu sei que foi porque meus avós deram o exemplo do otimismo! Enquanto disparavam as bombas, nossas rotinas familiares noturnas normais continuaram. Nós contávamos histórias, cantávamos músicas e brincávamos de ciranda. Meus avós sempre cantavam: 'A vida é boa; juntos superaremos tudo.' E assim foi, porque eles nos deram esperança."

Seus avós aplicaram uma lição de parentalidade essencial: crianças que prosperam em tempos difíceis têm adultos carinhosos em suas vidas que dão o exemplo de uma perspectiva de vida positiva. Ensinar otimismo a elas começa conosco. Como as crianças adotam nossas palavras como suas vozes interiores, sintonize-se com suas mensagens típicas nos próximos dias e avalie a perspectiva de vida que você oferece aos seus filhos. Em uma média, você diria que é geralmente mais pessimista ou otimista? Costuma descrever as coisas como positivas ou negativas; os copos como meio cheios ou vazios, bons ou maus, pintados com cores alegres ou tristes? Seus amigos e família diriam o mesmo sobre você?

Se perceber que está inclinado para o lado meio vazio, lembre-se de que a mudança começa olhando no espelho. Se você vê pessimismo, escreva o motivo que se tornar mais otimista ajudaria. Releia com frequência para aumentar seu comprometimento com a mudança. Você também pode encontrar uma lição que gostaria de aprender neste capítulo e ensiná-la ao seu filho. Com a prática, você descobrirá que tanto você *quanto* seus filhos terão mais esperança na vida.

Seja o exemplo do que quer que seu filho aprenda. Quando a sua mentalidade se tornar otimista, você estará pronto para ajudar seus filhos a aprender essa Força de Caráter. Aqui estão três passos para reduzir o pensamento pessimista diário dos seus filhos *antes* de se tornarem habituais e substituí-los por uma mentalidade otimista.

1º passo: Capte pensamentos pessimistas. Cada criança verbaliza pensamentos negativos, mas preocupe-se quando o pessimismo se tornar o *modus operandi* típico do seu filho: "Ninguém *nunca* gosta de mim." "Coisas ruins *sempre* acontecem comigo." "*Nunca* vale a pena o esforço." "Eu vou falhar, como em *todas as outras* vezes." Um pensamento pessimista infundado enfraquece o otimismo, predispõe os jovens ao fracasso, diminui suas habilidades para o sucesso e aumenta o vazio.

Pode demorar um pouco para o seu filho se sintonizar com seus pensamentos do tipo *nunca, sempre, o tempo todo*. Portanto, crie um código privado, tais como puxar sua orelha ou tocar em seu ombro, que só você e seu filho entendam. O código significa que ele ou ela fez um comentário negativo.

Então estimule-o a prestar atenção em seus comentários pessimistas. Criar um nome para a voz pessimista do seu filho a ajuda a controlá-la. Os nomes podem ser qualquer um que mexa com seu filho: "Meu Pensamento Fedorento", "Srta. Valentona", "Sr. Não", "Estraga-Prazeres", "Mandão(ona)", "Nelly Negativo". Os apelidos dos adolescentes às vezes são bem explícitos.

Crianças mais novas: "Eu vou ajudá-lo a prestar atenção em seu Pensamento Fedorento e respondê-lo para você ter poder, não a sua voz." Eles podem fazer um desenho da voz e brincar de interpretar papéis conversando com marionetes e brinquedos.

Crianças mais velhas: "Lembra quando você tirou aquela nota e disse que era burro? Você não se sente assim agora, certo? Dê um nome para essa voz mandona na sua cabeça para você conversar com ela e ficar no controle."

Às vezes as crianças precisam de provas de quantas vezes elas são pessimistas antes de estarem dispostas a mudar. Ajude seu filho a contar os comentários negativos por um período determinado: "Nos próximos cinco minutos (ou um curto período), conte quantas vezes você diz coisas negativas em voz alta ou dentro da sua cabeça." Usar um relógio ou pulseira pode ajudar seus filhos a lembrar de sintonizar seus pensamentos. Crianças mais novas podem contar nos dedos. Crianças mais velhas podem transferir moedas do bolso esquerdo para o direito a cada pensamento negativo, registrar em um papel ou contar no celular.

Aguarde momentos em que seu filho *verbalize de fato* até mesmo um pingo de otimismo. Então elogie sua atitude positiva e conte a ele por que você valoriza. "Você tem dificuldades em Matemática, mas dizer 'estou melhorando' foi otimista. Aguenta firme!"

2º passo: Desafie visões pessimistas imprecisas. Em seguida, ajude seu filho a avaliar se a declaração é precisa (às vezes elas são) e desafie aquelas que não sejam. Ensine-o a responder para sua voz crítica usando você mesmo como um exemplo. Sinta-se à vontade para romancear, desde que seu filho entenda. "Quando eu tinha a sua idade e estava prestes a fazer uma prova eu ouvia uma voz interior dizer: 'Você não vai se sair bem.' Eu aprendi a responder para ela: 'Eu vou tentar dar o meu melhor, então eu vou me sair bem sim.' Logo a voz sumia porque eu me recusava a ouvir. Quando você ouve essa voz, responda para ela. Diga: 'Você está errada', 'eu não estou ouvindo' ou 'para'."

Crianças pessimistas costumam pensar que o pior poderia acontecer. Pergunte: "Qual é a pior coisa que poderia acontecer?" Então, ajude seu filho a avaliar se o resultado realmente é tão ruim assim e veja o lado bom.

Filho: "Eu ir mal na prova e tirar um '0' como nota final."
Pai: "Você foi mal em uma prova. O que você pode fazer para sua nota final não ser um '0'?"
Filho: "Eu poderia estudar mais."
Pai: "Tá bom! Vamos criar um plano para você estudar melhor."

Outra forma de afastar as crianças das ciladas do pensamento negativo é oferecer perspectivas equilibradas. Mas sua declaração deve ser precisa. Se seu filho ouvir sua refutação o bastante, ele pode adotá-la para rebater seus próprios pensamentos negativos.

Suponha que seu filho não vá à festa da amiga. "Ninguém *nunca* gosta de mim." *Equilibre com:* "Kara deve gostar de você ou não teria sido convidado."

Se seu filho não entrar para o time e reclamar: "Os outros sempre acham que eu sou o pior jogador", *rebata com:* "Eles sabem que você é um ótimo esquiador, então diga a eles que você não tem praticado tanto beisebol."

Sua filha vai mal na prova de Ciências. "Eu *nunca* faço nada direito." *Refute com:* "Você é boa em Matemática, então vamos trabalhar para melhorar sua nota em Ciências."

3º passo: Mude os pensamentos pessimistas irreais. As crianças podem ficar presas nos padrões de pensamento pessimistas e enxergar apenas o aspecto negativo. À medida que o pessimismo se torna mais entranhado, elas podem ignorar ou minimizar pensamentos positivos. O último passo é ajudá-las a substituir seu pensamento negativo por visões mais otimistas e precisas. Sempre que um membro da família faz uma declaração negativa genérica (como "eu *sempre*...", "eu *nunca*..." "*todas as vezes*...", aprendidas no 1º passo), outro deve lembrar o falante com toda a gentileza: "Seja realista!" até a criança se lembrar disso sozinha. A estratégia ajuda as crianças não apenas a captar o pessimismo em si e nos outros, mas também a se reestruturar com visões mais realistas e positivas. E esse é o passo final crucial para ajudar as crianças a desenvolverem mentalidades otimistas.

Filho: "Eu *nunca* tiro notas boas na escola."
Pai: "Seja realista! E as suas notas de História?"
Filho: "Eu *sempre* sou deixado de fora."
Pai: "Seja realista! E a festa de aniversário do Kevin? Você foi convidado."

Então ajude seu filho a trocar a negatividade por escolhas de palavras positivas. Escreva "quase, ainda, quase lá, da próxima vez, vou tentar" em uma tabela. Então lembre seu filho: "Essa foi sua voz pessimista. Que palavra você pode usar em vez disso?"

Quase: "Eu sempre erro." Mude para: "Eu quase acertei."
Ainda: "Eu nunca vou aprender." Mude para: "Não cheguei lá *ainda*."
Quase lá: "Não tem jeito." Mude para: "Estou chegando *quase lá*."
Da próxima vez: "Eu sou tão burro." Mude para: "Vou estudar mais *da próxima vez*."
Vou tentar: "Eu não vou conseguir." Mude para: "*Vou tentar*."

Mudar os hábitos é difícil, então preste atenção em momentos nos quais seu filho *verbaliza* até mesmo um pingo de otimismo. Reconheça seu otimismo e diga por que você o valoriza. "Seus ensaios foram puxados. Mas dizer 'acho que estou melhorando' foi otimista. Aguenta firme!"

Mostre a eles como se defenderem

Crescer nunca é fácil, mas, no mundo atual, o *bullying* e a pressão dos colegas nunca foram tão fortes. Em uma pesquisa realizada pela organização Boys & Girls Clubs of America, quase 40% dos 46 mil adolescentes disseram que a pressão dos colegas foi a maior causa de estresse[15]. Um em cada cinco alunos estadunidenses com idades entre 12 e 18 anos relatou sofrer *bullying* na escola durante os seis meses anteriores[16]. Não conseguir se defender pode deixar uma criança se sentindo indefesa, iniciar uma espiral perigosa de pessimismo e aumentar estresse, ansiedade, depressão e sentimentos de vazio.

Martin Seligman, autor de *A criança otimista: Uma abordagem revolucionária para educar crianças resilientes*[17], aponta que o pessimismo "endurece a cada revés e logo se torna autorrealizado". Crianças se preocupam muito com a importunação dos colegas, mas quando ensino estratégias de comunicação assertivas, seu pessimismo parece desaparecer porque elas aprenderam ferramentas para substituí-lo. Podemos começar a ensinar essas lições em comportamento assertivo a crianças bem pequenas. Então não pare até seus filhos terem confiança para se defender e se sentirem esperançosos – não desamparados – em relação ao seu mundo porque têm mais controle. A autodefesa é um traço comprovado dos Prósperos.

Ajude seu filho a aprender a autodefesa ensinando cada passo a seguir em separado, até que consiga dominar todos os quatro elementos. Enfatize que, embora você não consiga controlar o que outra pessoa diz ou faz, pode controlar como responde. Vai demorar, mas com prática vai melhorar.

Parte 1: Calma. As crianças só serão levadas a sério se permanecerem calmas. Se seu filho tiver dificuldade em permanecer calmo, reveja as estratégias do capítulo sobre autocontrole. Ele pode precisar também respirar fundo ou se afastar até se controlar. Ensine ao seu filho duas formas rápidas de parecer mais calmo e mais confiante: 1. Descruze pernas e braços. 2. Sua voz não deve soar nem muito suave (dócil) nem áspera (bravo).

Parte 2: Assertividade. Se você sempre defender seu filho, ele ou ela não desenvolverá a confiança interior e dependerá de você! Prósperos aprendem a se defender. A partir deste momento, afaste-se e ajude seu filho a aprender a falar por si.

- **Desenvolva respostas mordazes.** Pense em algumas falas assertivas para o seu filho dizer em situações difíceis, tais como: "Isso não é legal." "Corta essa." "Para." "Isso não tá certo." "Eu não quero!" Frases curtas e firmes funcionam melhor. Enfatize que, se forem insultados, não devem *nunca* insultar de volta;
- **Fale ou mostre que "não".** Crianças tímidas têm mais dificuldades em se manifestar. Então diga para ela dizer "não". Ela também pode estender a mão na posição universal e não dizer nada. Enfatize que, se alguém quiser ir contra seu código moral ou a crença da sua família (veja o capítulo sobre integridade), dizer "não" ou "não, eu não quero" está ótimo;
- **Ensine "mensagens iniciadas com 'eu'".** Iniciar uma mensagem assertiva com "eu" e não "você" ajuda as crianças a se aterem à questão e não insultarem a pessoa. Isso funciona melhor com um amigo (não um agressor ou valentão). Comece a frase com o pronome "eu" e então diga o que sente, quer que aconteça ou do que precisa. "Fiquei chateado por você ter pegado a minha vez porque não foi justo." "Quero que você pare de me provocar porque isso me magoa." "Eu preciso que você pare de copiar meu trabalho."

Então procure por momentos diários para seu filho "ficar no comando" e praticar a assertividade. Se seu filho for tímido e sempre andar com um colega mandão, dê a ele a oportunidade de encontrar um companheiro menos dominador para ter mais chances de se manifestar e ganhar confiança.

Parte 3: Tenha uma postura de força. A maior parte da comunicação assertiva não tem nada a ver com palavras pronunciadas, mas com mensagens que enviamos com a nossa linguagem corporal. Crianças são levadas menos a sério se parecerem vulneráveis: de ombros caídos, com a cabeça baixa, joelhos trêmulos, mãos nos bolsos. Então ensine esses sinais de linguagem corporal assertiva.

- **Cabeça:** Mantenha-se firme e de cabeça erguida;
- **Olhos:** Mantenha a cabeça erguida e olhe nos olhos. Uma forma simples para parecer assertivo é usar o contato visual, porque sua cabeça está erguida e você parece confiante. Então sempre olhe nos olhos da pessoa. Se seu filho se sentir desconfortável com o contato visual, é possível olhar para o centro da testa ou para um ponto entre os olhos da pessoa;
- **Ombros:** Coloque os ombros para baixo e fique com as costas retas;
- **Braços e mãos:** Deixe os braços ao lado do corpo, descruzados; mãos fora dos bolsos;
- **Pés:** Fique com os pés plantados com firmeza no chão e afastados em uma distância de 30 centímetros.

Ajude seu filho a praticar a postura de força da cabeça aos pés na frente de um espelho. Fotografe-o "parecendo forte da cabeça aos pés" para rever sempre. Interprete alguém "hesitante" e "confiante" para que possa ver a diferença. Aponte atores usando posturas "assertiva" (forte) e "molenga" (tímido).

Parte 4: Fale sério! Quando intimidadas ou nervosas, as crianças usam um tom tímido ou estridente: ambos são ineficazes, então você precisa ajudar seu filho a praticar um tom de voz assertivo. Enfatize que sua voz pode fazê-lo soar confiante ou tímido. Demonstre dizendo "corta essa" em uma voz forte, firme (sem gritar ou demonstrar raiva), depois em um tom mais suave, baixo e dócil. Pergunte: "Qual voz a outra criança ouviria mais? Uma voz mais forte é mais eficaz, então vamos praticar."

Seu filho deve ter a oportunidade de praticar a voz dele e não ser silenciado por um irmão ou irmã dominantes (ou até o pai ou a mãe). Reforce qualquer esforço assertivo: "Foi difícil dizer para seu amigo que você tinha de ir embora cedo para cumprir com seu horário de voltar para casa. Estou orgulhoso por você conseguir se impor e não apenas aceitar o que ele quer."

Acredite que o futuro é cheio de esperança

Eu trabalhei em dúzias de escolas, mas uma experiência em Hershey, na Pensilvânia, me persegue. A cidade, lar dos Kisses da Hersheys, é idílica e propícia para tirar fotos. Os postes na rua têm o formato dos *Kisses*; ela é até registrada como "o lugar mais doce do mundo".

O distrito me contratou para falar com seus funcionários sobre educação de caráter. Sempre começo entrevistando os alunos em grupos menores, representando um corte transversal de raças, panelinhas, culturas e rendas para eu ter uma noção de suas preocupações. Quando os adolescentes sabem que estou lá para ouvir, não julgar, eles se abrem.

"O que os mantêm acordados à noite?", perguntei.

As respostas vieram aos borbotões, uma depois da outra. "Não conseguir a bolsa de estudos." "Pressão dos colegas." "Entrar na faculdade." "Estresse."

Então eu perguntei: "Quais são suas preocupações em relação ao mundo?" Eles se levantaram, inclinaram-se e listaram suas preocupações com tamanha rapidez que eu tive dificuldade de acompanhar.

"Aquecimento global." "Pandemia." "Terrorismo." "Violência." "Guerra nuclear." "Ódio." "Tiroteios."

A lista de preocupações continuou. Mas a pergunta de um adolescente deteve todos.

"Você acredita que viveremos para ver o futuro?", ele perguntou. "Eu não tenho muita esperança: não acho que nossa geração verá." Todos concordaram: todos tinham a mesma visão melancólica sobre a vida, e isso não diferia das centenas de grupos que entrevistei antes. Os jovens são pessimistas a respeito de seu mundo e sua capacidade de prosperar diminui. Embora não possamos garantir a segurança, *podemos* manter a esperança das crianças viva, e você provavelmente assistiu a uma das melhores formas na televisão quando era criança.

Se eu pudesse voltar o tempo para uma das minhas memórias familiares favoritas, seria assistir a *A Vizinhança do Sr. Rogers* com meus três filhos mais novos. Ninguém falava com os telespectadores de uma forma tão gentil, calma e honesta quanto Fred Rogers. Por 30 anos, esse amado apresentador de televisão trouxe otimismo, amor e alegria ao meu lar e a inúmeros outros. Ele oferecia esperança. O Sr. Rogers sempre entrava com um grande sorriso e murmurava aquela canção animada: "É um lindo dia nesta vizinhança. É um lindo dia para um vizinho..."

Então ele tirava seu casaco, pendurava no armário, fechava seu cardigã, trocava seus sapatos sociais por tênis azuis, alimentava o peixe e ensinava aos meus filhos outra lição profunda, mas simples, sobre a vida. No fim de cada episódio, Rogers cantava: "É um sentimento tão bom saber que você está vivo. É um sentimento tão feliz que você cultiva dentro de si". Quando o programa terminava, meus filhos e eu estávamos psicologicamente preparados para lidar com o que aparecesse no nosso caminho.

A perspectiva otimista do Sr. Rogers é necessária nesses tempos nervosos. A cada novo bombardeio, vírus, furacão, ataque terrorista, incêndio, crime de ódio, tornado ou tiroteio em massa, nós nos perguntamos: "O que vamos dizer aos nossos filhos?" Fred Rogers tinha a resposta perfeita:

"Quando eu era um menino e via coisas assustadoras no jornal, minha mãe dizia para mim: 'Procure as pessoas solidárias. Você sempre encontrará pessoas que ajudam.' Até hoje, especialmente em momentos de desastre, eu me lembro de suas palavras, e fico sempre confortado ao perceber que ainda há tantos ajudantes, tantas pessoas solidárias neste mundo."[18]

Usei essa estratégia com meus filhos depois do 11 de Setembro. "Procure as pessoas solidárias", eu dizia a eles, e meus meninos enxugavam suas lágrimas, concordavam com um aceno de cabeça e prometiam encontrá-las. Durante a pandemia, nós destacamos como os primeiros socorristas, médicos e enfermeiras ajudaram a mantê-los seguros. Usar o "Fator Fred" é como podemos manter os corações dos nossos filhos abertos, acreditando que seu mundo é bom e avivar sua esperança.

Manter uma perspectiva otimista, no melhor estilo "copo meio cheio", sobre o futuro é crucial para as saúdes mental e física. Crianças esperançosas são mais felizes, mais satisfeitas com a vida, e mais dispostas a tentar. E esses "jovens com esperança elevada" têm mais sucesso acadêmico, amizades mais fortes e demonstram mais criatividade e melhores habilidades para a solução de problemas[19], além de níveis mais baixos de depressão e ansiedade[20]. Aprendi algumas das melhores formas de combater o pessimismo e manter uma atitude esperançosa com adolescentes.

1. **Monitore o consumo de notícias.** Adolescente atrás de adolescente expressou preocupação sobre as recentes notícias "assustadoras" sem a supervisão dos pais. Eles também estão preocupados que seus irmãos mais novos tenham ainda mais acesso à internet do que eles tinham na mesma idade. Notícias tristes constantes podem ter um impacto nas perspectivas de vida das crianças. Suas ideias: "Eu acesso documentários alegres no YouTube durante momentos difíceis", disse Sara, de 12 anos. "Eu me concentro nas coisas boas: os membros da equipe de resgate, a ajuda dos vizinhos, pessoas doando sangue", disse Ricky, de 13 anos. (Parece o Sr. Rogers!) "Os pais deveriam tirar os celulares dos seus filhos até as notícias melhorarem", opinou Cara, de 16 anos.

2. **Leia livros inspiradores.** "Descobrir que outras pessoas superaram momentos difíceis me dá esperança", contou Darren, de 15 anos. Os cientistas concordam e constatam que crianças esperançosas recorrem a memórias de sucessos passados quando confrontados com obstáculos. Os jovens com quem conversei deram as seguintes sugestões:

   Emmanuel's Dream[21] *[O Sonho de Emmanuel]* de Laurie Ann Thompson. Um menino com deficiência nascido na África ajuda os jovens a aprender que tudo é possível se você acreditar em si mesmo. **C, E**

   The Story of Ruby Bridges[22] *[A História de Ruby Bridges]* de Robert Coles. Uma garota negra de seis anos de idade, conduzida por agentes federais, caminhou em meio a uma multidão de segregacionistas até a escola com esperança! **E**

   Uma Longa Caminhada até a Água[23] de Linda Sue Park. Um retrato memorável de duas crianças no Sudão que suportam todos os sofrimentos imagináveis. **E, P**

   Malala (Edição infantojuvenil): Minha história em defesa dos direitos das meninas[24] de Malala Yosafzai. A voz de uma jovem pode inspirar mudanças. **E, P**

   Compaixão: Uma História de Justiça e Redenção[25] de Bryan Stevenson. Um jovem advogado dedica-se a combater a desigualdade racial, a punição excessiva e o encarceramento em massa. **P**

   Educated: A menina da montanha[26] de Tara Westover. Uma jovem, mantida fora da escola, deixa sua família sobrevivencialista e ganha um Ph.D. da Universidade de Cambridge. **P**

3. **Ouça uma música animada.** Natalie, de 14 anos, da cidade de Nova York, me contou: "Eu tenho uma *playlist* de músicas animadas inspiradoras. Eu ouço muito 'Goodbye Yellow Brick Road' de Elton John, e, quando eu vou bem em uma prova, eu coloco 'I'm Still Standing' bem alto para ouvir." Para crianças mais novas: "Don't Give Up" do Bruno Mars; "Let It Go" da Idina Menzel; "Don't Worry Be Happy" de Bobby McFerrin. Para crianças mais velhas: "Let It Be" dos Beatles; "Eye of the Tiger" do Survivor; "Defying Gravity" do musical *Wicked*; "Stronger" de Kelly Clarkson; "Unwritten" de Natasha Bedingfield; "Brave" de Sara Bareilles; "Firework" de Katy Perry; "Somewhere" de Jackie Evancho.

4. **Diga aos jovens:** "Vai melhorar!" Adolescentes atrás de adolescentes disseram: "Os pais precisam dizer aos seus filhos várias vezes, 'Nós vamos passar por isso. E eu vou te amar *não importa o que aconteça. Amanhã é outro dia*'." Adam, de 15 anos, reiterou essa afirmação, dizendo: "Os jovens estão sob muita pressão e não querem decepcionar os pais. Eles precisam saber que você ama seu filho *mais do que suas notas*." Ajude-o a dar um passo para trás e analisar a visão geral para colocar as coisas em perspectiva.

5. **Desenvolva um lema saudável.** Muitos jovens me disseram que ajuda entoar para si mesmos um mantra otimista para combater o pessimismo. "Eu consigo!" "É difícil, mas eu consigo." "Eu sei lidar com isso." Alguns adolescentes me mostraram seu descanso de tela do celular com seu lema. Ajude seu filho a desenvolver um mantra positivo.

6. **Seja voluntário.** Os jovens concordaram que dar uma mão pode ajudá-los a espalhar uma mensagem de esperança e avivar o otimismo. "Você se sente bem sabendo que pode fazer a diferença", Roberta, de 14 anos, me contou. "Mas o projeto determinado deve ser algo que seu filho *queira* fazer, e não apenas algo para parecer bem em um currículo escolar", acrescentou Jenna, de 16 anos. "Peça aos pais para envolverem os amigos dos seus filhos", concordou Adam, de 17 anos. "Nós queremos passar mais tempo com nossos amigos, e ser um voluntário é uma ótima forma de estarmos juntos."

COMO O OTIMISMO PODE SER O SUPERPODER DO SEU FILHO

Em 14 de novembro de 1960, quatro agentes federais acompanharam Ruby Bridges, uma menina de seis anos, à escola William Frantz Elementary School em Nova Orleans, frequentada apenas por brancos. A aluna da primeira série fez história como a primeira aluna afro-americana a integrar uma escola primária no sul, mas não foi fácil. Uma grande multidão de adultos esperava fora da escola todos os dias para gritar obscenidades e intimidar a garotinha enquanto ela se encaminhava para a porta da frente. Uma mulher sempre gritava: "Eu vou te envenenar. Vou dar um jeito"[27].

Quando ela estava dentro da escola, Ruby ainda não estava segura. Os outros pais insistiram que ela não ficasse na mesma turma de seus filhos brancos, então ela passou todo o ano sozinha com uma professora, Barbara Henry, que a apoiou. A Srta. Henry lembrou que Ruby nunca reclamava nem perdia um único dia de escola, mantinha a cabeça erguida e permanecia animada. Apesar da solidão, da tensão e da hostilidade, a menina mantinha uma perspectiva esperançosa e era um retrato de resiliência.

Como ela passou por aquele longo e tortuoso ano?

"Eu realmente acreditava, quando criança, que a oração me ajudaria a passar por qualquer coisa", ela lembra[28]. "Minha mãe nos criou para acreditar que Deus está sempre lá para nos proteger. Ela nos ensinou que há um poder para o qual podemos orar em qualquer momento, em qualquer lugar. De certa forma isso sempre funcionou"[29].

Assim como a maioria dos Prósperos, a garotinha de seis anos desenvolveu uma habilidade de enfrentamento para ajudá-la a permanecer controlada e com esperança. E então, duas vezes por dia, antes de enfrentar essas multidões raivosas, a aluna da primeira série orava: "Por favor, Deus, tente perdoar essas pessoas. Porque mesmo dizendo essas coisas ruins, elas não sabem o que estão fazendo.[30]"

Uma pesquisa constata que indivíduos otimistas e resilientes costumam recorrer à espiritualidade ou à oração como uma fonte de apoio em momentos de dificuldade[31]. Outro ponto comum dos Prósperos é a presença de adultos atenciosos ao seu lado que oferecem esperança. A Srta. Henry se tornou muito mais do que apenas uma professora para Ruby. "Ela era mais como a minha melhor amiga", Ruby explicou. "Eu sabia que ela se importava comigo. Ela tinha um estilo gentil e educado que eu admirava. Na verdade, eu comecei a imitá-la. Aos poucos, passei a amar a Srta. Henry."[32]

Havia também a Sra. Smith, a esposa do pediatra de Ruby, que passava tempo com ela para mantê-la animada. Nos finais de semana, a mulher levava a criança para a sua casa, onde toda a família era gentil e incentivadora. Anos depois, Ruby relatou: "Agora está claro para mim que aquelas visitas me mostraram um lado melhor da vida e me fizeram sentir que eu tinha de fazer o melhor por mim mesma"[33].

Ainda nova, Ruby Bridges demonstrou qualidades de coração, mente e vontade, bem como autoconfiança, integridade, empatia, autocontrole, curiosidade, perseverança e otimismo – as forças abordadas neste livro. Essas Forças de Caráter – além de adultos atenciosos que defendem os jovens – são a equação vencedora para ajudar os jovens a prosperar. Ruby Bridges é prova disso.

IDEIAS PARA INCUTIR OTIMISMO EM TODAS AS IDADES

"Os eventos atuais costumam girar em torno de tiroteios e violência. Ajudaria se nós ouvíssemos mais histórias com crianças fazendo coisas para ajudar o mundo."
— Linus, 12 anos, Riverside, Califórnia

Taylor Herber e Ian O'Gorman, ambos com dez anos de idade, viviam em San Marcos, Califórnia, e eram melhores amigos. Tanto que não foi surpresa quando Taylor visitou Ian quando ele estava no hospital prestes a passar por uma quimioterapia para combater o câncer. Ian contou ao seu amigo que estava preocupado com o que os garotos na escola diriam. "Você perde seu cabelo quando faz quimio", Ian disse. "Todos os garotos vão tirar uma com a minha cara."

Taylor disse para seu amigo não se preocupar, pois ele tinha um plano. Ele saiu do hospital e pediu para os meninos da sua classe se encontrarem com ele na barbearia local em apoio ao seu colega. E os 13 alunos da quinta série embarcaram na "onda dos carecas", fazendo fila para rasparem as cabeças em homenagem ao seu amigo, e até se apelidaram de "Os Águias Carecas". Seu professor também apareceu para raspar a cabeça.

"Nós raspamos nossas cabeças porque não queríamos deixá-lo se sentir deslocado", explicou o colega Erik Holzhaurer. E acrescentou: "Se eles decidissem fazer mais quimioterapia, nós teríamos raspado nossas cabeças por mais nove semanas"[34].

Contei a história a centenas de alunos em todo o mundo, e ela nunca deixa de provocar lágrimas. E *esperança*. Os Águias Carecas tocam os corações dos jovens e os ajudam a reconhecer que podem fazer algo para ajudar os amigos que estão sofrendo. Jonathan Haidt, professor da Universidade de Nova York, chama esse brilho caloroso e inspirador que sentimos quando vemos atos inesperados de bondade humana de "elevação"[35]. Sentimentos como esses podem inspirar a garotada a ajudar os outros, encontrar otimismo e até mesmo se tornarem pessoas melhores. Histórias edificantes como essas dos Águias Carecas também ajudam os jovens a reconhecer que podem ser agentes do seu destino: otimistas em formação! Aqui vão dicas para ajudar os jovens a aprender a ver o bem na vida.

As seguintes letras designam a classificação etária adequada para cada atividade: C = Crianças novas, da primeira infância à pré-escola; E = Crianças em idade escolar; P = Pré-adolescentes e adolescentes; T = Todas as idades

- **Conte boas notícias.** Procure histórias edificantes de pessoas solidárias do cotidiano e gente de bom coração, como o grupo formado por alunos da quinta série Águias Carecas, para ajudar os jovens a focar no bem da vida em vez do negativo. Uma mãe me contou que os membros de sua família enviam *links* de histórias inspiradoras uns para os outros. "Ajuda meus filhos a terem esperança no mundo", ela disse. Existem histórias comoventes em jornais, sites, revistas e na sua comunidade.

    Acione um alerta do Google por "histórias inspiradoras" em google.com/alerts. **E, P**

    Cole artigos em pedaços de cartolina e coloque-os em uma cesta na sua mesa de jantar para comentar sobre eles. **T**

    Inicie um *scrapbook* familiar de boas notícias com suas histórias favoritas. **T**

    Afixe artigos inspiradores na sua geladeira ou mural. **E, P**

Durante a pandemia, o cineasta John Krasinski iniciou a web série *Some Good News*, narrando clipes virais que demonstravam a resiliência e a bondade da humanidade. Um episódio mostra o elenco de *Hamilton* apresentando-se para uma jovem garota cujos tão aguardados ingressos para o *show* da Broadway foram cancelados devido ao coronavírus. A Garden City High School (a pedido dos alunos) acrescentou um monitor de vídeo em seu saguão frontal para exibir notícias e citações inspiradoras para reduzir o pessimismo e os medos em relação ao mundo. Conte boas notícias para inspirar o otimismo. **T**

- **Encoraje boas ações.** Emily Roe, uma mãe de Minnetonka, iniciou um ritual da bondade por acaso. Seus filhos de cinco e três anos costumavam implorar por balas de hortelã Altoids quando entravam no seu carro. "Para parar a briga, eu dizia que aquelas eram Balas da Bondade e só as receberia aquele que contasse algo bom que fez naquele dia", ela me falou. "Então, um dia meu filho de cinco anos pulou no nosso carro e disse: 'Eu ajudei Beatrice a limpar hoje' e pegou uma bala; tudo isso por vontade própria! Compartilhar boas ações agora é rotina. As balas começaram como um tópico de conversa fácil para falar sobre a bondade e apreciar um ao outro de uma forma natural." Encontre rituais fáceis para ajudar seus filhos a falar sobre as partes boas da vida. **C, E**

- **Assista a bons filmes.** Os filmes podem elevar os corações dos jovens e oferecer esperança. Crianças mais novas: *Happy Feet – O Pinguim, A Menina e o Porquinho, Meu Amigo, O Dragão, Pollyana.* Crianças mais velhas: *Patch Adams: O Amor é Contagioso, À Procura da Felicidade, Forrest Gump, Uma Dobra no Tempo. A Corrente do Bem, Um Sonho Possível, Dunkirk.* Discuta como os personagens retrataram o otimismo apesar da adversidade. **T**
- **Seja bom em virar o polegar.** O pensamento pessimista pode facilmente tornar-se um hábito e ter um impacto em como seu filho responde à vida. Um professor de segunda série em Kansas usa um sinal de "polegar para baixo" com a turma para ajudar os alunos a captar seu pessimismo. O sinal significa "essa é uma conversa cheia de pensamento destrutivo". Aquele que fez o sinal então vira o polegar para cima para lembrar seu colega de trocar por uma afirmação positiva ou "para cima". "Demorou um pouco, mas as crianças agora estão ajustando suas palavras e usando mensagens mais otimistas", o professor me contou. Tente com seus filhos. **C**
- **Realize conversas sobre bondade.** Institua uma sessão de conversa noturna sobre as partes boas simples a respeito do dia de cada pessoa, como, por exemplo: "Sally me chamou para brincar com ela." "Minha professora disse que eu melhorei em Matemática." "Eu não queimei os biscoitos!" É uma forma preciosa de passar as últimas horas acordados e ajudar seus filhos a ver o lado bom da vida. **C, E**
- **Seja um bom pesquisador.** Encoraje seus filhos a ser "bons pesquisadores" observando coisas boas que eles veem os outros fazerem. Então, peça para eles relatarem as descobertas em uma reunião familiar, jantar ou antes de irem dormir. "Kevin ajudou um menino a consertar sua bicicleta quebrada." "Um homem recolheu todas as compras que uma mulher derrubou." "Sally levou um menino ao consultório médico porque ele estava doente." Ajude seu filho a perceber que ver a bondade pode melhorar seu humor. Pergunte: "Como você se sentiu com isso? O que conseguiu aprender com isso?" Uma escola de San Diego mantém um "pote da bondade" para alunos escreverem boas descobertas sobre o outro. O diretor afixa as descobertas em um mural no corredor para as crianças examinarem, e isso inspira os outros a fazerem mais boas ações. **E**

- **Leia bons livros.** Eu estava em Kohler, Wisconsin, entrevistando adolescentes para este livro, mas um deles estava hesitante. Quando perguntei por quê, sua resposta disse tudo: "Estou lendo este livro e não consigo largar." Ele me mostrou *Toda a Luz Que Não Podemos Ver*[36]. Eu sorri e disse a ele: "Vai ler!" Outros livros que inspiram os jovens: *Most People*[37] *[A Maioria das Pessoas]* de Michael Leannah; *I Walk with Vanessa*[38] *[Passeio com Vanessa]* de Kerascoët; *One*[39] *[Um]* de Kathryn Otoshi; *The Power of One*[40] *[O Poder do Um]* de Trudy Ludwig; *Rain Brings Frogs: A Little Book of Hope*[41] *[A Chuva Traz Sapos: Um Pequeno Livro sobre Esperança]* de Maryann Cocca-Leffler; *Good People Everywhere*[42] *[Boas Pessoas em Todo Lugar]* de Lynea Gillen; *Come With Me*[43] *[Venha Comigo]* de Holly M. McGhee; *A Última Paragem*[44] de Matt de la Peña; **C.** *Miss Rumphius*[45] *[Senhorita Rumphius]* de Barbara Cooney; *Fora de Mim*[46,] de Sharon M. Draper; *Extraordinário* de R. J. Palacio; *Good News, Bad News*[47] *[Boas Notícias, Más Notícias]* de Jeff Mack; **E.** *The Lions of Little Rock*[48] *[Os Leões de Little Rock]* de Kristin Levine; *All We Have Left*[49] *[Tudo o que Nos Resta]* de Wendy Mills; *A Culpa é das Estrelas*[50] de John Green; *Rising Out of Hatred*[51] *[Renascendo do Ódio]* de Eli Saslow. **P** Lembre os jovens que, embora existam eventos cruéis e assustadores, também há inúmeros exemplos de bondade.

- **Transforme o mal em bem.** Adolescentes me contam que seus heróis são os alunos da Parkland High School, que defendem o controle de armas, e Greta Thunberg, a jovem sueca que conscientiza o mundo todo a respeito da mudança climática. "Suas histórias nos dão esperança", disseram. Conte histórias sobre crianças comuns que estão fazendo diferenças extraordinárias para melhorar o mundo e encorajar os jovens a descobrir mais. Então converse sobre elas com sua família para ajudá-la a descobrir as preocupações dos seus filhos bem como as formas nas quais eles querem fazer a diferença. **T**

Água potável contaminada: Gitanjali Rao, de 11 anos, de Flint, Michigan, inventou um dispositivo que detecta chumbo na água potável como parte de seu projeto na feira de Ciências[52].

Pobreza: Enquanto Adam Braun, de 16 anos, viajava, ele conheceu um menino mendigando nas ruas da Índia. Adam perguntou o que o menino mais queria no mundo e ele respondeu "um lápis".

Adam construiu mais de 250 escolas por todo o mundo. Estimule seu adolescente a ler o livro de Adam: *The Promise of a Pencil* [53] *[A Promessa de um Lápis]*.

Falta de moradia: Jahkil Jackson, de oito anos, fundou o Project I Am para ajudar os moradores de rua em sua cidade natal em Chicago e distribuiu mais de 3 mil sacolas cheias de artigos de higiene, uma toalha, meias e lanches leves em um ano[54].

- **Encontre boas citações.** Ajude seu filho a procurar citações que o inspirem a ver o bem. Uma mãe de Palm Springs me contou que sua família escreve citações inspiradoras em pedaços pequenos de cartolina e as coloca em uma cesta na mesa de jantar. Eles tiram uma dessas cartolinas todas as noites na refeição familiar e a discutem. Seus dois filhos adolescentes agora usam suas favoritas como descansos de tela! **E, P**

  » "Se você acha que é pequeno demais para fazer a diferença, não passou a noite com um mosquito." – Provérbio africano;

  » "Tente ser um arco-íris na nuvem de alguém." – Maya Angelou;

  » "Você deve ser a mudança que deseja ver no mundo." – Mahatma Gandhi;

  » "Sempre parece impossível até ser feito." – Nelson Mandela.

  Trudy Esrey, uma mãe de Los Gatos, disse que a citação preferida da sua filha Kelly era do Ursinho Pooh para seu amiguinho Leitão: "Você é mais corajoso do que acredita, mais forte do que parece e mais inteligente do que pensa." (A. A. Milne) Kelly pintou a citação acima da sua cama enquanto se recuperava de uma cirurgia no cérebro. "Essa citação deu a Kelly muita esperança e inspiração", Trudy disse. "Era a primeira coisa que ela via pela manhã e a última antes de dormir. A frase a lembrava que ela poderia superar seu calvário e, de fato, a ajudou a passar por tudo!" Encontre uma citação inspiradora de que seu filho goste. **T**

- **Reconheça um bom pensamento.** Mudar é difícil – especialmente quando você está tentando alterar uma atitude que seja um hábito com o qual esteja acostumado. Então fique alerta para aqueles momentos em que seu filho verbalizar o otimismo e reconheça. "Eu sei como suas provas de Matemática foram difíceis. Mas dizer que acha que vai melhorar foi muito otimista. Tenho certeza de que você vai melhorar porque está estudando muito." "Fico muito contente quando você diz que vai tentar seu melhor para amarrar seus sapatos sozinho. É isso aí, sempre seja positivo!" **T**

- **Comece uma caixa da bondade.** Com o aumento das tragédias, nossos cérebros podem entrar em modo de sobrecarga e sentir que "não há nada que eu possa fazer". Surge um sentimento de impotência. Peça aos filhos para "focar nos poucos ou na única pessoa que conseguimos ajudar", não nas massas que não conseguimos. "Muitas pessoas perderam seus lares, mas podemos doar livros usados a essa família." "Centenas precisam de alimento, mas vamos levar roupas às crianças no orfanato." Mantenha uma caixa da bondade do lado da sua porta e estimule sua família a gentilmente acrescentar brinquedos, roupas, livros e jogos usados. Cada vez que ela encher, entreguem-na em um abrigo, igreja, na Cruz Vermelha ou para uma família. "Eu doei nossa caixa da bondade para um menino que perdeu sua casa em um incêndio", Kevin, de dez anos, me contou. "Ele sorriu e disse, 'obrigado'. Eu disse para a minha mãe que nós *tínhamos* de continuar a encher essa caixa!" Esperança! **E, P**

OS CINCO PRINCIPAIS APRENDIZADOS

1. Jovens que permanecem animados com a vida, apesar dos tempos incertos, têm pais que dão exemplos de otimismo. Seja o modelo que você quer que seus filhos copiem.
2. Um pensamento pessimista infundado enfraquece a esperança, predispõe os jovens ao fracasso e diminui suas habilidades de prosperar, mas o otimismo pode ser ensinado.
3. Ver imagens violentas repetidas vezes exacerba a ansiedade, aumenta o medo e diminui o otimismo, por isso devemos monitorar o consumo de notícias dos jovens durante desastres ou tragédias.
4. Pais que criam filhos gratos esperam que eles apreciem isso.
5. Todo jovem faz comentários negativos; preocupe-se quando o pessimismo se tornar o *modus operandi* típico do seu filho.

UMA ÚLTIMA LIÇÃO

Beth Simmons, professora do ensino médio, que é adepta do aprendizado de serviço comunitário me disse que está convencida de que o projeto certo ajuda as crianças a ganhar esperança, desenvolver mentalidades otimistas, e ser mais grato pela vida. Mas um aluno de 15 anos foi um desafio, porque estava sempre em problemas por sofrer *bullying* e esperava o pior em cada situação: "Tudo dá errado. Por que agora seria diferente?"

A professora sabia que tinha de provar que ele estava errado para aumentar seu otimismo e ter esperança de mudar seu comportamento. Para isso, ela o escolheu para ser tutor do menino Noah, de cinco anos, que tinha dificuldade com letras e números. Em vez de acreditar nos comentários pessimistas de Justin "não vai funcionar" e "ele não vai gostar de mim", ela pressionou: "O que você pode fazer para conseguir?" Eles pensaram em formas nas quais ele *poderia* se conectar e ajudar o aluno do Jardim de Infância. Depois de cada sessão de tutoria, Justin escrevia no diário uma coisa que funcionava com o menino de modo que ele focava no positivo, não no negativo.

As coisas nem sempre foram fáceis, mas a professora sabia que Justin tinha sido pessimista na maior parte da sua vida. "Eu tinha de lhe dar tempo", ela disse. Mas, umas três semanas depois, chegou a hora: Justin e Noah se entenderam. O adolescente se viu pela primeira vez em uma luz positiva: "Eu nunca soube que poderia ajudar alguém", ele contou à professora. E o *bullying* parou.

O mais impressionante foi o que o menino de cinco anos contou à sua professora. "Eu sabia que Justin poderia fazer isso", Noah sussurrou. "Ele só precisava de um tempo para descobrir como fazer. Você não pode desistir das crianças, sabe?"

Eu contei a história de Justin e Noah no meu livro, *UnSelfie*, mas tantos leitores me disseram que gostaram da mensagem que achei importante mencioná-la de novo. O otimismo é a última Força de Caráter que ajuda os jovens a prosperarem. Ensinar lições de esperança e incutir mentalidades otimistas nos nossos filhos é como construiremos uma geração de Prósperos fortes, independentes e solidários que têm a Vantagem do Caráter. Mas para fazer isso devemos ouvir o conselho de Noah. "*Nunca* desista de uma criança!"

Epílogo

Escrever este livro começou com uma questão que eu tentei responder por mais de 40 anos. Tudo começou um dia quando eu era uma universitária visitando meus pais e encontrei meu pai, que costuma ser calmo, andando para lá e para cá na nossa sala de estar com uma revista nas mãos. Ele me viu e a levantou. "Diz aqui que são os três primeiros anos que determinam as chances de uma criança ter sucesso ou não. Não acredito nisso", ele disse. "Eu estaria morto se isso fosse verdade." Eu não conseguia entender o que ele falava. Os pais dele morreram antes de eu nascer, então eu nunca conheci meus avós nem o ouvi falar muito sobre sua infância. Nesse dia ele finalmente se abriu sobre os primeiros anos de sua vida, e eu compreendi o motivo que ele ficou tão chateado com o artigo.

Seus pais vieram da Itália para os EUA há mais de um século em busca de uma vida melhor. Eles não falavam inglês, não tinham dinheiro e eram analfabetos. De alguma forma, meu avô encontrou um emprego como trabalhador braçal, e então morreu durante a pandemia de gripe espanhola, quando meu pai tinha dois anos. Sua mãe foi forçada a colocar meu pai em um orfanato por vários anos até conseguir encontrar um meio de sustentá-lo. Meu pai teve uma vida pobre, mas de alguma forma a superou. Ele ganhou uma bolsa para uma faculdade, sobreviveu à Grande Depressão, ganhou títulos da Universidade da Califórnia em Berkeley e Stanford, lutou na Segunda Guerra Mundial, tornou-se superintendente educacional, publicou livros, casou, foi um pai amoroso e viveu até os 100 anos de idade.

Em suma, meu pai foi Próspero. Como?

Eu continuei a perguntar ao meu pai sobre sua infância e aos poucos encontrei as respostas. Soube que ele não só tinha uma mãe amorosa como também adultos atenciosos em sua comunidade que o ajudaram a aprender o que agora eu identifiquei como as sete Forças de Caráter. Todas elas o ajudaram a triunfar sobre as adversidades e os problemáticos primeiros anos de sua vida.

Uma freira atenciosa no orfanato o fez se sentir seguro e aceito, nutrindo sua **empatia**.

Uma bibliotecária lhe deu livros que o ajudaram a aprender inglês, atiçando sua **curiosidade**.

Uma professora reconheceu suas forças de escrita e foi sua tutora, desenvolvendo sua **autoconfiança** e demonstrando o poder do **autocontrole** para dominar suas novas tarefas.

Um padre o ensinou a rezar, mantendo viva sua esperança e dando um exemplo de **otimismo** até mesmo nos dias mais sombrios.

Um vizinho lhe deu um emprego que incutiu nele **perseverança e integridade**.

Nos 40 anos seguintes da minha carreira, eu, de uma forma ou de outra, tentei responder à questão: por que alguns jovens têm dificuldades enquanto os outros brilham? Minha busca pela resposta a esse questionamento me levou para a sala de aula, para o mundo acadêmico e para conversas com famílias por todo o mundo. Aprendi muito ao longo do caminho... sem perceber, é claro, que meu primeiro professor – meu pai – tinha tantas respostas. Ele viveu, afinal, junto com os adultos notáveis que reconheceram as necessidades dele e tornaram-se seus guias.

Eles identificaram seus Trunfos Essenciais, e o ensinaram as Forças de Caráter cruciais que lhe deram a Vantagem do Caráter. Embora cada traço individual fosse importante, seu impacto aumentou dramaticamente quando meu pai usou as Forças de Caráter juntas:

Autoconfiança + Perseverança
Curiosidade + Autocontrole
Integridade + Empatia + Otimismo

Esse Efeito Multiplicador – o poder combinado das Forças de Caráter estimuladas por uma comunidade de adultos atenciosos – foi o motivo pelo qual meu pai conseguiu superar e prosperar.

O Efeito Multiplicador é o que os Prósperos usam (e o que falta nos Esforçados). Incutir essas habilidades depende dos esforços intencionais de adultos empáticos que sabem que a Vantagem do Caráter não é opcional, mas essencial. Os desafios enfrentados pelos jovens no início do século

XXI são bem diferentes do que aqueles que meu pai enfrentou no início do século XX. Mas não importa o que a vida joga em seu caminho, essas mesmas Forças de Caráter servirão de para-choques protetores e desenvolverão a resiliência para ajudar os jovens a estar prontos e aptos a assumir um futuro incerto, superar as adversidades, triunfar no fim e ser mestres de seus próprios destinos.

7 Forças de Caráter Essenciais para Ajudar os Jovens a Prosperar

DESCRIÇÃO DE FORÇA DE CARÁTER	HABILIDADES A ENSINAR	RESULTADOS
ESTIMULANDO UM CORAÇÃO SOLIDÁRIO		
1. Autoconfiança: Identidade saudável, autoconhecimento, usar as forças pessoais para desenvolver a autoafirmação e encontrar propósito e sentido.		
	Autoconhecimento	Senso saudável de si
	Noção da Força	Identidade própria positiva
	Encontrar propósito	Serviço e sentido
2. Empatia: Compreender e compartilhar os sentimentos dos outros, relacionar-se, agir com solidariedade para estimular relacionamentos saudáveis e encorajar a igualdade e a justiça social.		
	Educação emocional	Ler e compartilhar emoções
	Tomada de perspectiva	Entender as opiniões dos outros
	Preocupação empática	Ação solidária
DESENVOLVIMENTO DE UMA MENTE FORTE		
3. Autocontrole: Administrar estresse e emoções fortes, adiar a gratificação e prolongar o foco para desenvolver a força mental e melhorar a saúde mental.		
	Foco atento	Gratificação
	Autogerenciamento	Lidar e regular
	Tomada saudável de decisão	Autodisciplina / Força mental

DESCRIÇÃO DE FORÇA DE CARÁTER	HABILIDADES A ENSINAR	RESULTADOS
DESENVOLVIMENTO DE UMA MENTE FORTE		
4. Integridade: Valorizar e aderir a valores e a um código moral fortes, pensamento ético, praticar honestidade para levar uma vida boa e moral.		
	Consciência moral	Valorizar a virtude
	Identidade moral	Forte bússola moral
	Pensamento ético	Tomada de decisão ética
5. Curiosidade: Ter uma mente aberta a novas experiências e pensamentos, disposição para testar novas ideias, assumir riscos para aprender, inovar e expandir os horizontes criativos.		
	Mentalidade curiosa	Criatividade
	Solucionar problemas com criatividade	Gerar alternativas
	Pensamento divergente	Inovação
CULTIVO DE UMA DISPOSIÇÃO DETERMINADA		
6. Perseverança: Exibir resistência, tenacidade e a determinação para suportar, assim como dar a volta por cima depois de um fracasso, aumentar a determinação para suportar e desenvolver a agência pessoal.		
	Mentalidade de crescimento	Determinação e esforço
	Determinação de metas	Autocontrole e atividade
	Aprender com o fracasso	Autossuficiência
7. Otimismo: Exibir positividade e gratidão, aprender a autodefesa, manter o pessimismo irreal sob controle para reduzir o desalento, além de encorajar uma perspectiva esperançosa e acreditar que a vida tem sentido.		
	Pensamento otimista	Atitude positiva
	Comunicação assertiva	Autodefesa
	Esperança	Perspectiva de vida esperançosa

Agradecimentos

Existe um provérbio chinês maravilhoso que diz: "A vida de uma criança é como um pedaço de papel no qual todos deixam uma marca." Eu fui extremamente abençoada porque tive muitas pessoas deixando marcas significativas na minha vida. E cada uma ajudou a moldar minha escrita e o escopo do meu trabalho. Expresso minha mais sincera gratidão:

À estrelada equipe de publicação da G. P. Putnam's Sons, obrigada pela honra. Trabalhar com eles é realmente um privilégio. Um agradecimento especial a Michelle Howry, minha revisora, por muitas coisas. Ela é uma mulher sábia, gentil, maravilhosa, uma artífice exemplar das palavras, e foi um prazer absoluto trabalhar com ela. Eu nunca teria escrito este livro se ela não estivesse no leme para me guiar. Cada revisão foi de ouro.

Para Joëlle Delbourgo, minha extraordinária agente, que sempre foi minha patrocinadora. Obrigada por sua crença inabalável em mim, bem como sua paciência, amizade e sábios conselhos.

Às centenas de professores, orientadores e pais que frequentaram meus seminários ao longo dos anos. Sou grata a cada um deles por compartilhar comigo suas preocupações e sucessos com tanta sinceridade. Este livro não existiria sem sua sabedoria prática sobre a melhor forma de ensinar essas forças às crianças.

Às dúzias de professores, orientadores e administradores que me permitiram o privilégio de conduzir uma pesquisa em suas escolas para analisar a eficácia de implementar essas ideias com seus alunos. E por preparar grupos de focos e sessões com adolescentes individuais para ouvir suas vozes sobre como é crescer no mundo atual. Agradeço principalmente a Barbie Monty, Ingrid Grenci, Jonathan Hiett, Mick Davis, Gilda Ross, Lauren Schrero Levy, Krista Diamon, Diana Cashion, Tacy L. Duncan, Byron Williams, Kim Yeyna, Derenda Schubert, Lisa Stevenson, Krista Promnitz, Michelle Carr, Susan Seltzer, General T.S. Jones, Nancy O'Connell, Jessica

Tlumacki, Martha Mack, Kate Berg, Lisa Ockerman, Audrey Holsten, Matthew Liberatore, Catherine Wang, Greg Minter, Derenda Schubert, Sawsan Yaseen, Nadine Alaeddine Jurdi, Mahmoud Hashem, Rawan Khatib, Victoria Olivadoti, Lisa Steenson e Alicia Boggio-Hair.

Às centenas de crianças e adolescentes entrevistados para este livro, eu agradeço cada um de vocês por sua honestidade e vontade de compartilhar suas ideias valiosas sobre crescer no atual mundo incerto. Vocês me dão esperança para o nosso futuro.

Aos amigos extraordinários que foram meu esquadrão pessoal de torcida. Meu grupo de autores sobre parentalidade: Madeline Levine, Phyllis Fagell, Catherine Steiner-Adair, Katie Hurley, Jessica Lahey, Julie Lytchcott-Haims, Christine Carter, Tina Payne-Bryson, Audrey Monke, Katherine Reynolds Lewis, Debbie Reber, Devorah Heitner e Ned Johnson. Amigos autores que me incentivaram: Ellen Galinsky, Lisa Damour, Amy Morin, Barbara Gruener, Trudy Ludwig, Marilyn Price-Mitchell, Kari Kampakis, Diana Graber e Susan Newman. Aliadas especiais: Alice Wilder, Jaynie Neveras, Laura Obermann, Charlene Moran, Rasha Attar, Yasmin Agha. E meu "time" masculino de pesquisa que me mandou por e-mail notícias sobre a cena infantojuvenil: Bob Fey, Jim Dunn e Steve Kanold. Mas, mais especialmente, à minha rocha e companhia, Sue Scheff, que está sempre ao meu lado, sempre positiva, sempre apreciada, que me manteve seguindo em frente (#MBWY).

Às diversas pessoas cujos trabalhos contribuíram muito com meu pensamento sobre o desenvolvimento da prosperidade ao longo dos anos. Entre eles estão Bruce Perry, William Damon, Anne Colby, Thomas Lickona, Ann Masten, Richard Weissbourd, Loris Malaguzzi, Emmy Werner, Angela Duckworth, Carol Dweck, Deborah Leong, Tamar Chansky, Norman Garmezy, Michael Rutter, Samuel Oliner, Harold Stevenson, Martin Seligman, Jean Twenge e Aaron Bech. Sua obra coletiva foi um presente de Deus às crianças: só espero ter-lhes feito justiça.

E, por fim, à minha família, que me deixou a maior e mais duradoura marca na minha vida: eles são a minha "rocha". Ao meu marido e melhor amigo, Craig, por seu apoio, encorajamento e amor infinitos em cada fase deste livro. Às alegrias da minha vida: meus filhos, Jason, Adam, e Zach, e nora, Erin, pelo amor e diversão constantes que trouxeram à minha vida. E Charlie e Hazel, que iluminam nossos corações, nos dão esperança e fazem da vida alegria pura.

Notas

Introdução

1. TWENGE, Jean. *Título: iGen - Porque as crianças superconectadas de hoje estão crescendo menos rebeldes, mais tolerantes, menos felizes e completamente despreparadas para a vida adulta.* Brasil: nVersos, 2017.

2. ZIV, Stav. After Rash of Teen Suicides in Palo Alto, the CDC Sends Team to Investigate [Após um Surto de Suicídios entre Adolescentes em Palo Alto, o CDC Envia uma Equipe para Investigar]. Newsweek, 16 fev. 2016. Disponível em: https://www.newsweek.com/after-rash-teen-suicides-palo-alto-cdc-sends-team-investigate-427383. Acesso em: 14 jun. 2023.

3. HEALY, Melissa. Suicide Rates for U.S. Teens and Young Adults Are the Highest on Record [As Taxas de Suicídio entre Adolescentes e Jovens Adultos Americanos são as Maiores já Registradas]. *Los Angeles Times*, 18 jun. 2019.

4. NAUERT, Rick. Survey: 1 in 5 College Students Stressed, Considers Suicide [Pesquisa: 1 a Cada 5 Universitários Estressados Cogita o Suicídio]. PsychCentral. Disponível em: https://psychcentral.com/news/2018/09/11/survey-1-in-5-college-students-stressed-considers-suicide/138516.html. Acesso em: 9 nov. 2018.

5. MATTHIESSEN, Connie. Why Are So Many College Students Returning Home? [Por que Tantos Alunos Universitários estão Voltando para Casa?]. *Great-schools.org*, 21 mar. 2017. Disponível em: https://www.greatschools.org/gk/articles/dropping-out-of-college-01421/. Acesso em: 24 nov. 2019.

6. WILLIAMS, Terri. Freshman Students Are the Most Likely to Drop Out of College [Os Calouros são Os que mais Desistem da Faculdade]. *Good-Call*. Disponível em: https://goodcall.com/news/why-freshman-are-the-most-likely-to-drop-out-of-college-01421/. Acesso em: 24 nov. 2019.

7. LUTHAR, Suniya S. The Culture of Affluence: Psychological Costs of Material Wealth [A Cultura da Fartura: Os Custos Psicológicos da Riqueza Material]. *Child Development*, v. 74, n. 6, p. 1581-1593, 2003.

8. EVANS, Martin. Children of Rich Parents Suffering Increased Mental Health Problems [O Aumento dos Problemas de Saúde Mental entre Filhos de Pais Ricos]. *Telegraph*, 10 nov. 2013. Disponível em: http://www.telegraph.co.uk/education/10439196/Children-of-rich-parents-suffering-increased-mental-health-problems.html. Acesso em: 14 jun. 2023.

9. WERNER, Emmy. Resilience and Recovery: Findings from the Kauai Longitudinal Study [Resiliência e Recuperação: Descobertas do Estudo Longitudinal Kauai]. *Focal Point: Research, Policy and Practice in Children's Mental Health [Ponto Focal: Pesquisa, Diretriz e Prática em Saúde Mental Infantil]*, v. 19, n. 1, p. 11-14, verão 2005; WERNER, Emmy E.; SMITH, Ruth S. *Vulnerable but Invincible: A Longitudinal Study of Resilient Children and Youth [Vulnerável, mas Invencível: Um Estudo Longitudinal de Crianças e Jovens Resilientes]*. Nova York: McGraw Hill, 1982; WERNER, Emily E.; SMITH, Ruth S. *Overcoming the Odds: High-Risk Children from Birth to Adulthood [Superando as Adversidades: Crianças de Alto Risco do Nascimento à Idade Adulta]*. Ithaca: Cornell University Press, 1992; WERNER, Emily E.; SMITH, Ruth S. *Journeys from Childhood to Midlife: Risk, Resilience and Recovery [Jornadas da Infância à Meia-Idade: Risco, Resiliência e Recuperação]*. Ithaca: Cornell University Press, 2001.

10. ANTHONY, E. James; COHLER, Bertram J. (eds.). *The Invulnerable Child [A Criança Invulnerável]*. Nova York: The Guilford Press, 1987; FRIEDMAN, Howard S.; MARIN, Leslie R. *The Longevity Project [O Projeto Longevidade]*. Nova York: Plume, 2011; RUTTER, M.; MAUGHAN, B.; MORTIMORE, P.; OUSTON, J. *Fifteen Thousand Hours: Secondary Schools and Their Effects on Children [Quinze Mil Horas: Ensino Médio e seu Efeito nas Crianças]*. Cambridge: Harvard University Press, 1979; MURPHY, Lois; MORIARTY, A. *Vulnerability, Coping and Growth from Infancy to Adolescence [Vulnerabilidade, Enfrentamento e Crescimento da Infância à Adolescência]*. New Haven: Yale University Press, 1976; WATT, N. S.; ANTHONY, E. J.; WYNNE, L. C.; ROLF, J. E. (eds.). *Children at Risk for Schizophrenia: A Longitudinal Perspective [Crianças em Risco de Esquizofrenia: Uma Perspectiva Longitudinal]*. Londres e Nova York: Cambridge University Press, 1984.

11. MASTEN, Ann. *Ordinary Magic: Resilience in Development [Magia Comum: Resiliência em Desenvolvimento]*. Nova York: Guilford Press, 2014, p. 3, 7, 22.

12. GARMEZY, Norman. Stress-Resistant Children: The Search for Protective Factors [Crianças Resistentes ao Estresse: A Busca por Fatores Protetores]. In: STEVENSON, J. E. (ed.). *Recent Research in Developmental Psychopathology: Journal of Child Psychology and Psychiatry Book Supplement n. 4 [Pesquisa Recente em Psicopatologia do Desenvolvimento: Revista de Psicologia Infantil e Psiquiatria Suplemento n. 4]*, 1985, p. 213-233.

13. MASTEN, Ann. *Ordinary Magic [Magia Comum]*, p. 3, 22.

14. WERNER, Emmy E. Children of the Garden Island [Crianças da Ilha Garden]. *Scientific American*, v. 260, n. 4, p. 106-111, abr. 1989.

15. TOUGH, Paul. H*ow Children Succeed: Grit, Curiosity and the Hidden Power of Character.* *[Como as Crianças Alcançam o Sucesso: Garra, Curiosidade e o Poder Oculto do Caráter].* Nova York: Houghton Mifflin Harcourt, 2012, p. xv.

Capítulo 1

1. FOLLARI, L. *Foundations and Best Practices in Early Childhood Education. [Os Fundamentos e As Melhores Práticas na Educação da Primeira Infância].* 3. ed. EUA: Pearson, capítulo 9, 2015.

2. ACHTNER, Wolfgang. Obituary: Loris Malaguzzi [Obituário: Loris Malaguzzi]. *Independent,* abr. 1994. Disponível em: https://www.independent.co.uk/news/people/obituary-loris-malaguzzi-1367204.html. Acesso em: 14 jun. 2023.

3. The Ten Best Schools in the World and What We Can Learn from Them [As Dez Melhores Escolas do Mundo e o Que Podemos Aprender com Elas]. *Newsweek,* 2 dez. 1991, p. 50-59.

4. SELIGMAN, M. E. P. *Positive Education and Classroom Interventions, [Intervenções Positivas Educacionais e na Sala de Aula].* Oxford Review of Education, v. 35, n. 3, p. 293-311, 2009; SHOSHANI, A.; STEINMETZ, S.; KANAT-MAYMOM, Y. *Effects of the Maytiv Positive Psychology School Program on Early Adolescents' Well Being, Engagement and Achievement [Efeitos do Programa da Escola de Psicologia Positiva Maytiv no Bem-Estar, Comprometimento e nas Conquistas dos Pré-Adolescentes].* Journal of School Psychology, v. 57, p. 73-92, 2016.

5. SHOSHANI, A.; SLONE, M. The Resilience Function of Character Strengths in the Face of War and Protracted Conflict [A Função de Resiliência das Forças de Caráter em Face da Guerra e do Conflito Prolongado]. *Frontiers in Psychology,* v. 6, 2016. DOI: 10.3389/fpsyg.2015/02006.

6. RIDLEY, D. Scott; SCHUTZ, Paul A.; GLANZ, Robert S.; WEISTEIN, Claire E. Self-Regulated Learning: The Interactive Influence of Metacognitive Awareness and Goal-Setting [Aprendizado Autorregulado: A Influência Interativa da Consciência Metacognitiva e o Estabelecimento de Metas]. *Journal of Experimental Education [Revista de Educação Experimental],* v. 60, n. 4, p. 293-306, verão 1992; FLETCHER, Clive; BAILEY, Caroline. Assessing Self-Awareness: Some Issues and Methods [Avaliação do Autoconhecimento: Algumas Questões e Métodos]. *Journal of Managerial Psychology [Revista de Psicologia Gerencial],* v. 18, n. 5, p. 395-404, 2003; SUTTON, Anna; WILLIAMS, Helen M.; ALLINSON, Christopher W. A Longitudinal, Mixed Method Evaluation of Self-Awareness Training in the Workplace [Uma Avaliação Longitudinal de Método Misto do Treinamento do Autoconhecimento no Local de Trabalho]. *European Journal of Training and Development [Revista Europeia de Treinamento e Desenvolvimento],* v. 39, n. 7, p. 610-627, 2015.

7. SELIGMAN, Martin. *Authentic Happiness [Felicidade Autêntica]*. Nova York: Free Press, 2004, p. xi.

8. BLOOM, Benjamin. *Developing Talent in Young People [O Desenvolvimento de Talento nos Jovens]*. Nova York: Ballantine Books, 1985.

9. TWENGE, Jean. *Generation Me [Geração Eu]*. Nova York: Free Press, 2006.

10. BAUMEITER, Roy. Rethinking Self-Esteem: Why Nonprofits Should Stop Punishing Self-Esteem and Start Endorsing Self-Control [Repensar a Autoestima: Por que Organizações sem Fins Lucrativos Deveriam Parar de Punir a Autoestima e Começar a Endossar o Autocontrole]. Stanford Social Innovation Review, Graduate School of Business, inverno 2005.

11. SCHEIRER, M. A.; KRAUT, R. E. Increased Educational Achievement Via Self-Concept Change [Aumento das Conquistas Educacionais por Meio da Mudança do Autoconceito]. *Review of Educational Research [Revista de Pesquisa Educacional]*, v. 49, n. 1, p. 131-150, 1979.

12. MARUYAMA, G.; RUBIN, R. A.; KINGSBURY, G. G. Self-Esteem and Educational Achievement: Independent Constructs with a Common Cause? [Autoestima e Conquista Educacional: Constructos Independentes com uma Causa Comum?] *Journal of Personality and Social Psychology [Revista de Personalidade e Psicologia Social]*, v. 40, p. 962-975, 1981.

13. DIENER, C. I.; DWECK, C. S. An Analysis of Learned Helplessness II: The Processing of Success [Uma Análise do Desamparo Aprendido II: O Processamento do Sucesso]. *Journal of Personality and Social Psychology [Revista de Personalidade e Psicologia Social]*, v. 39, p. 940-952, 1980.

14. One in Four Children Worry About Their Appearance, Poll Shows [Uma em Cada Quatro Crianças se Preocupa com sua Aparência, Segundo Pesquisa]. *Independent*, 10 jul. 2018. Disponível em: https://www.independent.co.uk/extras/lifestyle/children-body-image-mental-health-under-16-physical-appearance-sleep-a8439896.html. Acesso em: 15 jun. 2023.

15. WILLIAMS, Rachel. Researchers Track Lives of 19.000 British Children [Pesquisadores Acompanham as Vidas de 19.000 Crianças Britânicas]. *Guardian*, 17 fev. 2010. Disponível em: https://www.theguardian.com/society/2010/feb/17/researchers-track-19000-british-children. Acesso em: 15 jun. 2023.

16. CHEE, Beth. Today's Teens: More Materialistic, Less Willing to Work [Adolescentes Atuais: Mais Materialistas, Menos Dispostos a Trabalhar]. *SDSC News Center*, 1 maio 2013. Disponível em: https://newscenter.sdsu.edu/sdsu_newscenter/news_story.aspx?sid=74179. Acesso em: 15 jun. 2023.

17. CHUA, A. *Grito de guerra da mãe-tigre*. Brasil: Intrínseca, 2012.

18. CHANG, Elizabeth. *Washington Post*, 9 jan. 2011.

19. TULLIS, Paul. Poor Little Tiger Cub [Pobre Filhotinho de Tigre]. *Slate*, 8 maio 2013. Disponível em: http://slate.com/human-interest/2013/05/tiger-mom-study-shows-the-parenting-method-doesn't-work.html.

20. MARSHALL, L. Smart, Privileged, and At-Risk [Esperto, Privilegiado e em Risco]. *WebMD*, v. 55, out 2017.

21. LUTHAR, Suniya S.; SMALL, Phillip J.; CECOLA, Lucia. Adolescents from Upper Middle-Class Communities: Substance Misuse and Addiction Across Early Adulthood [Adolescentes de Comunidades de Classe Média Alta: Abuso de Substâncias e Vício no Início da Idade Adulta]. *Development and Psychopathology*, v. 30, 1. ed., p. 315-335, fev. 2018. Disponível em: https://www.cambridge.org/core/journals/development-and-psychopathology/article/adolescents-from-upper-middle-class-communities-substance-misuse-and-addiction-across-early-adulthood/FDB120DD01CC8CEE7A9FB3979306A57C. Acesso em: 18 jun. 2023.

22. BRYAN, Christopher J.; MASTER, Allison; WALTON, Gregory M. "Helping" Versus "Being a Helper": Invoking the Self to Increase Helping in Young Children ("Ajudar" em vez de "Ser um Ajudante": Invocando o Eu para Aumentar a Ajuda em Jovens). *Child Development [Desenvolvimento Infantil]*, v. 00, n. 0, p. 1-7.

23. CSIKSZENTMIHALYI, Mihaly; RATHUNDE, Kevin; WHALEN, Samuel. *Talented Teenagers: The Roots of Success & Failure [Adolescentes Talentosos: As Raízes do Sucesso e do Fracasso]*. Nova York: Cambridge University Press, 1993, p. 245.

24. *Ibid.*, p.16

25. GALLUP; RATH, Tom. *StrengthsFinder 2.0: Discover Your CliftonStrengths [Buscador de Forças 2.0: Descubra suas CliftonStrengths]*. Nova York: Gallup Press, 2017.

26. PICCHI, Aimee. Young Adults Living With Their Parents Hits a 75-Year High [Jovens Adultos Morando com os Pais Atinge o Maior Número em 75 anos]. *CBS News*, 21 dez. 2016. Disponível em: https://www.cbsnews.com/news/percentage-of-young-americans-living-with-their-parents-is-40-percent-a-75-year-high/. Acesso em: 15 jun. 2023.

27. TWENGE, Jean; ASSOCIATED PRESS. The Mental Health Crisis Among America's Youth is Real and Staggering [A Crise de Saúde Mental na Juventude da América é Real e Surpreendente]. *WTOP (Washington Top News)*, 14 mar. 2019. Disponível em: https://wtop.com/national/2019/03/the-mental-health-crisis-among-americas-youth-is-real-and-staggering/.

28. ANSBERRY, Clare. Why Teens Need a Sense of Purpose [Por que Adolescentes Precisam de um Senso de Propósito?]. *Wall Street Journal*, 10 fev. 2018. Disponível em: https://www.wsj.com/articles/why-teens-need-a-sense-of-purpose-1518264001. Acesso em: 15 fev. 2023.

29. LOBDELL, Terry. Driven to Suceed: How We're Depriving Teens of a Sense of Purpose [Motivado para o Sucesso: Como Estamos Privando os Adolescentes de um Senso de Propósito].

Palo Alto Weekly, 18 nov. 2011. Disponível em: https://ed.stanford.edu/news/driven-succeed-how-were-depriving-teens-sense-purpose. Acesso em: 15 jun. 2023.

30. CSIKSZENTMIHALYI, Mihaly. *Flow: The Psychology of Optimal Experience [Fluxo: A Psicologia da Experiência Ideal]*. Nova York: Harper-Perennial, 1990.

31. Cain. S. *O poder dos quietos: Como os tímidos e introvertidos podem mudar um mundo que não para de falar*. Brasil: Editora Sextante, 2019.

32. Susan Cain citada por Phyllis Fagell, 7 Strategies to Help Prepare Your Child for the Rapidly Changing Work World [7 Estratégias para Ajudar a Preparar seu Filho para o Mundo Profissional que Muda Rápido]. In: On Parenting [Sobre Parentalidade]. *Washington Post*, 22 maio 2018.

33. WISEMAN, Paul. Teens Don't Work Like They Used To [Adolescentes não Trabalham Mais como Antes]. *TimesUnion*, 23 jun. 2017. Disponível em: https://www.timesunion.com/business/article/Teems-don-t-work-like-they-used-to-11243834.php. Acesso em: 15 jun. 2023.

34. ABBOTT, Jim; BROWN, Tim. *Imperfect: An Improbable Life [Imperfeito: uma Vida Improvável]*. Nova York: Ballantine, 2012, p. 22.

35. *Ibid.*, p. 271.

36. *Ibid.*, p. 225.

37. *Ibid.*, p. 29.

38. GOERTZEL, Victor; GOERTZEL, Mildred. *Cradles of Eminence: Childhoods of More than 700 Famous Men and Women [Berços da Eminência: Infâncias de Mais de 700 Homens e Mulheres Famosos]*. 2. ed. Tucson: Gifted Psychology Press, 2004.

39. GREGORY HIXON, J.; SWANN JR., William B. When Does Introspection Bear Fruit? Self-Reflection, Self-Insight, and Interpersonal Choices [Quando a Introspecção Deu Frutos? Autorreflexão, Autopercepção e Escolhas Interpessoais]. *Journal of Personality and Social Psychology [Revista de Personalidade e Psicologia Social]*, v. 64, n. 1, p. 3-43, jan. 1993. Citado por Tasha Eurich em: What Self-Awareness Really Is (and How to Cultivate It) [O que o Autoconhecimento é De Fato (e Como Cultivá-lo)]. In: *Self-Awareness [Autoconhecimento]*. Boston: Harvard Business Review Press, 2019, p. 29-30.

40. DOMAN, Fatima. *True You: Authentic Strengths for Kids*. EUA: Next Century Publishing, 2018.

41. HALL, Michael. *Red: A Crayon's Story*. EUA: Greenwillow Books Publishing, 2015.

42. PARR, Todd. *Tudo bem ser diferente*. Brasil: Panda Books, 2023.

43. SCHIRALDI, Glenn R. *The Self-Esteem Workbook (A New Harbinger Self-Help Workbook)*. EUA: New Harbinger Publications, 2016.

44. COVEY, Sean. *Os 7 hábitos dos adolescentes altamente eficazes*. Brasil. Best Seller, 2020.

45. COVEY, Sean. *The 6 Most Important Decisions You'll Ever Make: A Guide for Teens: Updated for the Digital Age*. EUA: Simon & Schuster, 2017.

46. WERNER, Emmy E.; SMITH, Ruth S. *Vulnerable, but Invincible: A Longitudinal Study of Resilient Children and Youth [Vulnerável, mas Invencível: Um Estudo Longitudinal de Crianças e Jovens Resilientes]*. Nova York: McGraw Hill, 1982.

47. MILLER, W. R.; C'DE BACA, J.; MATTHEWS, D. B.; WILBOURN, P. L. *Personal Values Card Sort [Classificação dos Valores Pessoais]*, da Universidade do Novo México.

48. Personal Values Card Sort. SELIGMAN, M. E. P. Authentic Happiness. PETERSON, C. *A Primer in Positive Psychology*. Nova York: Oxford University Press, 2006.

49. GALLUP; RATH, Tom. *StrengthsFinder 2.0: Discover Your Clifton Strengths [Buscador de Forças 2.0: Descubra suas CliftonStrengths]*. Nova York: Gallup Press, 2017.

50. LICKONA, Thomas. *Character Matters [O Caráter Importa]*. Nova York: Touchstone, fev. 2004.

51. WATERS, Lea. *How to Spot Your Child's Strengths (These 3 Indicators Can Help) [Como Reconhecer as Forças do seu Filho (Esses 3 Indicadores Podem Ajudar)]*, 27 nov. 2017. Disponível em: https://www.leawaters.com/blog/how-to-spot-your-childs-strengths-these-3-indicators-can-help. Acesso em: 15 jun. 2023.

Capítulo 2

1. BORBA, Michele. *UnSelfie: Why Empathetic Kids Succeed in Our All-About-Me World*. EUA: Touchstone 2017

2. DYLAN, Siegel. *É Tão Chocolate*. Brasil: Editora Voo, 2014

3. ZAKI, Jamil. *The War for Kindness: Building Empathy in a Fractured World [A Guerra pela Gentileza: O Desenvolvimento da Empatia em um Mundo Fragmentado]*. New York: Crown, 2019, p. 178-182.

4. BLOCK-LERNER, J.; ADAIR, C.; PLUMB, J. C.; RHATIGAN, D. L.; ORSILLO, S. M. The Case for Mindfulness-Based Approaches in the Cultivation of Empathy: Does Nonjudgemental, Present-Moment Awareness Increase Capacity for Perspective-Taking and Empathic Concern? [O Caso para as Abordagens Baseadas em Atenção Plena no Cultivo da Empatia: A Consciência no Momento Presente Sem Julgamentos Aumentam a Capacidade para a Tomada de Perspectiva e a Preocupação Empática?]. *Journal of Marital and Family Therapy [Revista de Terapia Marital e Familiar]*, v. 33, n. 4, p. 501-516, out. 2007; MONGRAIN, Myriam; CHIN, Jacqueline M.; SHAPIRA, Leah B. Practicing Compassion Increases Happiness and Self-Esteem [A Prática da Compaixão Aumenta a Felicidade e a

Autoestima]. *Journal of Happiness Studies [Revista dos Estudos sobre a Felicidade]*, v. 12, n. 6, p. 963-981, dez. 2011.

5. GORDON, Mary. Roots of Empathy Program [As Raízes do Programa de Empatia]. *Journal of Happiness Studies [Revista dos Estudos sobre a Felicidade]*, v. 12, n. 6, p. 963-981, dez. 2011.

6. ALLPORT, Gordon. *The Nature of Prejudice [A Natureza do Preconceito]*. Nova York: Perseus Books, 1979, p. 434; TODD, Andrew R.; BODENHAUSEN, Galen V.; RICHESON, Jennifer A.; GALINSKY, Adam D. Perspective Taking Combats Automatic Expressions of Racial Bias [A Tomada de Perspectiva Combate as Expressões Automáticas do Viés Racial]. *Journal of Personality and Social Psychology [Revista da Personalidade e de Psicologia Social]*, v. 100, n. 6, p. 1027-1042, jun. 2011; OLINER, Samuel P.; OLINER, Pearl M. *The Altruistic Personality: Rescuers of Jews in Nazi Europe [A Personalidade Altruísta: Os Libertadores de Judeus na Europa Nazista]*. Nova York: Touchstone, 1992; FOGELMAN, Eva. *Conscience and Courage: Rescuers of Jews During the Holocaust [Consciência e Coragem: Os Libertadores de Judeus Durante o Holocausto]*. Nova York: Random House, 2011.

7. PRWEB.COM NEWSWIRE. New Research From Momentous Institute Shows Empathy Predicts Academic Performance [Nova Pesquisa de um Importante Instituto Constata que a Empatia Prevê o Desempenho Acadêmico]. *Digital Journal [Revista Digital]*, 13 out. 2014. Disponível em: http://www.digitaljournal.com/pr/225070; BRIGGS, Sara. How Empathy Affects Learning, and How to Cultivate It in Your Students [Como a Empatia Afeta o Aprendizado, e Como Cultivá-la em Nossos Alunos]. *informED*, 1 nov. 2014. Disponível em: http://www.opencolleges.edu/au/informed/features/empathy-and-learning. Acesso em: 23 nov. 2014.

8. GOLEMAN, Daniel. What Makes a Leader? [O que Faz de Alguém um Líder?]. *Harvard Business Review OnPoint*, p. 24-33, verão 2014.

9. STEPHEN, Katy A.; BAERNSTEIN, Amy. Educating for Empathy [Educação para a Empatia]. *Journal of General Internal Medicine [Revista de Medicina Interna Geral]*, v. 21, n. 5, p. 524-530, maio 2006.

10. KONRATH, Sarah; O'BRIEN, Edward H.; HSING, Courtney. Changes in Dispositional Empathy in American College Students Over Time: A Meta-Analysis [Alterações na Empatia Disposicional nos Alunos Universitários Estadunidenses ao Longo do Tempo: Uma Meta-Análise]. *Personality and Social Psychology Review, Inc [Revista de Personalidade e Psicologia Social, Inc]*, v. 15, n. 2, p. 180-198, 2011.

11. TWENGE, J. M.; CAMPBELL, W. K. *The Narcissism Epidemic: Living in the Age of Entitlement [A Epidemia de Narcisismo: A Vida na Era do Benefício]*. Nova York: Free Press, 2009.

12. EGAN, Kevin et al. *The American Freshman: National Norms Fall 2015 [O Calouro Americano: Normas Nacionais Outono de 2015]*, Cooperative Institutional Research Program at the Higher Education Research Institute at UCLA, 2015. Disponível em: https://www.heri.ucla.edu/monographs/TheAmericanFreshman2015-Expanded.pdf. Acesso em: 15 jun. 2023.

13. 2018: CIGNA U.S. Loneliness Index: Survey of 20.000 Americans Examining Behaviors Driving Loneliness in the United States [Índice de Solidão CIGNA nos Estados Unidos: Pesquisa com 20.000 Americanos Examinando os Comportamentos que Levam à Solidão nos Estados Unidos]. Disponível em: https://www.multivu.com/players/English/8294451-cigna-us-loneliness-survey/docs/IndexReport_1524069371598-173525450.pdf. Acesso em: 15 jun. 2023.

14. E.B. White. *A teia de Charlotte*. Brasil: HarperKids, 2023

15. WARRIER, V.; TORO, R.; CHAKRABARTI, B. *et al*. Genome-Wide Analyses of Self-Reported Empathy: Correlations with Autism, Schizophrenia, and Anorexia Nervosa [Análise Genômica Ampla da Empatia Autorrelatada: Correlações com Autismo, Esquizofrenia e Anorexia Nervosa]. *Trans Psychiatry*, v. 8, n. 35, 2018. Disponível em: https://doi.org/10.1038/s41398-017-0082-6. Acesso em: 15 jun. 2023.

16. KATZ, Brigit. If You're Empathetic, It Might Be Genetic [Ser Empático Pode Ser Genético]. *Smithsonian Magazine*, 13 mar. 2018. Disponível em: https://www.smithsonianmag.com/smart-news/if-youre-empathetic-it-might-be-genetic-180968466/. Acesso em: 15 jun. 2023.

17. KONRATH, Sara. Age and Gender Differences in Dispositional Empathy [Diferenças de Idade e Gênero na Empatia Disposicional]. *Psychology Today*, 30 jun. 2013. Disponível em: https://www.psychologytoday.com/us/blog/the-empathy-gap/201306/age-and-gender-differences-in-dispositional-empathy. Acesso em: 15 jun. 2023.

18. KOHN, Alfie. *The Brighter Side of Human Nature [O Lado Positivo da Natureza Humana]*, p. 94.

19. KOHN, Alfie. It's Hard to Get Left Out of a Pair [É Difícil Ser Deixado de Fora de uma Dupla]. *Psychology Today*, p. 53-57, out. 1987.

20. RIDEOUT, Victoria; ROBB, Michael B. Ph.D. Common Sense. Social Media, Social Life: Teens Reveal Their Experiences, 2018 [Redes Sociais, Vida Social: Adolescentes Revelam suas Experiências, 2018], pesquisa da Commonsense.org com 1.141 adolescentes nas idades de 13 a 17 anos, Common Sense Media, 10 set. 2018. Disponível em: https://www.commonsensemedia.org/about-us/news/press-releases/common-sense-research-reveals-everything-you-need-to-know-about-teens. Acesso em: 15 jun. 2023.

21. *Ibid*.

22. TWENGE, Jean M. Put That Phone Away – Now [Larga esse Telefone – Agora]. *The View*, TIME, 1 ago. 2019, p. 19-20.

23. Controversy of the Week [Controvérsia da Semana]. *The Weeks*, 9 ago. 2019, p. 6.

24. A pesquisa liderada por Sara H. Konrath da Universidade de Michigan em Ann Arbor envolveu 72 estudos de alunos universitários coletados nos últimos 30 anos e foi publicada *online* em *Personality and Social Psychology Review*. Empathy: College Students Don't Have as Much as They Used To, Study Finds [Empatia: Alunos Universitários Não Têm Mais Tanto Quanto Costumavam Ter]. *ScienceDaily*, 29 maio 2010.

25. BRUMMELMAN, Eddie; THOMAES, Sander; NELEMANS, Stefanie A.; DE CASTRO, Bram Orobio; OVERBEEK, Geertjan; BUSHMAN, Brad J. Origins of Narcissism in Children [As Origens do Narcisismo nas Crianças]. *Proceedings of the National Academy of Sciences [Procedimentos da Academia Nacional de Ciências]*, 2015, 201420870. DOI: 10.1073/pnas.1420870112.

26. WEISSBOURD, R.; JONES, S. The Children We Mean to Raise: The Real Messages Adults Are Sending About Values [As Crianças Que Pretendemos Criar: As Mensagens Reais que os Adultos Mandam sobre Valores]. Making Caring Commons: The President and Fellows of Harvard College, 2014.

27. GOTTMAN, John. *Raising an Emotionally Intelligent Child [A Criação de uma Criança com Inteligência Emocional]*. Nova York: Simon & Schuster, ago. 1998.

28. TWENGE, J. M.; JOINER, T. E.; ROGERS, M. L. Increases in Depressive Symptoms, Suicide-Related Outcomes, and Suicide Rates Among U.S. Adolescents After 2010 and Links to Increased New Media Screen Time [Os Aumentos nos Sintomas Depressivos, Resultados Relacionados ao Suicídio, e Taxas de Suicídio Entre Adolescentes Estadunidenses Após 2010 e as Ligações com o Aumento do Tempo de Tela nas Novas Redes]. *Clinical Psychological Science [Ciência Psicológica Clínica]*, v. 6, 1. ed., p. 3-17, 1 jan. 2018. Disponível em: https://doi.org/10.1177/2167702617723376. Acesso em: 16 jun. 2023.

29. Trinta e cinco por cento de 1.000 adolescentes em uma pesquisa nacional de 2005 deram notas baixas para a atenção dos pais, citado em: PORTILLO, E. Teens Give Adults Low Grades on Ruling World [Os Adolescentes Dão Notas Baixas aos Adultos na Administração do Mundo]. *Desert Sun*, p. A17, 18 jun. 2005.

30. BERNIERI, F. J. Interpersonal Sensitivity in Teaching Interactions [Sensibilidade Interpessoal nas Interações de Ensino]. *Personality and Social Psychology Bulletin*, v. 17, p. 98-103, 1991; GEHLBACH, H. Social Perspective Taking: A Facilitating Aptitude for Conflict Resolution, Historical Empathy, and Social Studies Achievement [Tomada de Perspectiva Social: uma Aptidão Facilitadora para a Resolução de Conflitos, a Empatia Histórica, e a Realização dos Estudos Sociais]. *Theory and Research in Social Education [Teoria e Pesquisa em Educação Social]*, v. 32, p. 39-55, 2004b.

31. O raciocínio indutivo produz crianças que são mais bem-ajustadas, baseado na pesquisa de Nancy Eisenberg, Richard Fabes e Martin Hoffman, citado por: KELTNER, Dacher (ed.). The Compassionate Instinct [O Instinto Solidário]. In: KELTNER, Dacher; MARSH, Jason;

SMITH, Jeremy Adam. *The Compassionate Instinct*. Nova York: W.W. Norton & Co., 2010, p. 13-14.

32. SLAUGHTER, Virginia; IMUDA, Kana; PETERSON, Candida C.; HENRY, Julie D. Meta-Analysis of Theory of Mind and Peer Popularity in the Preschool and Early School Years [Meta-Análise da Teoria da Mente e Popularidade dos Colegas na Pré-Escola e nos Primeiros Anos Escolares]. *Child Development [Desenvolvimento Infantil]*, v. 86, n. 4, p. 1159-1174, abr. 2015.

33. VERHOFSTADT, L. L.; BUYSSE, A.; ICKES, W.; DAVIS, M.; DEVOLDRE, I. Support Provision in Marriage: The Role of Emotional Similarity and Empathic Accuracy [Provisão de Apoio no Casamento: O Papel da Semelhança Emocional e da Acurácia Empática]. *Emotion*, v. 8, p. 792-802, 2008.

34. JACKSON, P. L.; BRUNET, E.; MELTZOFF, A. N.; DECETY, J. Empathy Examined Through the Neural Mechanism Involved in Imagining How I Feel Versus How You Would Feel Pain: An Event-Related fMRI Study [Empatia Examinada por Meio do Mecanismo Neural Envolvido em Imaginar Como eu Sinto Comparado a Como você Sentiria a Dor: Um Estudo Usando Ressonância Funcional Relacionado a um Evento]. *Neuropsychologia*, v. 44, p. 752-761.

35. BARNETT, M. A.; KING, L. M.; HOWARD, J. A. Inducing Affect About Self or Other: Effects on Generosity in Children [A Indução do Afeto sobre Si ou o Outro: Os Efeitos sobre a Generosidade nas Crianças]. *Developmental* Psychology, v. 15, n. 2, p. 164-167, 1979; ANDERMAN, D.; BREHM, S. S.; KATZ, L. B. Empathic Observation of an Innocent Victim: The Just World Revisited [Observação Empática de uma Vítima Inocente: O Mundo Justo Revisitado]. *Journal of Personality and Social Psychology*, v. 29, n. 3, p. 342-347, 1974.

36. KREVANS, Julia; GIBBS, John C. Parents' Use of Inductive Discipline: Relations to Children's Empathy and Prosocial Behavior [Uso da Disciplina Indutiva pelos Pais: As Relações com a Empatia e o Comportamento Pró-Social das Crianças]. *Child Development*, v. 67, p. 3263-3277, 1996.

37. FESHBACH, Norma Deitch. *Empathy, Empathy Training and the Regulation of Aggression in Elementary School Children [Empatia, Treinamento da Empatia e a Regulação da Agressão em Crianças do Ensino Fundamental]*. In: KAPLAN, R. M.; KONECNI, Valdimir J.; NOVACO, Raymond W. (eds.). *Aggression in Children and Youth – 1984 [Agressão em Crianças e Jovens – 1984]*, p. 192-208; FESHBACH, Norma Deitch. *Empathy Training: A Field Study in Affective Education [Treinamento de Empatia: Um Estudo de Campo em Educação Afetiva]*. In: FESHBACH, Seymour; FRACZEK, Adam (eds.). *Aggression and Behavior Change: Biological and Social Processes [Agressão e Mudança de Comportamento: Processos Biológicos e Sociais]*. Nova York: Praeger, 1979; FESHBACH, Norma Deitch. Learning to Care: A Positive

Approach to Child Training and Discipline [Aprendendo a Se Importar: Uma Abordagem Positiva ao Treinamento e Disciplina Infantil]. *Journal of Clinical Child Psychology [Revista de Psicologia Infantil Clínica]*, v. 12, p. 266-271, 1983.

38. No projeto de pesquisa sobre gratidão e o ato de agradecer, várias centenas de pessoas divididas em três grupos diferentes tiveram de fazer diários todos os dias. O primeiro grupo fez um diário com os eventos do cotidiano; o segundo, de suas experiências desagradáveis; o terceiro fez uma lista diária de coisas pelas quais eram gratos. EMMONS, R. A.; MCCULLOUGH, M. E. Counting Blessings Versus Burdens: Experimental Studies of Gratitude and Subjective Well-Being in Daily Life [Contar Bênçãos Contra Fardos: Estudos Experimentais de Gratidão e Bem-Estar Subjetivo na Vida Diária]. *Journal of Personality and Social Psychology*, v. 84, p. 377-389.

39. Pesquisa sobre os benefícios da gratidão descrita por Rick Hanson. HANSON, Rick. *Resilient: How to Grow an Unshakable Core of Calm, Strength and Happiness [Resiliente: Como Cultivar um Centro de Calma, Força e Felicidade]*. Nova York: Harmony Books, 2018, p. 96.

40. HAUCK, Grace. Gratitude Is Good for Heart Health [A Gratidão é Boa para a Saúde do Coração]. *USA Today*, 29 nov. 2019.

41. KONRATH, S.; O'BRIEN, E.; HSING, C. Changes in Dispositional Empathy in American College Students Over Time: A Meta-Analysis [Mudanças em Empatia Disposicional em Alunos Universitários Estadunidenses ao Longo do Tempo: uma Meta-Análise]. *Personality and Social Psychology Review [Revista de Personalidade e Psicologia Social]*, v. 15, n. 2, p. 180-198, 2011.

42. HAIDT, Jonathan D. Wired to Be Inspired [Ligado para ser Inspirado]. In: KELTNER, Dacher; MARSH, Jason; SMITH, Jeremy Adam (eds.). *The Compassionate Instinct*. Nova York: W.W. Norton & Company, 2010, p. 86-93.

43. JONES, Damon E.; GREENBERG, Mark; CROWLEY, Max. Early Social-Emotional Functioning and Public Health: The Relationship Between Kindergarten Social Competence and Future Wellness [Funcionamento Socioemocional Inicial e a Saúde Pública: A Relação entre a Competência Social no Jardim de Infância e o Bem-Estar Futuro]. *American Journal of Public Health*, e1, 2015. DOI: 10.2105/AJPH.2015.302630.

44. STAUB, Ervin. *The Psychology of Good and Evil: Why Children, Adults, and Groups Help and Harm Others*. EUA: Cambridge University Press, 20023.

45. STAUB, Ervin. *The Psychology of Good and Evil: Why Children, Adults and Groups Help and Harm Others [A Psicologia do Bem e do Mal: Por que Crianças, Adultos e Grupos Ajudam e Prejudicam Outros]*. Cambridge: Cambridge University Press, 2003.

46. WERNER, Emily E.; SMITH, Ruth S. *Journeys from Childhood to Midlife: Risk, Resilience, and Recovery [Jornadas da Infância à Meia-Idade: Risco, Resiliência e Recuperação]*. Nova York: Cornell University Press, 2001

47. SMART, Elizabeth; STEWART, Chris. *My Story [Minha História]*. Nova York: Griffin, 2014.

48. *Ibid.*, p. 61.

49. PERRY, Bruce D.; SZALAVITZ, Maia. *The Boy Who Was Raised as a Dog* [O Menino Criado como um Cachorro]. Nova York: Basic Books, 2017, p. 261.

50. *Ibid.*, p. 281.

51. JOSH-Opening Doors and Hearts [Josh-Abrindo Portas e Corações]. Publicado pelo canal WestJet Above and Beyond Stories, 22 dez. 2014. Disponível em: https://www.youtube.com/watch?v=PIHtuKc3Gjg. Acesso em: 16 jun. 2023; WEINGUS, Leigh. How Opening Doors Changed This Teen's Life [Como Abrir Portas Mudou a Vida Deste Adolescente]. *The Huffington Post*, 22 jan. 2015. Disponível em: http://www.huffingtonpost.com/2015/01/22/opening-doors-teen-bullying_n_6526220.html. Acesso em: 16 jun. 2023.

52. S. E. Hinton. *The Outsiders: Vidas sem rumo*. São Paulo: Intrínseca, 2020.

53. KIDD, David Comer; CASTANO, Emanuele. Reading Literary Fiction Improves Theory of Mind [Ler Ficção Literária Melhora a Teoria da Mente]. *Science*, out. 2013.

54. MAR, Raymond A. *et al*. Exposure to Media and Theory-of-Mind Development in Pre-Schoolers [A Exposição à Mídia e ao Desenvolvimento da Teoria da Mente em Crianças na Pré-Escola]. *Cognitive Development*, 2009. DOI: 10.1016/j.cogdev.2009.11.002.

55. MacLachlan, Patricia. *Through Grandpa's Eyes*. EUA: HarperCollins, 1983.

56. MUNSON, Derek. *Enemy Pie*. EUA: Chronicle Books, 2020.

57. LUDWIG, Trudy. *The Invisible Boy*. EUA: Knopf Books, 2013.

58. ESTES, Eleanor. *The Hundred Dresses*. EUA: Clarion Books, 2004

59. Dr. Seuss. *The Sneetches and Other Storie*. EUA: Random House, 1961.

60. R. J. Palacio. *Extraordinário*. Brasil: Intrínseca, 2013.

61. Lai, Thanhhà. *Inside Out and Back Again*. EUA: HarperCollins, 2013.

62. CELANO, Marianne. *Something Happened in Our Town: A Child's Story About Racial Injustice*. EUA: Magination Press, 2018

63. THOMAS, Leah. *Pois nunca vamos nos encontrar*. Brasil: Novo Século, 2021.

64. Korman, Gordon. *Restart*. EUA: Scholastic 2018.

65. GRATZ, Alan. *Refugiados*. Brasil: Galera Record

66. GLEITZMAN, Morris. *Uma vez*, Brasil: Paz & Terra, 2017.

67. NAZARIO, Sonia. *Enrique's Journey: The Story of a Boy's Dangerous Odyssey to Reunite with His Mother*. EUA: Random House, 2017.

68. Alicia D. Williams. *Genesis Begins Again*. EUA: Atheneum, 2019

69. Noah Trevor. *Nascido do crime: Histórias da minha infância na África do Sul*. Brasil: Verus, 2020.

70. THOMAS, Angie. *O ódio que você semeia*. Brasil: Galera Record, 2017.

71. Jason Reynolds. *Marcados: Racismo, antirracismo e vocês*. Brasil: Galera Record, 2021.

72. SCHUMANN, Katrina; ZAKI, Jamil; DWECK, Carol S. Addressing the Empathy Deficit: Beliefs About the Malleability of Empathy Predict Effortful Responses When Empathy Is Challenging [Abordagem do Deficit de Empatia: Crenças Sobre a Maleabilidade de Empatia Preveem Respostas Esforçadas Quando a Empatia É Desafiadora]. *Journal of Personality and Social Psychology*, v. 107, n. 3, p. 475-493, 2014.

73. STOTLAND, Ezra. Exploratory Investigations of Empathy [Investigações Exploratórias da Empatia]. *In*: BERKOWITZ, Leonard (ed.). *Advances in Experimental Social Psychology* [*Avanços em Psicologia Social Experimental*], v. 4. Nova York: Academic Press, 1969, p. 271-313.

74. FAGELL, Phyllis L. *Middle School Matters: The 10 Key Skills Kids Need to Thrive in Middle School and Beyond and How Parents Can Help*. EUA: Da Capo Lifelong Book, 2019.

75. KUMAR, Amit; EPLEY, Nicholas. Undervaluing Gratitude: Expressers Misunderstand the Consequences of Showing Appreciation [A Desvalorização da Gratidão: Expressores Interpretam Mal as Consequências de Demonstrar Agradecimento]. *Psychological Science [Ciência Psicológica]*, p. 1-13, 2018. DOI: 10.1177/0956797618772506.

76. ZAKI, Jamil. *The War for Kindness: Building Empathy in a Fractured World* [*A Guerra pela Gentileza: o Desenvolvimento da Empatia em um Mundo Fragmentado*]. Nova York: Crown, 2019, p. 6.

77. TAYLOR, Derrick Bryson; VIGDOR, Neil. *School Violence: Footage Shows Coach Disarming Student* [*Violência Escolar: Filmagem Mostra Técnico Desarmando Aluno*]. New York Times, 20 out. 2019.

Capítulo 3

1. DIAMOND, Adele; LEE, Kathleen. Interventions Show to Aid Executive Function Development in Children 4-12 Years Old [Demonstração de que as Intervenções Auxiliam no Desenvolvimento da Função Executiva em Crianças de 4-12 Anos]. *Science*, v. 333, n. 6045, p. 959-964, 19 ago. 2011. DOI: 10.1126/science.1204529.

2. MRAZEK, Alissa J. *et. al*. Expanding Minds: Growth Mindsets of Self-Regulation and the Influences on Effort and Perseverance [Mentes em Expansão: Desenvolvimento de Mentalidades de Autorregulação e as Influências sobre o Esforço e a Perseverança]. *Journal of Experimental Social Psychology*, v. 79, p. 164-180, nov. 2018. Disponível em: https://www.cmhp.ucsb.edu/sites/default/files;2018-12/Mrazek%20et%20al.%20%282018%29%20Expanding%20Minds.pdf.

3. LEHRER, Jonah. *Don't! The Secret of Self-Control* [Não! O Segredo do Autocontrole]. New Yorker, 18 maio 2009.

4. DUCKWORTH, Angela L.; SELIGMAN, Martin E. P. Self-Discipline Outdoes IQ in Predicting Academic Performance of Adolescents [A Autodisciplina Ultrapassa o QI na Previsão do Desempenho Acadêmico de Adolescentes]. *Psychol. Sci.*, v. 16, n. 12, p. 939-944, dez. 2005.

5. MOFFITT, Terrie E. *et al.* A Gradient of Childhood Self-Control Predicts Health, Wealth, And Public Safety [Um Gradiente do Autocontrole Infantil Prevê Saúde, Riqueza e Segurança Pública]. *Proceedings of the National Academy of Sciences [Procedimentos da Academia Nacional de Ciências]*, v. 108, n. 7, p. 2693-2698, fev. 2011. DOI: 10.1073/pnas.1010076108.

6. MOFFITT, Terrie E. *et al.* A Gradient of Childhood Self-Control Predicts Health, Wealth and Public Safety [Um Gradiente de Autocontrole Infantil Prevê Saúde, Riqueza e Segurança Pública], *Proceedings of the National Academy of Sciences USA*, v. 108, p. 2693-2698, 2011.

7. MARTEL, M. M. *et al.* Childhood and Adolescent Resilience, Regulation, And Executive Functioning in Relation to Adolescent Problems and Competence in A High-Risk Sample [Resiliência na Infância e na Adolescência, Regulação, e Funcionamento Executivo em Relação aos Problemas Adolescentes e Competência em uma Amostra de Alto Risco], *Dev. Psychopathol.*, v. 19, p. 541-563, 2007; EISENBERG, N.; SPINRAD, T. L.; EGGUM, N. D. Emotion-Related Self-Regulation and Its Relation to Children's Maladjustment [Autorregulação Relativa à Emoção e Sua Relação com o Desajuste da Criança]. *Annu. Rev. Clin. Psychol.*, v. 27, n. 6, p. 495-525, 2010.

8. MERIKANGAS, Kathleen Ries et al. Lifetime Prevalence of Mental Disorders in U.S. Adolescents: Results from the National Comorbidity Survey Replication-Adolescent Supplement (NCS-A) [Prevalência Vitalícia de Transtornos Mentais em Adolescentes Estadunidenses: Resultados da Pesquisa de Comorbidade Nacional – Suplemento sobre Adolescentes]. *Journal of the American Academy of Child & Adolescent Psychiatry [Revista da Academia Americana de Psiquiatria Infantojuvenil]*, v. 49, 10. ed., p. 980-989, out. 2010. DOI: http://doi.org/10/1016/j.jaac.2010.05.015.

9. TWENGE, Jean *et. al.* Age, Period and Cohort Trends in Mood Disorder Indicators and Suicide-Related Outcomes in a Nationally Representative Dataset, 2006-2017 [Modelos Idade, Período e Coorte nos Indicadores de Transtornos de Humor e Resultados Relacionados ao Suicídio em um Conjunto de Dados Representativos Nacionalmente]. *Journal of Abnormal Psychology [Revista de Psicologia Anormal]*, v. 128, n. 3, p. 185-199, abr. 2019. DOI: 10.1037/abn0000410.Epub 14 de março de 2019.

10. LEHRER, Jonah. "Don't", The Secret of Self-Control ["Não", o Segredo do Autocontrole]. *New Yorker*, 18 maio 2009 (estudo de Walter Mischel).

11. KNIGHT, Will. "Info-Mania" Dents IQ More Than Marijuana [A "Mania por Informática" Diminui o QI Mais do que a Maconha]. *NewScientist*, 22 abr. 2005. Disponível em:

https://www.newscientist.com/article/dn7298-info-mania-dents-iq-more-than-marijuana/. Acesso em: 16 jun. 2023.

12. GORLICK, Adam. Media Multitaskers Pay Mental Price, Stanford Study Shows [Os Multitarefas Eletrônicos Pagam um Preço Mental]. *Stanford News*, 24 ago. 2009. Disponível em: https://news.stanford.edu/2009/08/24/multitask-research-study-082409/. Acesso em: 16 jun. 2023.

13. BATES, Sofie. A Decade of Data Reveals That Heavy Multitaskers Have Reduced Memory, Stanford Pshychologist Says [Uma Década de Dados Revela Que Multitarefas Pesados Têm a Memória Reduzida, Segundo um Psicólogo de Stanford]. *Stanford News*, 25 out. 2018. Disponível em: https://news.stanford.edu/2018/10/25/decade-data-reveals-heavy-multitaskers--reduced-memory-psychologist-says/. Acesso em: 16 jun. 2023.

14. COMMON SENSE MEDIA. New Report Finds Teens Feel Addicted to Their Phones, Causing Tension at Home [Novo Relatório Revela Que os Adolescentes se Sentem Viciados em seus Telefones, Causando Tensão em Casa], 3 maio 2016. Baseado em uma pesquisa com 1.240 pais e filhos das mesmas residências (620 pais, 620 filhos). Disponível em: https://www.commonsensemedia.org/about-us/news/press-releases/new-report-finds-teens-feel-addicted-to-their-phones-causing-tension-at.

15. ELMORE, Tim. I'd Rather Lose My Ford or My Finger Than My Phone [Eu Preferiria Perder Meu Carro ou Meu Dedo A Perder Meu Telefone. *HuffPost*, 4 maio 2014. Disponível em: https://www.huffpost.com/entry/id-rather-lose-my-ford-or-my-finger-than-my-phone_b_4896134?ec_carp=5438723550604748745. Acesso em: 16 jun. 2023.

16. PRZYBYLSKI, Andrew; WEISTEIN, Netta. Can You Connect with Me Now? How The Presence of Mobile Communication Technology Influences Face-to-Face Conversation Quality [Você Pode Se Conectar Comigo Agora? Como a Presença da Tecnologia de Comunicação Móvel Influencia a Qualidade da Conversa Cara a Cara]. *Journal of Social and Personal Relationships*, v. 30, n. 3, p. 237-246, 2012.

17. NICHOLAS. Carr, *A Geração Superficial*. Brasil: Agir, 2019.

18. All Things Considered: "The Shallows": This is Your Brain Online [Considerando Tudo: "A Geração Superficial": Este é o Seu Cérebro Online]. *NPR*, 2 jun. 2010. Pesquisa de Nicholas Carr, autor de *A Geração Superficial*.

19. PAUL, Pamela. Tutors for Toddlers [Tutores para Crianças Pequenas]. *TIME*, 21 nov. 2007. Disponível em: http://content.time.com/time/magazine/article/0,9171,1686826,00.html. Acesso em: 16 jun. 2023.

20. ADAMSON, Peter; UNICEF Office of Research. Child Well-Being in Rich Countries: A Comparative Overview [Bem-Estar Infantil em Países Ricos: Uma Visão Geral Comparativa], *Innocenti Report Card II [Boletim 2 do Centro Innocenti]*. Disponível em: https://www.unicef-irc-org/publications/pdf/rc11_eng.pdf.

21. DEE, Thomas S.; SIEVERTSEN, Hans Henrik. The Gift of Time? School Starting Age and Mental Health [O Presente do Tempo? Idade do Início Escolar e a Saúde Mental]. *NBER Working Paper*, n. 21610, out. 2015, JEL n. 11, 11. Disponível em: https://cepa.stanford.edu/sites/default/files/WP15-08.pdf. Acesso em: 16 jun. 2023.

22. LAYTON, Timothy J. Layton. Attention-Deficit Hyperactivity Disorder and Month of School Enrollment [Transtorno de Deficit de Atenção e Hiperatividade e o Mês da Matrícula na Escola]. *New England Journal of Medicine*, p. 2122-2130, 2018. DOI: 10.1056/NEJMoa1806828.

23. WONG, May. Study Finds Improved Self-Regulation in Kindergarteners Who Wait a Year to Enroll [Estudo Revela uma Melhora na Autorregulação em Alunos do Jardim de Infância que Esperam um Ano para Serem Matriculados]. *Stanford Graduate School of Education*, 7 out. 2015. Disponível em: https://ed.stanfrod.edu/news/stanford-gse-research-finds-strong-evidence-mental-health-benefits-delaying-kindergarten.

24. CHRISTAKIS, Erika. *The New Preschool Is Crushing Kids [A Nova Pré-escola está Acabando com as Crianças]*. Atlantic, jan.-fev. 2016. Disponível em: https://www.theatlantic.com/magazine/archive/2016/01/the-new-preschool-is-crushing-kids/419139. Acesso em: 19 jun. 2023.

25. DOYLE, William. This is Why Finland Has the Best Schools [Por Essa Razão a Finlândia Tem As Melhores Escolas]. *Sydney Morning Herald*, 26 mar. 2016. Disponível em: https://www.smh.com.au/national/this-is-why-finland-has-the-best-schools-20160325-gnqv9l.html. Acesso em: 19 jun. 2023.

26. GOLDHILL, Olivia. Homework Around the World: How Much Is Too Much? [Lição de Casa Ao Redor do Mundo: Quanto é Demais?]. *Telegraph*, 25 mar. 2019. Disponível em: https://www.telegraph.co.uk/education/educationnews/11453912/Homework-around-the--world-how-much-is-too-much.html. Acesso em: 19 jun. 2023.

27. TAVERAS, Elsie M. et al. Prospective Study of Insufficient Sleep and Neurobehavioral Functioning Among School-Age Children [Estudo Prospectivo da Insuficiência do Sono e do Funcionamento Neurocomportamental Entre Crianças em Idade Escolar]. *Academic Pediatrics [Pediatria Acadêmica]*, v. 17, 6. ed., p. 625-632.

28. PILCHER, June J.; MORRIS, Drew M.; DONNELLY, Janet; FEIGL, Hayley B. Interactions Between Sleep Habits and Self-Control [Interações Entre os Hábitos do Sono e do Autocontrole]. *Frontiers in Human Neuroscience [Fronteiras na Neurociência Humana]*, v. 11, maio 2015. DOI: https://doi.org/10.3389/fnhum.2015.00284.

29. GILLEN-O'NEEL, Cari; HUYNH, Virginia W.; FULIGNI, Andrew J. To Study or to Sleep? The Academic Costs of Extra Studying at the Expense of Sleep [Estudar ou Dormir? Os Custos Acadêmicos do Estudo Extra às Custas do Sono]. *Child Development [Desenvolvimento Infantil]*, ago. 2012.

30. KHAN, Michal; FRIDENSON, Shimrit; LERER, Reut; BAR-HAIM, Yair; SADEH, Avi. Effects of One Night of Induced Night-Wakings Versus Sleep Restriction On Sustained Attention and Mood: A Pilot Study [Os Efeitos de uma Noite de Vigília Noturna Induzida Contra a Restrição de Sono na Atenção Constante e no Humor: Um Estudo Piloto]. *Sleep Medicine*, v. 15, n. 7, p. 825, 2014. DOI: 10.1016/j.sleep.2014.03.016.

31. Boston College: TIMSS & PRLS International Study Center "TIMSS 2011" *International Association for the Evaluation of Educational Achievement [Associação Internacional para a Avaliação do Desempenho Acadêmico]*, 2013.

32. RICHTER, Ruthann. Among Teens, Sleep Deprivation an Epidemic [Entre Adolescentes a Privação de Sono é uma Epidemia]. *Stanford Medicine*, 8 out. 2015. Disponível em: https://med.stanford.edu/news/all-news/2015/10/among-teens-sleep-deprivation-an-epidemic.html. Acesso em: 16 jun. 2023.

33. WHEATON, Anne G.; JONES, Sherry Everett; COOPER, Andina C.; CROFT, Janet B. Short Sleep Duration Among Middle School and High School Students – United States [Duração Curta do Sono Entre Alunos do Ensino Fundamental e Médio – Estados Unidos], 2015. *Centers for Disease Control and Prevention [Centros para Controle e Prevenção de Doenças]*, v. 67, n. 3, p. 85-90, 26 jan. 2018. Disponível em: https://www.cdc.gov/mmwr/volumes/67/wr/mm6703a1.htm?s_cid=mm6703a1_w. Acesso em: 16 jun. 2023.

34. CLEMENTS, Rhonda. An Investigation of the Status of Outdoor Play [Uma Investigação da Condição da Brincadeira ao Ar Livre]. *Contemporary Issues in Early Childhood [Questões Contemporâneas na Primeira Infância]*, v. 5, p. 68-80, 2004.

36. GOLEMAN, Daniel. *Focus: The Hidden Driver of Excellence [Foco: O Motor Oculto da Excelência]*. Nova York: HarperCollins, 2013, p. 2-3.

37. Entrevista por telefone com Katherine Reynolds em 7 de agosto de 2019.

38. KERR, C. E. Effect of Mindfulness Meditation Training on Anticipatory Alpha Modulation in Primary Somatosensory Cortex [Efeito do Treinamento em Meditação de Atenção Plena na Modulação Alfa Antecipatória no Córtex Somatossensorial Primário]. *Brain Research Bulletin [Boletim de Pesquisa Cerebral]*, v. 85, n. 3-4, p. 96-103, maio 2011.

39. MOORE, A.; GRUBER, T.; DEROSE, J.; MALINOWKI, P. Regular, Brief Mindfulness Meditation Practice Improves Electrophysiological Markers of Attention Control [A Prática de Meditação de Atenção Plena Breve e Regular Melhora os Marcadores Eletrofisiológicos do Controle de Atenção]. *Frontiers of Human Neuroscience [Fronteiras da Neurociência Humana]*, v. 6, p. 18, 10 fev. 2012. DOI: 10.3389/fnhum.2012.00018.

40. ZEIDAN, F.; JOHNSON, S. K.; DIAMOND, B. J.; DAVID, Z.; GOLLKASIAN, P. Mindfulness Meditation Improves Cognitive: Evidence of Brief Mental Training [Meditação de Atenção Plena Melhora o Cognitivo: Evidência do Treinamento Mental Breve]. *Consciousness and Cognition [Consciência e Cognição]*, v. 19, n. 2, p. 597-605, jun. 2010.

41. SCHONERT-REICHL, Kimberly A. et al. Enhancing Cognitive and Social-Emotional Development Through a Simple-to-Administer Mindfulness-Based School Program for Elementary School Children: A Randomized Controlled Trial [Como Melhorar o Desenvolvimento Cognitivo e Social-Emocional Por Meio de um Programa Escolar Baseado em Atenção Plena para Crianças do Ensino Primário Simples de Administrar: Um Teste Controlado Randomizado]. *Developmental Psychology*, v. 51, n. 1, p. 52, 2015. DOI: 10.1037/a0038454.

42. MISCHEL, Walter. *The Marshmallow Test: Understanding Self-Control and How to Master It [O Teste do Marshmallow: Entendendo o Autocontrole e como Dominá-lo]*. Nova York: Bantam Press, 2014.

43. HOROWITZ, Juliana Menasce; GRAF, Nikki. Most U.S. Teens See Anxiety and Depression as a Major Problem Among Their Peers [A Maioria dos Adolescentes Estadunidenses Veem a Ansiedade e a Depressão como um Grande Problema Entre Seus Colegas]. *Pew Research* Center, 20 fev. 2019.

44. SNEL Eline. *Quietinho feito um sapo: Exercícios de meditação para crianças (e seus pais)*. Brasil: Rocco 2022.

45. SIMMONS, Alan N. et al. Altered Insula Activation in Anticipation of Changing Emotional States: Neural Mechanisms Underlying Cognitive Flexibility in Special Operations Forces Personnel [Ativação da Ínsula Alterada na Antecipação dos Estados Emocionais Inconstantes: Mecanismos Neurais Subjacentes à Flexibilidade Cognitiva nos Funcionários das Forças de Operações Especiais]. *Neuroreport*, v. 23, n. 4, p. 234-239, 7 mar. 2012. DOI: 10.1097/WNR.0b013e3283503275.

46. Pseud Piper, Watty. *The Little Engine That Could*. EUA: Grosset & Dunlap, 2021.

47. Boomerang Generation, Returning to the Nest [Geração Bumerangue, Voltando ao Ninho]. Ameritrade, maio 2019. Disponível em: https://s2.q4cdn.com/437609071/files/doc_news/research/2019/Boomerang-Generation-Returning-to-the-Nest.pdf. Pesquisa feita pela Harris Poll para a TD Ameritrade de 28 de fevereiro a 14 de março de 2019, entre 3.054 adultos americanos e adolescentes com idades de 15 anos ou mais.

48. TWENGE, Jean M. *iGen - Porque as crianças superconectadas de hoje estão crescendo menos rebeldes, mais tolerantes, menos felizes e completamente despreparadas para a vida adulta*. Brasil: nVersos, 2017.

49. SCHULMAN, M.; MEKLER, E. *Bringing Up a Moral Child [Como Criar uma Criança Moral]*. Reading: Addison-Wesley, 1985, p. 20; "STAR" (Stop, Think, Act Right), desenvolvido por Michele Borba. *Building Moral Intelligence [Como Construir a Inteligência Moral]*. San Francisco: Jossey-Bass, 2004.

50. PHELPS, Michael. *No Limits [Sem Limites]*, p. 133.

51. *Ibid.*, p. 20.

52. *Ibid.*, p. 146-147.

53. *Ibid.*, p. 135.

54. Dr. Seuss. *Ah, Os Lugares Aonde Você Irá!* Brasil: Companhia das Letras, 2018.

55. WILLEY, Kira. *Breathe Like a Bear: 30 Mindful Moments for Kids to Feel Calm and Focused Anytime, Anywhere*. EUA: Rodale Kids, 2017

56. GROSSMAN, Laurie. *Master of Mindfulness: How to Be Your Own Superhero in Times of Stress*. EUA: Instant Help 2016.

57. DIORIO, Rana. *What Does It Mean to Be Present?*, EUA: Little Pickle Press, 2020.

58. VERDE, Susan. *I Am Peace: A Book of Mindfulness*. EUA: Abrams Books for Young Readers, 2017.

59. Dzung X. *The Mindful Teen: Powerful Skills to Help You Handle Stress One Moment at a Time*. EUA: Instant Help, 2015.

60. BERGSTROM, Christian. *Ultimate Mindfulness Activity Book: 150 Playful Mindfulness Activities for Kids and Teens.* EUA: SUOMEN, 2019.

61. LOFTUS, Margaret. How a Gap Year Can Make Students Successful [Como um Ano Sabático Pode Trazer Sucesso aos Alunos]. US News & World Report, 23 set. 2014. Disponível em: https://www.usnews.com/education/best-colleges/articles/2014/09/23/how-a-gap-year-can-make-students-successful. Acesso em: 17 jun. 2023.

62. BAUMEISTER Roy F. *Willpower: Rediscovering the Greatest Human Strength*. EUA: Penguin Books, 2012.

63. WEIR, Kirsten. The Power of Self-Control [O Poder do Autocontrole]. *American Psychological Association [Associação Psicológica Americana]*, v. 43, n. 1 jan. 2012. Disponível em: https://www.apa.org/monitor/2012/01/self-control. Acesso em: 17 jun. 2023.

Capítulo 4

1. Descrição do projeto do dia da história de Jack Mayer. MAYER, Jack. *Life in a Jar: The Irena Sendler Project [Vida em um Pote: O Projeto Irena Sendler]*. Middlebury: Long Trail Press, 2011, p. 6-7; e entrevista pessoal com Megan Stewart Felt em Flint, Michigan.

2. *Ibid.*, p. 6-7.

3. *Ibid.*, p. 336

4. *Ibid.*, p. 350.

5. *Ibid.*, p. 259.

6. As descrições de como Irena Sendler foi criada de Tilar J. Mazzeo constam em: MAZZEO, Tilar J. *Irena's Children: The Extraordinary Story of the Woman Who Saved 2,500 Children* *from the Warsaw Ghetto [As Crianças de Irena: A História Extraordinária da Mulher que Salvou 2.500 Crianças do Gueto de Varsóvia]*. Nova York: Gallery Books, 2016.

7. LICKONA, Thomas. *How to Raise Kind Kids: And Get Respect, Gratitude and a Happier Family in the Bargain [Como Criar Crianças Bondosas: e Ganhar em Troca Respeito, Gratidão e uma Família Mais Feliz]*. Nova York: Penguin Books, p. 69.

8. JOSEPHSON INSTITUTE CENTER FOR YOUTH ETHICS. *2012 Report Card on the Ethics of American Youth [Boletim de 2012 sobre a Ética da Juventude Americana]*. Los Angeles: Character Counts, 2012.

9. Are Today's Kids More Self-Centered Than Those of Past Generations? [As Crianças de Hoje São Mais Egocêntricas Do Que As de Gerações Passadas?]. *MSNBC-Health*, v. 26, 26 abr. 2011. Disponível em: http://health.newsvine.com/_news/2009/05/05/2779662-are-todays-kids-more-self-centered-than-those-of-past-generations.

10. PATCHIN, Justin. School *Bullying* Rates Increased by 35% from 2016 to 2019 [Aumento de 35% das Taxas de Bullying Escolar de 2016 a 2019]. *Cyberbullying Research Center*, 29 maio 2019. Disponível em: https://cyberbullying.org/school-bullying-rates-increase-by--35-from-2016-to-2019. Acesso em: 17 jun. 2023.

11. JOSEPHSON INSTITUTE CENTER FOR YOUTH ETHICS. *2012 Report Card on the Ethics of American Youth [Boletim de 2012 sobre a Ética da Juventude Americana]*. Los Angeles: Character Counts, 2012.

12. Post-Election Survey of Youth [Pesquisa da Juventude Pós-Eleição], Human Rights Campaign [Campanha dos Direitos Humanos], Washington, D.C., 2017. Disponível em: www.hrc.org, https://assets2.hrc.org/files/assets/resources/HRC_PostElectionSurveyofYouth.pdf. Acesso em: 17 jun. 2023.

13. American Teens Lie, Steal, Cheat at "Alarming" Rates: Study [As Taxas "Alarmantes" de Mentira, Roubo, Colas entre Adolescentes Americanos: Um Estudo]. *Breitbart*, 1 dez. 2010 e 26 abr. 2011. Disponível em: http://breitbart.com/article.php?id=081201214432.rjut4n2u. Acesso em: 17 jun. 2023.

14. MACCARTHY, Justin. About Half of Americans Say U.S. Moral Values are "Poor" [Cerca de Metade dos Estadunidenses Dizem que os Valores Morais nos Estados Unidos são "Escassos"]. *Gallup News*, 1 jun. 2018. Disponível em: https://news.gallup.com/poll;235211/half-americans-say-moral-values-poor.aspx.

15. BOSMAN, Julie; KOVALESKI, Serge F.; DEL REAL, Jose A. A College Scam Built With Swagger, and Secrets [Uma Fraude Universitária Construída com Bravatas, e Segredos]. *New York Times*, 18 mar. 2019.

16. DOLL, Jen. The Moral Decline in the Words We Use [O Declínio Moral nas Palavras Que Usamos]. *Atlantic*, 24 ago. 2012. Disponível em: https://www.theatlantic.com/entertainment/archive/2012/08/moral-decline-words-we-use/324319/. Acesso em: 17 jun. 2023; KESEBIR, Pelin; KESEBIR, Selin. The Cultural Salience of Moral Character and Virtue Declines in Twentieth Century America [A Saliência Cultural do Caráter Moral e o Declínio

da Virtude na América do Século XX]. *Journal of Positive Psychology*, 2012. Disponível em: https://ssrn.com/abstract=2120724. Acesso em: 17 jun. 2023.

17. BROOKS David. *A Estrada Para o Caráter*. Brasil: Alta Life, 2019.

18. DAMON, William. The Moral Development of Children [O Desenvolvimento Moral das Crianças]. *Scientific American*, ago. 1999.

19. SMITH, Christian; CHRISTOFFERSEN, Kari; DAVISON, Hilary; HERZOG, Patricia Snell. *Lost in Transition: The Dark Side of Emerging Adulthood [Perdido na Transição: O Lado Sombrio do Início da Idade Adulta]*. Nova York: Oxford University Press, 2011.

20. ELIAS, Maurice J. Helping Your Students Identify Their Values [Como Ajudar seus Alunos a Identificar seus Valores]. *Edutopia*, 3 jul. 2017. Disponível em: https://www.edutopia.org/blog/helping-your-students-identify-their-values-maurice-elias. Acesso em: 17 jun. 2023.

21. YOUSAFZAI, Malala. *I Am Malala: How One Girl Stood Up for Education and Changed the World [Eu Sou Malala: Como Uma Garota Defendeu a Educação e Mudou o Mundo]*. Nova York: Little, Brown and Company, 2010, p. 210.

22. OLINER, S. P.; OLINER, P. M. *The Altruistic Personality: Rescuers of Jews in Nazi Europe [A Personalidade Altruísta: Salvadores dos Judeus na Europa Nazista]*. Nova York: Free Press, 1988, p. 164-168.

23. YOUSAFZAI, Malala; LAMB, Christina. *I Am Malala: The Girl Who Stood Up for Education and Was Shot by the Taliban [Eu Sou Malala: A Garota Que Defendeu a Educação e Foi Baleada pelo Talibã]*. Nova York: Back Bay Books, 2015, p. 7.

24. Transcrição da Entrevista de Margaret Warner com Malala Yousafzai: Malala Says Assassination Threats Can't Weaken Her Cause [Malala Afirma que as Ameaças de Assassinato Não Podem Enfraquecer sua Causa]. *PBS*, 11 out. 2013. Disponível em: https://www.pbs.org/newshour/education/malala-says-assassination-threats-cant-weaken-her-cause.

25. REISSMAN, Hailey. Why Is My Daughter Strong? I Didn't Clip Her Wings: Ziauddin Yusafzai at TED2014 [Por que Minha Filha é Forte? Eu Não Cortei suas Asas: Ziauddin Yusafzai na TED2014]. *TEDBlog*, 17 mar. 2014. Disponível em: https://blog.ted.com/why-is-my-daughter-strong-because-i-didnt-clip-her-wings-ziauddin-yousafzai-at-ted2014/. Acesso em: 17 jun. 2023.

26. ALAMO HEIGHTS ISD. Cambridge Rock Kindness [A Bondade em Cambridge Rock]. Visita pessoal à escola e conversa com Diana Cashion, a orientadora da Cambridge Elementary.

27. DENENBERG, Dennis. *American Heroes Every Kid Should*. EU *Millbrook Press*. 2016.

28. REED, Lawrence W. *Real Heroes: Inspiring True Stories of Courage, Character, and Conviction*. Brasil: Intercollegiate Studies Institute, 2016.

29. YOUSÁFZAI, Malala. *Eu sou Malala: A história da garota que defendeu o direito à educação e foi baleada pelo Talibã*. Brasil: Companhia das Letras, 2013.

30. Teenagers Most Influenced by Celebrities [Adolescentes Mais Influenciados por Celebridades]. *Telegraph*, 12 ago. 2019. Disponível em: https://www.telegraph.co.uk/news/uknews/6012322/Teenagers-most-influenced-by-celebrities.html. Acesso em: 21 jun. 2023.

31. LYONS, Linda. No Heroes in the Beltway [Sem Heróis na Beltway]. *Gallup News*, 30 jul. 2002. Disponível em: https://news.gallup.com/poll/6487/heroes-beltway.aspx. Acesso em: 21 jun. 2023.

32. BAUER, Joan. *Stand Tall*. EUA: Speak, 2005

33. B. G. Hennessy. *The Boy Who Cried Wolf*. EUA: Simon & Schuster, 2006.

34. Turner, Ann. *My Name Is Truth: The Life of Sojourner Truth*. EUA: HarperCollins, 2015.

35. COOPER, Ilene. *The Golden Rule*. EUA: Abrams Books, 2019.

36. Dr. Seuss. *Horton Hears a Who!* EUA: Random House Books, 1954.

37. Muth, Jon J. *As Três Perguntas: Baseado numa história de Leon Tolstoi*. EUA: WMF Martins Fontes, 2018.

38. Avi. *Nothing But The Truth*. EUA: SCHOLASTIC, 1996.

39. ROWLING, J.K. *Harry Potter e o Cálice de Ouro*. Brasil: Rocco, 2021.

40. Bennett, William. *O livro das virtudes para crianças*. Nova Fronteira, 2021.

41. GURIAN, Michael. *What Stories Does My Son Need?: A Guide to Books and Movies That Build Character in Boys*. EUA: TarcherPerigee, 2000.

42. MCCABE, Donald; TREVINO, Linda Klebe. Honesty and Honor Codes [Honestidade e Códigos de Honra], *Academic*, v. 88, n. 1, p. 37, jan.-fev. 2002; MCCABE, Donald. Toward a Culture of Academic Integrity [Por uma Cultura de Integridade Acadêmica]. *Chronicle of Higher Education*, v. 15, p. B7, out. 1999; TREVINO, Linda Klebe; MCCABE, Donald. Academic Integrity in Honor Code and Non-Honor Code Environments [Integridade Acadêmica em Ambientes com Código de Honra e sem Código de Honra]. *Journal of Higher Education*, v. 70, p. 211-235, 1999.

43. ASTIN, Alexander W.; VOGELGESANG, Lori J.; IKEDA, Elaine K.; YESS, Jennifer A. How Service Learning Affects Students [Como Aprender um Serviço Comunitário Afeta os Alunos]. *Higher Education*, paper 144, 2000. Disponível em: http://digitalcommons.unomaha.edu/slcehighered/144. Acesso em: 21 jun. 2023.

44. COLBY, Anne; DAMON, William. *Some Do Care: Contemporary Lives of Moral Commitment [Alguns Se Importam Sim: Vidas Contemporâneas de Comprometimento Moral]*. Nova York: Free Press, 1992.

45. Damon, William. *Moral Child: Nurturing Children's Natural Moral Growth*. EUA: Free Press, 2008.

46. Lickona, Thomas. *Raising Good Children*. EUA: Random House, 1994.

47. BORBA, Michele. *Building Moral Intelligence: The Seven Essential Virtues that Teach Kids to Do the Right Thing*. EUA: Jossey-Bass, 2002.

48. Relato do massacre e das ações de Thompson: BLOCK, P. The Choices Made: Lessons from My Lai on Drawing the Line [As Escolhas Feitas: Lições de May Lai sobre Estabelecer um Limite]. *Seattle Times*, 20 mar. 2002. Disponível em: http://seattletimes.nwsource.com/pacificnw/2002/0310/cover.html.

49. THOMPSON JR., H. Moral Courage in Combat: The My Lai Story [Coragem Moral em Combate: A História de My Lai]. Uma palestra de Hugh Thompson, Jr. na Academia Naval Americana, no Center for the Study of Professional Military Ethics [Centro para o Estudo da Ética Militar Profissional], em Annapolis, 2003; ANGERS, Trent. *The Forgotten Hero of My Lai: The Hugh Thompson Story [O Herói Esquecido de My Lai: A História de Hugh Thompson]*. Lafayette: Acadian House Publishing, 1999.

Capítulo 5

1. Youngest Inventor" Patents Broom ["Inventor mais Jovem" Patenteia Vassoura]. *BBC News*, 16 abr. 2008. Disponível em: http://news.bbc.co.uk/2/hi/uk_news/7350341.stm. Acesso em: 22 jun. 2023.

2. Alissa Chavez's Hot Seat Alarm Aims to Prevent Child Hot Car Deaths [O Alarme Hot Seat de Alissa Chavez Previne as Mortes de Crianças em Carros Fechados]. *CBC News*, 29 jul. 2014. Disponível em: https://www.cbc.ca/news/technology/alissa-chavez-s-hot-seat-alarm-aims-to-prevent-child-hot-car-deaths-1.2721351. Acesso em: 22 jun. 2023.

3. MAUNZ, Shay. Inventing the Future [Inventando o Futuro]. *TIME*, p. 49, 3 fev. 2020.

4. MOSS, Frank. *The Sorcerers and their Apprentices [Os Feiticeiros e seus Aprendizes]*. Nova York: Crown Business, 2011.

5. CSIKSZENTMIHALYI, Mihaly. The Secret to Happiness [O Segredo para a Felicidade]. *TED2004*. Disponível em: https://www.ted.com/talks/mihaly_csikszentmihalyi_on_flow. Acesso em: 22 jun. 2023; CSIKSZENTMIHALYI, M. Flow: The Psychology of Optimal Experience. Nova York: HarperCollins, 2009.

6. IU NEW ROOM, INDIANA UNIVERSITY. Latest HSSSE Results Show Familiar Theme: Bored, Disconnected Students Want More from Schools [Últimos Resultados do HSSSE Apresentam um Tema Familiar: Alunos Entediados e Desconectados Querem Mais das Escolas], 8 jun. 2010. Disponível em: http://newsinfo.iu.edu/news-archive/14593.html. Acesso em: 22 jun. 2023; Pesquisa de Ethan Yazzie-Mintz. Charting the Path from Engagement to Achievement: A Report on the 2009 High School Survey of Student Engagement [Mapeando o Caminho do Engajamento à Conquista: um Relatório sobre o Levantamento do Engajamento Estudantil no Ensino Médio de 2009].

7. SHERNOFF, David; CSIKSZENTMIHALYI, Mihaly; SCHNEIDER, Barbara; SHERNOFF, Elisa. Student Engagement in High School Classrooms from the Perspective of Flow Theory [O Engajamento Estudantil nas Salas de Aula do Ensino Médio a Partir da Perspectiva da Teoria de Fluxo]. *School Psychology Quaterly*, v. 18, p. 158-176, 2003. DOI: 10.1521/scpq.18.2.158.21860.

8. ROACH, John. Students, Prompted by Massacre, Design Emergency Lock to Thwart Shooters [Alunos, Motivados pelo Massacre, Criam uma Trava de Emergência para Impedir Atiradores]. *NBC News*, 24 out. 2013. Disponível em: https://www.nbcnews.com/scienemain/students-prompted-massacre-design-emergency-lock-thwart-shooters-8C11451971. Acesso em: 22 jun. 2023.

9. HOAI-TRAN-BUI. D.C. Students Invent Emergency Door Lock to Stop Shooters [Alunos de D.C. Inventam Trava de Emergência para Porta para Impedir Atiradores]. *NBC Washington*, 29 out. 2013. Disponível em: https://www.nbcwashington.com/news/local/DC-Students-Invent-Emergency-Door-Lock-to-Stop-Shooters-229201391.html. Acesso em: 22 jun. 2023.

10. PURDY, Chase. American School Shootings Are So Common Teens Are Inventing Tools to Stay Safe [Os Tiroteios em Escolas nos Estados Unidos são tão Comuns que Adolescentes estão Inventando Ferramentas para Ficarem Seguros]. *Quartz*, 20 fev. 2018. Disponível em: https://qz.com/1211304/us-school-shootings-are-so-common-teens-are-inventing-tools-to-stay-safe/. Acesso em: 22 jun. 2023.

11. MOSS, Frank. The Power of Creative Freedom: Lessons from the MIT Media Lab [A Força da Liberdade Criativa: Lições do Laboratório de Mídia do MIT], de Innovation: Perspectives for the 21st Century [Inovação: Perspectivas para o Século 21]. *BBVA Openmind*. Disponível em: https://www.bbvaopenmind.com/en/articles/the-power-of-creative-freedom-lessons-from-the-mit-media-lab/. Acesso em: 22 jun. 2023.

12. REILLY, Katie. When Schools Get Creative [Quando as Escolas Ficam Criativas]. The Science of Creativity [A Ciência da Criatividade]. *TIME Special Education*, p. 85, maio 2019.

13. KASHDAN, Todd B.; SILVIA, Paul J. Curiosity and Interest: The Benefits of Thriving on Novelty and Challenge [Curiosidade e Interesse: Os Benefícios da Prosperidade na Novidade e no Desafio]. *In: Handbook of Positive Psychology [Guia da Psicologia Positiva]*. Nova York: Oxford University Press, 2009, p. 367-375.

14. SOFFEL, Jenny. What Are the 21st Century Skills Every Student Needs? [Quais são as Habilidades do Século 21 De Que Cada Aluno Precisa?] *World Economic Forum [Fórum Econômico Mundial]*, 10 mar. 2016. Disponível em: https://www.weforum.org/agenda/2016/03/21st-century-skills-future-jobs-students/. Acesso em: 26 jun. 2019.

15. PEW RESEARCH CENTER. The State of American Jobs [O Estado dos Empregos Estadunidenses], 6 out. 2016. Disponível em: https://www.pewsocialtrends.org/2016/10/06/the-state-of-american-jobs/. Acesso em: 22 jun. 2023.

16. EICH, Darin J. Innovation Skills for the Future: Insights from Research Reports [Habilidades em Inovação para o Futuro: Ideias a Partir de Relatórios de Pesquisa]. *Innovation Training*, 2018. Disponível em: https://www.innovationtraining.org/innovation-skills-for-the-future. Acesso em: 19 jun. 2019; LEVY, Francesca; CANNON, Christopher. The Bloomberg Job Skills Report 2016: What Recruiters Want [O Relatório Bloomberg sobre Habilidades Profissionais de 2016: O que Querem os Recrutadores]. Bloomberg. Disponível em: https://www.bloomberg.com/graphics/2016-job-skills-report/. Acesso em: 22 jun. 2023; AMERICAN MANAGEMENT ASSOCIATION (AMA). Critical Skills Survey (Complex Problem Solving, Critical Thinking, Creativity, Collaboration And Team Building) [Levantamento das Habilidades Cruciais da Associação Americana de Administração (Solução De Problemas Complexos, Pensamento Crítico, Criatividade, Colaboração E Formação De Equipes)], dez. 2010.

17. HIDI, S.; BERNDORFF, D. Situational Interest and Learning [Interesse Situacional e Aprendizado]. *In*: HOFFMAN, L.; KRAPP, A.; RENNINGER, K. A.; BAUMERT, J. (eds.). *Interest and Learning [Interesse e Aprendizado]*. Kiel: IPN, p. 74-90; SCHIEFELE, U.; KRAPP, A.; WINTELER, A. Interest as a Predictor of Academic Achievement: A Meta-Analysis of Research [Interesse Como Indicativo de Conquista Acadêmica: Uma Meta-Análise da Pesquisa]. In: RENNINGER, K. A.; HIDI, S.; KRAPP, A. (eds.). *The Role of Interest in Learning and Development [O Papel do Interesse no Aprendizado e no Desenvolvimento]*. Hillsdale: Erlbaum, 1992, p. 183-212.

18. ASSOCIATION FOR PSYCHOLOGICAL SCIENCE [Associação para a Ciência Psicológica]. Curiosity is Critical to Academic Performance [A Curiosidade é Crucial ao Desempenho Acadêmico]. Science Daily. Disponível em: www.sciencedaily.com/releases/2011/10/11027150211.htm. Acesso em: 3 jul. 2019.

19. NAYLOR, F. D. A State-Trait Curiosity Inventory [Um Inventário da Curiosidade Traço-Estado]. *Australian Psychologist [Psicólogo Australiano]*, v. 16, p. 172-183, 1981; PARK, N.; PETERSON, C.; SELIGMAN, M. E. P. Strengths of Character and Well-Being [Forças de Caráter e Bem-Estar]. *Journal of Social and Clinical Psychology [Revista de Psicologia Social e Clínica]*, v. 23, p. 603-619, 2004; VITTERSO, J. Flow Versus Life Satisfaction: A Projective Use of Cartoons to Illustrate the Difference Between the Evaluation Approach and the I ntrinsic Motivation Approach to Subjective Quality of Life [Fluxo Versus Realização na Vida: Um Uso Projetivo de Desenhos para Ilustrar a Diferença Entre a Abordagem de Avaliação e a Abordagem de Motivação Intrínseca à Qualidade de Vida Subjetiva]. *Journal of Happiness Studies [Revista dos Estudos da Felicidade]*, v. 4, p. 141-167, 2003.

20. ENGEL, S. Children's Need to Know: Curiosity in School [A Necessidade de Saber das Crianças: Curiosidade na Escola]. *Harvard Educational Review [Revista Educacional de*

Harvard], v. 81, n. 4, p. 625-645. DOI: 10.17763/haer.81.4.h054131316473115; KASHDAN, T. B.; SHERMAN, R. A.; YARBRO, L.; FUNDER, D. C. How Are Curious People Viewed and How Do They Behave in Social Situations? From the Perspectives of Self, Friends, Parents and Unacquainted Observers [Como as Pessoas Curiosas São Vistas e Como Elas Se Comportam Em Situações Sociais? A Partir da Perspectiva de Si Mesmo, dos Amigos, Pais e Observadores Desconhecidos]. *Journal of Personality [Revista da Personalidade]*, v. 81, n. 2, p. 142-154, 2013. DOI: 10.1111/j.1467-6494.2012.00796.x.

21. LAND, George; JARMAN, Beth. *Breaking Point and Beyond [Ponto de Ruptura e Além]*. San Francisco: HarperBusiness, 1993.

22. BRONSON, Po; MERRYMAN, Ashley. The Creativity Crisis [A Crise da Criatividade]. *Newsweek*, 10 jul. 2010. Disponível em: https://www.newsweek.com/creativity-crisis-74665. Acesso em: 22 jun. 2023.

23. 100 Years Of Research Prove That Rewards Only Result In Temporary Obedience [100 Anos De Pesquisa Comprovam Que As Recompensas Resultam Apenas Em Obediência Temporária]. Entrevista com Alfie Kohn e D. J. Heiss. Rewards Can Be as Bad as Punishments [Recompensas Podem Ser Tão Prejudiciais Quanto Punições]. Redlands Daily Facts, 15 nov. 2007.

24. DEAN, Jeremy. Do Big Money Bonuses Really Increase Job Performance? [Os Bônus Financeiros de Grandes Investidores Realmente Aumentam o Desempenho Profissional?] *PsyBlog*, 26 jun. 2019. Disponível em: https://www.spring.org.uk/2008/04/do-big-money-bonuses-really-increase.php. Acesso em: 22 jun. 2023.

25. LEPPER, M. R.; GREENE, D.; NISBETT, R. E. Undermining Children's Intrinsic Interest With Extrinsic Reward: A Test Of The "Overjustification" Hypothesis [O Enfraquecimento do Interesse Intrínseco das Crianças com uma Recompensa Extrínseca: Um Teste da Hipótese de "Superjustificação"]. *Journal of Personality and Social Psychology [Revista de Personalidade e Psicologia Social]*, v. 28, n. 1, p. 129-137, 1973. DOI: http://dx.doi.org/10.1037/h0035519.

26. BUTLER, Ruth. Task-Involving and Ego-Involving Properties of Evaluation Effects of Different Feedback Conditions on Motivational Perceptions, Interest, and Performance [As Propriedades com Envolvimento de Tarefa e Envolvimento do Ego dos Efeitos Avaliativos das Condições de Resposta Diferentes nas Percepções Motivacionais, no Interesse e no Desempenho]. *Journal of Educational Psychology [Revista de Psicologia Educacional]*, v. 79, p. 474-482, 1987.

27. BUTLER, Ruth; NISAN, Mordecai. Effect of No Feedback, Task-Related Comments, and Grades On Intrinsic Motivation and Performance [Efeito da Falta de Resposta, de Comentários Relativos à Tarefa e Notas na Motivação Intrínseca e no Desempenho]. *Journal of Educational Psychology*, v. 78, p. 210-216, 1986. DOI: 10.1037/0022-0663.78.3.210.

28. KOHN, Alfie. *Punidos Pelas Recompensas*. Brasil: Atlas, 2019.

29. KOHN, Alfie. Hooked on Rewards [Obcecados por Recompensas], p. 67.

30. KELLEY, Raina. Getting Away with It [Safando-se Disso]. *Newsweek*, 30 abr. 2008. Disponível em: http://www.newsweek.com/id/14920/output/print.

31. DOBSON, R. Why First-Born Children Have Higher IQs [Por que Primogênitos Têm QIs Mais Elevados]. *The Times*, 11 abr. 2008.

32. Joseph Price, o professor de Economia da Brigham Young University, analisou dados sobre mais de 21 mil pessoas e constatou que nossos filhos mais novos não recebem a devida atenção muitas vezes no momento da conversa cara a cara com os pais: PRICE, J. Parent-Child Quality Time: Does Birth Order Matter? [Tempo de Qualidade entre Pais e Filhos: A Ordem de Nascimento Importa?]. *Journal of Human Resources [Revista de Recursos Humanos]*, v. 43, n. 1, p. 240-265, inverno 2008.

33. DACEY, John S. Discriminating Characteristics of the Families of Highly Creative Adolescents [Características Distintivas das Famílias de Adolescentes Altamente Criativos]. *Journal of Creative Behavior [Revista do Comportamento Criativo]*, v. 23, n. 4, p. 263-271, 1989. DOI: https://doi.org/10.1002/j.2162-6057.1989.tb00700.x.

34. KAUFMAN, Scott Barry; GREGOIRE, Carolyn. *Wired to Create: Unraveling the Mysteries of the Creative Mind [Ligado para Criar: Desvendando os Mistérios da Mente Criativa]*. Nova York: Penguim Random House, 2015, p. 47.

35. BAIRD, Benjamin; SMALLWOOD, Johnathan; MRAZEK, Michael D.; KAM, Julia W. Y.; FRANKLIN, Michael S.; SCHOOLER, Johnathan W. Inspired by Distraction: Mind Wandering Facilitates Creative Incubation [Inspirado pela Distração: o Vagar da Mente Facilita a Incubação Criativa]. *Psychological Science*, v. 23, n. 10, p. 1117-1122, out. 2012. DOI:10.1177/0956797612446024.

36. PAPPAS, Stephanie. Busy Kids: Overscheduled Worriers Overstated [Crianças Ocupadas: Crianças Preocupadas Demais com o Excesso de Atividades]. *LiveScience*, 10 abr. 2011. Disponível em: https://www.livescience.com/13642-kids-overscheduled-extra-curricular-activities.html. Acesso em: 22 jun. 2023.

37. MCCULLOUGH, David. *The Wright Brothers [Os Irmãos Wright]*. Nova York: Simon & Schuster, 3 maio 2016.

38. WEISMAN, Aly. Meet Steven Spielberg's Parents in This Revealing "60 Minutes" Profile [Conheça os Pais de Steven Spielberg neste Perfil Revelador do "60 Minutes"]. *Business Insider*, 22 out. 2012. Disponível em: https://www.businessinsider.com/meet-steven-spielbergs-parents-in-this-revealing-60-minutes-profile-2012-10. Acesso em: 22 jun. 2023.

39. CARLSSON-PAIGE, Nancy. How to Raise a Grounded, Creative Child [Como Criar uma Criança Centrada e Criativa]. *CNN*, 30 jan. 2014. Disponível em:

https://www.cnn.com/2014/01/30/opinion/carlsson-paige-raising-children/index.html. Acesso em: 22 jun. 2017.

40. SHURE, Myrna B.; SPIVACK, George. Interpersonal Problem Solving as a Mediator of Behavioral Adjustment in Preschool and Kindergarten Children [A Solução de Problemas Interpessoais como uma Mediadora do Ajuste Comportamental em Crianças da Pré-Escola e do Jardim de Infância]. *Journal of Applied Developmental Psychology [Revista da Psicologia do Desenvolvimento Aplicada]*, v. 1, 1. ed., p. 29-44, inverno 1980. Disponível em: https://www.sciencedirect.com/science/article/pii/019339738090060X. Acesso em: 22 jun. 2023.

41. ODYSSEY OF THE MIND. Creative Competitions, Inc. [Odisseia da Mente, Competições Criativas, S.A.], 2020. Disponível em: https://www.odysseyofthemind.com. Acesso em: 22 jun. 2023.

42. Sex and Drugs? Today's Teens a "Cautious Generation" [Sexo e Drogas? Os Adolescentes Atuais são uma "Geração Cautelosa"]. *CBS News*, 9 jun. 2016. Disponível em: https://www.cbsnews.com/news/teen-survey-sex-drugs-smoking-trends/. Acesso em: 30 jun. 2019.

43. DERESIEWICZ, William. *Excellent Sheep: The Miseducation of the American Elite and the Way to a Meaningful Life [Ovelha Excelente: A Educação Errada da Elite Estadunidense e o Caminho para uma Vida Significativa]*. Nova York: Free Press, 2015, p. 2.

44. TWENGE, Jean. *iGen, Why Today's Super-Connected Kids Are Growing Up Less Rebellious, More Tolerant, Less Happy – and Completely Unprepared for Adulthood [iGen: Por que as Crianças Superconectadas de Hoje Estão Crescendo Menos Rebeldes, Mais Tolerantes, Menos Felizes – e Completamente Despreparadas para a Vida Adulta]*. Nova York: Atria Books, 2017, p. 154.

45. LUKIANOFF, Greg; HAIDT, Jonathan. *The Coddling of the American Mind: How Good Intentions and Bad Ideas are Setting Up a Generation for Failure [O Afago da Mente Estadunidense: Como Boas Intenções e Péssimas Ideias Predispõem uma Geração ao Fracasso]*. Nova York: Penguin Press, 2018, p. 48.

46. ABDUL-ALIM, Jamaal. Experts Tell Congress Free Speech on Campus "Essential" [Especialistas Contam ao Congresso que Consideram a Liberdade de Expressão no Campus "Essencial"]. *Diverse-Education.com*, 26 out. 2017. Disponível em: https://diverseeducation.com/article/103956/. Acesso em: 23 jun. 2023.

47. GRANT, Adam. *Kids, Would You Please Start Fighting? [Crianças, Vocês Poderiam, Por Favor, Começar a Brigar?]* New York Times, 4 nov. 2017. Disponível em: https://www.nytimes.com/2017/11/04/opinion/sunday/kids-would-you-please-start-fighting.html?_r=0. Acesso em: 23 jun. 2023.

48. O acrônimo ARE é creditado a Kate Shuster, diretora executiva do Programa de Debate Público do Ensino Médio, citada por: SCHERER, Marge. Teaching Students to Think! [Ensine os Alunos a Pensar!] *Educational Leadership*, v. 65, n. 5, fev. 2008. Disponível em: http://www.ascd.org/publications/educational-leadership/feb08/vol65/num05/toc.aspx.

49. A infância de Einstein, por Walter Isaacson: ISAACSON, Walter. 20 Things You Need to Know About Einstein [20 Coisas Que Você Precisa Saber Sobre Einstein]. *TIME*, 5 abr. 2007. Disponível em: http://content.time.com/time;specials/packages/article/0,28804,1936731_1936743_1936745,00.html; ISAACSON, Walter. *His Life and Universe [Sua Vida e Universo]*. Nova York: Simon & Schuster, 2007; SHEPLER, John. *Einstein's Compass [A Bússola de Einstein]*. JohnShepler.com, nov. 2018. Disponível em: https://www.johnshepler.com/articles/einstein.html. Acesso em: 23 jun. 2023.

50. HEAD, Tom. Six Interesting Musical Facts About Albert Einstein [Seis Fatos Musicais Interessantes A Respeito de Albert Einstein]. *CMUSE*, 29 abr. 2015. Disponível em: https://www.cmuse.org/interesting-musical-facts-about-albert-einstein/.

51. WESTBY, Erik L.; DAWSON, V. L. Creativity: Asset or Burden in the Classroom? [Criatividade: Trunfo ou Fardo na Sala de Aula?]. *Creativity Research Journal [Revista de Pesquisa sobre Criatividade]*, v. 8, n. 1, p. 1-10, 1995. DOI: 10.1207/s15326934crj0801_1.

52. REY, H.A. *George o Curioso*. Brasil: WMF Martins Fontes, 2018.

53. CITRO, Asia. *Zoey and Sassafras*. EUA: The Innovation Press, 2018.

54. FLEMING, Candace. *Papa's Mechanical Fish*. EUA: Farrar, Straus and Giroux, 2013.

55. BEATY, Andrea *Rita Bandeira, engenheira*. EUA: Intrínseca, 2019.

56. DENOS, Julia. *Windows*. EUA: Candlewick, 2021.

57. BROWN, Peter. *O jardim curioso*. Brasil: WMF Martins Fontes, 2014.

58. Saltzberg, Barney. *Beautiful Oops!* EUA: Workman Publishing Company, 2010.

59. SPIRES, Ashley. *The Most Magnificent Thing*. EUA: Kids Can Press, 2014.

60. BERNEM, Jennifer. *Um raio de luz*. Brasil: Companhia das Letrinhas, 2015.

61. Motum, Markus. *Curiosity: The Story of a Mars Rover*. EUA: Candlewick, 2018.

62. YAMADA, Kobi. O Que Você Faz Com Uma Ideia? Brasil: Vooinho, 2016.

63. _____. *O Que Você Faz Com Um Problema*. Brasil: Vooinho, 2017.

64. _____. *O Que Você Faz Com Uma Oportunidade?* Brasil: Vooinho, 2018.

65. BILTON, Nick. Steve Jobs Was a Low-Tech Parent [Steve Jobs Foi um Pai de Baixa Tecnologia]. *New York Times*, 10 set. 2014. Disponível em: https://www.nytimes.com/2014/09/11/fashion/steve-jobs-apple-was-a-low-tech-parent.html?_r=0. Acesso em: 22 jun. 2019.

66. WELLER, Chris. Bill Gates and Steve Jobs Raised Their Kids Tech-Free-and It Should've Been a Red Flag [Bill Gates e Steve Jobs Criaram Seus Filhos Sem Tecnologia e isso Deveria Ser um Alerta]. *Business Insider*, 10 jan. 2018. Disponível em: https://www.businessinsider.com/screen-time-limits-bill-gates-steve-jobs-red-flag-2017-10. Acesso em: 22 jun. 2019.

67. Entrevista pessoal com Adam El Rafey e seus pais, Soha e Mohie El Rafey, na conferência Global Educational Supplies and Solutions (GESS) [Suprimentos e Soluções Educacionais Globais] em Dubai, em 26 de fevereiro de 2019.

Capítulo 6

1. Todas as pesquisas sobre garra são de Angela Duckworth: DUCKWORTH, Angela. *Grit: The Power of Passion and Perseverance [Garra: O Poder da Paixão e da Perseverança]*. Nova York: Scribner, 2016.

2. *Ibid.*, p. 56.

3. COLVIN, Geoff. *Talent Is Overrated: What Really Separates World-Class Performers from Everybody Else [Talento é Superestimado: O que Realmente Separa Pessoas Com Alto Desempenho dos Demais]*. Nova York: Penguin Books, 2008, p. 3, 51.

4. DUCKWORTH, Angela. *Garra: O poder da paixão e da perseverança*. Brasil: Intrínseca, 2016.

5. CSIKSZENTMIHALYI, Mihaly; RATHUNDE, Kevin; WHALEN, Samuel. *Talented Teenagers: The Roots of Success & Failure [Adolescentes Talentosos: As Raízes do Sucesso e do Fracasso]*. Nova York: Cambridge University Press, 1993, p. 10.

6. TOPPO, Greg. Rethinking What Spurs Success [Repensar o Que Impulsiona o Sucesso]. *USA Today*, 4 out. 2012, 3A.

7. SEERY, Mark D.; HOLMAN, E. Alison; SILVER, Roxane Cohen. Whatever Does Not Kill Us: Cumulative Lifetime Adversity, Vulnerability and Resilience [O que Não Nos Mata: o Acúmulo de Adversidade na Vida, a Vulnerabilidade e a Resiliência]. *Journal of Personality and Social Psychology [Revista de Personalidade e Psicologia Social]*, v. 99, n. 6, p. 2012-1041, 2010. DOI: http://dx.doi.org/10.1037/a0021344.

8. DWECK, Carol S. The Secret to Raising Smart Kids [O Segredo para Criar Crianças Inteligentes]. *Scientific American Mind* [Mente Científica Americana], p. 11-17, verão 2016.

9. DWECK, Carol S. *Mindset: The New Psychology of Success [Mentalidade: A Nova Psicologia do Sucesso]*. Nova York: Ballantine Books, 2006, p. 6.

10. Enfatize o esforço: BLACKWELL, L. S.; DWECK, C. S.; TRZENSNIEWKI, K. H. Implicit Theories of Intelligence Predict Achievement Across an Adolescent Transition: A Longitudinal Study and an Intervention [Teorias de Inteligência Implícitas Preveem a Conquista Por Toda Uma Transição Adolescente: Um Estudo Longitudinal e uma Intervenção]. *Child Development [Desenvolvimento Infantil]*, v. 78, 1. ed., 7 fev. 2007.

11. PAUNESKU, David. Scaled-Up Social Psychology: Intervening Wisely and Broadly in Education [Psicologia Social em Larga Escala: Como Intervir com Sabedoria e Amplamente

na Educação] (dissertação de doutorado, Stanford University, ago. 2013). Disponível em: https://web.stanford.edu/~paunesku/paunesku_2013.pdf. Acesso em: 23 jun. 2023; TOCH, Thomas; HEADDEN, Susan. How to Motivate Students to Work Harder [Como Motivar os Estudantes a Se Esforçarem]. *Atlantic*, 3 set. 2014.

12. SHURKIN, Joel N. *Terman's Kids: The Groundbreaking Study of How the Gifted Grow Up [Crianças de Terman: O Estudo Pioneiro de Como os Talentosos Crescem].* Boston: Little Brown and Company, 1992.

13. *Ibid.*, p. 294.

14. PHELPS, Michael. No Limits: *The Will to Succeed [Sem Limites: A Disposição para Vencer].* Nova York: Free Press, 2009, p. 14.

15. MORIN, Amy. *13 Things Mentally Strong People Don't Do [13 Coisas que Pessoas com uma Mente Forte Não Fazem].* Nova York: William Morrow, 2014, p. 149.

16. JORDAN, Michael; VANCIL, Mark. *Driven from Within [Motivação Interna].* Nova York: Atria Books, p. 16.

17. *Ibid.*, p. 75.

18. *Ibid.*, p. 18.

19. *Ibid.*, p. 87.

20. *Ibid.*, p. 145.

21. *Ibid.*, p. 126.

22. *Ibid.*, p. 154.

23. STEVENSON, H. W.; STIGLER, J. W. *The Learning Gap [A Disparidade de Aprendizado].* Nova York: Simon & Schuster, 1992. Pesquisa da Universidade de Michigan comparando a perseverança das crianças asiáticas com a das estadunidenses.

24. Charlip, Remy. *Fortunately.* EUA: Aladdin, 1993.

25. Drew Daywalt. A revolta dos gizes de cera. Brasil: Salamandra, 2015.

26. Watty Piper. *The Little Engine That Could.* EUA: Grosset & Dunlap, 2001.

27. Stephan Pastis. *Timmy Fiasco: Olha só o que você fez.* Brasil: Rocco, 2022.

28. WILLIAMS-GARCIA, Rita. *Fast Talk on a Slow Track.* Dutton Juvenile, 1991.

29. Paulsen Gary. *Hatchet.* EUA: Simon & Schuster, 2009.

30. Suzanne Collins. *Jogos vorazes.* Brasil: Rocco, 2012.

31. BEAH, Ishmael. *Muito longe de casa: Memórias de um menino-soldado.* Brasil: Companhia das Letras, 2015.

32. BROWN, Daniel James. T*he Boys in the Boat: Nine Americans and Their Epic Quest for Gold at the 1936 Berlin Olympics.* EUA:Penguin Books, 2013.

33. REYNOLDS, Luke. *Fantastic Failures: True Stories of People Who Changed the World by Falling Down First*. EUA: Aladdin, 2018.

34. JONES, Charlotte Foltz. *Mistakes That Worked: 40 Familiar Inventions & How They Came to Be*. EUA: Delacorte Press, 1994.

35. DUCKWORTH, Angela. *Grit: The Power of Passion and Perseverance [Garra: O Poder da Paixão e da Perseverança]*. Nova York: Scribner, 2016.

36. MARTIN, Bill Jr. *Knots on a Counting Rope*. EUA: quare Fish 1997.

Capítulo 7

1. CHUA, Jasmin Malik. N*o Kidding, One in Three Children Fear Earth Apocalypse [Sem Brincadeira, Uma em Cada Três Crianças Teme o Apocalipse Terrestre]*. Treehugger, 20 abr. 2009. Disponível em: https://www.treehugger.com/culture/no-kidding-one-in-three-children-fear-earth-apocalypse.html. Acesso em: 24 jun. 2023; Pesquisa por telefone reuniu uma amostra nacional de 500 pré-adolescentes estadunidenses: 250 meninos e 250 meninas. Encomendada pela Habitat Heroes e conduzida pela Opinion Research.

2. CHANSKY, Tamar. *Freeing Your Child from Anxiety, Revised and Updated Edition: Practical Strategies to Overcome Fears, Worries, and Phobias and Be Prepared for Life-from Toddlers to Teens*. EUA: Harmony, 2014.

3. STIXRUD, William; JOHNSON, Ned. T*he Self-Driven Child: The Science and Sense of Giving Your Kids More Control Over Their Lives [A Criança Automotivada: A Ciência e a Razão em Dar aos Seus Filhos Mais Controle Sobre Suas Vidas]*. Nova York: Penguin Books, 2018, p. 2.

4. SELIGMAN, Martin E. P. *The Optimistic Child: A Proven Program to Safeguard Children Against Depression and Build Lifelong Resilience [A Criança Otimista: Um Programa Comprovado para Proteger as Crianças Contra a Depressão e Desenvolver a Resiliência Vitalícia]*. Nova York: Houghton Mifflin Company, 1995, p. 53.

5. NOVOTNEY, Amy. *Resilient Kids Learn Better [Crianças Resilientes Aprendem Melhor]*. American Psychological Association [Associação Psicológica Americana], v. 40, n. 9, out. 2009. Disponível em: https://www.apa.org/monitor/2009/10/resilient. Acesso em: 24 jun. 2023.

6. NOVOTNEY, Amy. *Resilient Kids Learn Better [Crianças Resilientes Aprendem Melhor]*. American Psychological Association [Associação Psicológica Americana], v. 40, n. 9, out. 2009. Disponível em: https://www.apa.org/monitor/2009/10/resilient. Acesso em: 24 jun. 2023.

7. SELIGMAN, Martin. *The Optimistic Child* [A Criança Otimista], p. 98.

8. ANXIETY AND DEPRESSION ASSOCIATION OF AMERICA [Associação Americana de Ansiedade e Depressão]. 2018. Disponível em: https://adaa.org/about-adaa/press-room/facts-statistics. Acesso em: 24 jun. 2023.

9. TWENGE, Jean M. *The Age of Anxiety? Birth Cohort Change in Anxiety and Neuroticism, 1952-1993 [A Era da Ansiedade? Alteração na Coorte de Nascimentos na Ansiedade e no Neuroticismo]*. Journal of Personality and Social Psychology [Revista de Personalidade e Psicologia Social], v. 79, n. 6, p. 1007-1021, 2000.

10. EATON-ROBB, Pat. Teacher Unions: *Children Terrified by Active Shooter Drills [Sindicatos de Professores: Crianças Assustadas com as Simulações de Emergência por Tiroteio Ativo]*. ABC News, 11 fev. 2020. Disponível em: https://abcnews.go.com/US/wireStory/teachers-unions--express-opposition-active-shooter-drills-68916676.

11. ELINSON, Zusha. *Shooter Study Raises Doubts on Readiness [O Estudo do Tiroteio Levanta Dúvidas quanto a Presteza]*. Wall Street Journal, 14 nov. 2019.

12. When Is It OK for Parents to Let Their Kids Watch Violent Movies? [Quando os Pais Podem Deixar Seus Filhos Assistirem a Filmes Violentos?] HealthDay, 13 jun. 2018. Disponível em: https://www.health24.com/Parenting/News/when-is-it-ok-for-parents-to-let-their--kids-watch-violent-movies-20180613-3. Acesso em: 28 jun. 2023.

13. George C. Patton, M.D., professor, pesquisador de saúde dos adolescentes, Centre for Adolescent Health, Royal Children's Hospital, Melbourne, Austrália; Hilary Tindle, M.D., M.P.H., pesquisador, Center for Research on Health Care, Division of General Internal Medicine, University of Pittsburgh, fevereiro 2011; Pediatrics *Online*, 10 jan. 2011.

14. Entrevista com Michael Morgan e George Gerbner. MORGAN, Michael; GERBNER, George. The Mean World Syndrome, Media Violence and the Cultivation of Fear [A Síndrome do Mundo Cruel, Violência na Mídia e o Fomento do Medo]. Media *Education Foundation*, 2010. Disponível em: www.mediaed.org. Acesso em: 24 jun. 2023.

15. BOYS AND GIRLS CLUBS OF AMERICA. National "You Report": By Teens, About Teens ["Autorrelatório": Por Adolescentes, Sobre Adolescentes]. NPR, 16 abr. 2016. Disponível em: https://www.npr.org/templates/story/story.php?storyId=5350682. Acesso em: 24 jun. 2023.

16. Statistics: National Center for Education Statistics [Estatísticas: Centro Nacional de Estatísticas Educacionais]. Disponível em: https://nces.ed.gov/fastfacts/display.asp?id=719. Acesso em: 24 jun. 2023.

17. SELIGMAN, Martin E. P. *The Optimistic Child [A Criança Otimista]*. Nova York: Houghton Mifflin Company, 1995, p. 7.

18. WAGNER, Benjamin. Mister Rogers: "Look for the Helpers" in Times of Disaster [Sr. Rogers: "Procure os Solidários" em Momentos de Desastre]. Mister Rogers & Me, 18 dez. 2012. Disponível em: http://www.misterrogersandme.com/2012/12/18/mister-rogers--quote/.

19. CHANG, E. C. Hope, Problem-Solving Ability, and Coping in a College Student Population: Some Implications for Theory and Practice [Esperança, Capacidade para Resolver

Problemas e Enfrentamento em uma População de Alunos Universitários: Algumas Implicações para Teoria e Prática]. *Journal of Clinical Psychology*, v. 54, n. 7, p. 954-962, nov. 1998.

20. GILMAN, Rich; DOOLEY, Jameika; FLORELL, Dan. Relative Levels of Hope and their Relationship with Academic and Psychological Indicators Among Adolescents [Níveis Relativos de Esperança e Sua Relação com os Indicadores Acadêmicos e Psicológicos Entre Adolescentes]. *Journal of Social and Clinical Psychology [Revista de Psicologia Social e Clínica]*, v. 25, 2. ed., fev. 2006. Disponível em: https://guilfordjournals.com/doi/abs/10.1521/jscp.2006.25.2.166. Acesso em: 24 jun. 2023.

21. THOMPSON, Laurie Ann. *Emmanuel's Dream: The True Story of Emmanuel Ofosu Yeboah*. EUA: Anne SchwartzBooks, 2015.

22. COLES, Robert. *The Story of Ruby Bridges*. EUA: Scholastic Paperbacks, 2010.

23. PARK, Linda Sue. *Uma longa caminhada até a água*. Brasil: WMF Martins Fontes, 2016.

24. YOUSAFZAI, Malala. *Malala (Edição infantojuvenil): Minha história em defesa dos direitos das meninas*. Brasil: Seguinte, 2020.

25. STEVENSON, Bryan. *Compaixão: uma História de Justiça e Redenção*. Red Tapioca, 2019.

26. WESTOVER, Tara. *Educated: A menina da montanha*. Brasil: Rocco, 2023.

27. BRIDGES, Ruby. *Through My Eyes [Através do Meu Olhar]*. Nova York: Scholastic Inc., 1999, p. 22.

28. *Ibid.*, p. 56.

29. *Ibid.*, p. 9.

30. COLES, Robert. *The Story of Ruby Bridges [A História de Ruby Bridges]*. Nova York: Scholastic Inc., 1995.

31. Constatou-se que muitos indivíduos resilientes recorrem à fé e à oração como uma fonte importante de apoio em momentos de dificuldades: WERNER, Emmy E.; SMTH, Ruth S. *Overcoming the Odds: High Risk Children from Birth to Adulthood [Superação de Adversidades: Crianças de Alto Risco do Nascimento à Vida Adulta]*. Ithaca: Cornell University Press, 1992, p. 71.

32. BRIDGES, Ruby. *Through My Eyes [Através do Meu Olhar]*. Nova York: Scholastic Inc., 1999, p. 40-41.

33. *Ibid.*, p. 49.

34. PEOPLE STAFF. Kindest Cut [Corte de Amor]. *People*, 11 abr. 1994. Disponível em: https://people.com/archive/kindest-cut-vol-41-no-13/. Acesso em: 24 jun. 2023; GREENBERG, Brigitte. Fifth Grade Boys Shave Heads to Save Classmate's Face: Cancer: Fellow Students Didn't Want Friend to Feel Out of Place When Chemotherapy Causes Hair to Fall Out [Meninos da Quinta Série Raspam as Cabeças para Salvar a Reputação de Colega:

Câncer: Os Colegas Não Queriam que o Amigo Se Sentisse Deslocado Quando Seu Cabelo Caísse Por Causa da Quimioterapia]. *Los Angeles Times*, 20 mar. 1994. Disponível em: http://articles.latimes.com/1994-03-20/local/me-36274_1_cancer-head-shave. Acesso em: 24 jun. 2023.

35. HAIDT, Jonathan. Wired to Be Inspired [Obcecado por ser Inspirado]. In: KELTNER, Dacher; MARSH, Jason; ADAM SMITH, Jeremy (eds.). *The Compassionate Instinct [O Instinto da Compaixão]*, v. 86. Nova York: W.W. Norton & Company, 2010.

36. DOERR, Anthony. *Toda luz que não podemos ver*. Brasil: Intrínseca, 2015.

37. LEANNAH, Michael. *Most People*. EUA: Tilbury House Publishers, 2020.

38. Kerascoët. *I Walk with Vanessa: A Picture Book Story About a Simple Act of Kindness*. EUA: Random House, 2018.

39. OTOSHI, Kathryn. *One*. EUA: KO Kids Books, 2008

40. COURTENAY, Bryce. *The Power of One*. EUA: Ballantine Books 1996.

41. COCCA-LEFFLER, Maryann. *Rain Brings Frogs: A Little Book of Hope*. EUA: HarperCollins, 2011.

42. GILLEN, Lynea. *Good People Everywhere*. EUA: Three Pebble Press, 2012.

43. MCGHEE, Holly M. *Come With Me*. EUA: G.P. Putnam's Sons Books for Young Readers, 2017.

44. PEÑA, Matt De La. *A última Paragem*. Brasil: Minotauro, 2017.

45. COONEY, Barbara. *Miss Rumphius*. EUA: Puffin Books, 1985.

46. DRAPER, Sharon M. *Fora de mim*. Brasil: Plataforma 21, 2014.

47. MACK, Jeff. *Good News, Bad News*. EUA: Chronicle Books, 2012.

48. LEVINE, Kristin. *The Lions of Little Rock*. EUA: Puffin Books, 2013.

49. MILLS, Wendy. *All We Have Left*. EUA: Bloomsbury USA Childrens, 2017.

50. John Green. *A culpa é das estrelas*. Brasil: Intrínseca, 2012.

51. SASLOW, Eli. *Rising Out of Hatred: The Awakening of a Former White Nationalist*. EUA: Anchor, 2019.

52. WAMSLEY, Laurel. Troubled by Flint Water Crisis, 11-Year-Old Girl Invents Lead-Detecting Device [Comovida pela Crise da Água de Flint, Garota de 11 Anos Inventa Dispositivo Para Detectar Chumbo]. NPR, 20 out. 2017. Disponível em: https://www.npr.org/sections/thetwo-way/2017/10/20/559071028/troubled-by-flint-water-crisis-11-year-old-girl-invents-lead-detecting-device. Acesso em: 25 jun. 2023.

53. BRAUN, Adam. *The Promise of a Pencil: How an Ordinary Person Can Create Extraordinary Change*. EUA: Scribner, 2015.

54. PROJECT I AM. Disponível em: https://www.iamnaeem.com. Acesso em: 25 jun. 2023.

Índice Remissivo

A

adolescente 13, 14, 19, 27, 37, 46, 50, 52, 70, 71, 75, 78, 83, 84, 88, 89, 90, 132, 147, 177, 178, 187, 216, 217, 225, 227

adolescentes 5, 14, 15, 18, 19, 21, 42, 50, 51, 57, 71, 73, 74, 77, 79, 81, 91, 104, 106, 113, 117, 118, 121, 122, 123, 124, 125, 128, 130, 142, 143, 144, 149, 155, 166, 168, 177, 182, 194, 206, 207, 208, 211, 213, 216, 217, 219, 221, 224, 225, 235, 236, 243, 245, 246, 255, 269, 270, 283

Albert Schweitzer 57

Alfie Kohn 73, 154, 263

American Academy of Pediatrics 108

American 112, 113, 115, 116, 119, 120, 121, 122, 123, 124, 125, 126, 136, 180, 188, 214, 220, 230, 283, 284

Autocontrole 9, 26, 31, 99, 230, 232, 233, 240, 251, 253, 255, 256

Avidez 44

avô 43, 229

B

Beethoven 195

Benjamin Bloom 38

biólogo 45

Boys & Girls Clubs of America 213

bullying 53, 70, 90, 114, 130, 139, 143, 201, 213, 227, 249, 257

C

caridade 75, 87, 92, 95

centros de trauma 21

ciência 22, 23, 24, 72, 83, 89, 90, 92, 105, 125, 133, 151, 154, 155, 156, 157, 160, 167, 179, 181, 197, 203, 204, 205

coaches 131, 132

Contato visual 80

coronavírus 16, 117, 164, 222

covid-19 14, 206

criança 15, 16, 17, 22, 23, 26, 27, 28, 35, 36, 37, 38, 40, 41, 42, 44, 45, 49,

52, 57, 58, 59, 60, 61, 62, 65, 69, 70, 72, 75, 78, 83, 85, 86, 87, 88, 89, 99, 100, 102, 105, 107, 108, 114, 116, 117, 118, 122, 125, 126, 137, 138, 142, 145, 147, 148, 152, 153, 155, 156, 157, 158, 168, 171, 172, 180, 181, 182, 184, 187, 188, 189, 192, 193, 197, 204, 205, 209, 210, 212, 213, 215, 216, 220, 227, 229, 235, 284

crianças 3, 5, 13, 14, 15, 16, 17, 18, 19, 20, 21, 22, 23, 24, 25, 26, 27, 28, 29, 35, 36, 37, 38, 39, 40, 41, 42, 43, 44, 46, 47, 48, 49, 51, 52, 53, 55, 56, 57, 58, 60, 61, 62, 67, 68, 69, 70, 71, 72, 73, 74, 75, 76, 77, 78, 79, 80, 81, 82, 83, 84, 85, 86, 87, 88, 89, 90, 91, 93, 94, 95, 96, 99, 100, 101, 102, 103, 104, 105, 106, 107, 108, 109, 110, 111, 112, 113, 114, 115, 116, 117, 118, 119, 120, 121, 122, 123, 124, 126, 127, 128, 129, 130, 131, 132, 133, 134, 135, 137, 138, 139, 140, 142, 144, 145, 146, 147, 148, 149, 150, 151, 152, 153, 154, 155, 156, 157, 159, 160, 161, 162, 164, 165, 166, 167, 168, 169, 170, 171, 172, 173, 178, 179, 180, 181, 182, 183, 185, 186, 187, 188, 189, 190, 191, 192, 193, 194, 195, 196, 197, 198, 201, 202, 203, 204, 205, 206, 207, 208, 209, 210, 211, 212, 213, 214, 215, 216, 217, 218, 221, 223, 224, 226, 227, 235, 236, 237, 246, 255, 259, 268, 282, 283, 284, 285

criatividade 25, 26, 28, 38, 70, 108, 152, 153, 154, 158, 160, 161, 162, 164, 167, 168, 169, 170, 172, 217, 233

cultura baseada no medo 205

curiosidade 17, 24, 25, 51, 60, 64, 76, 99, 106, 109, 148, 149, 150, 151, 152, 153, 154, 155, 156, 157, 158, 159, 160, 161, 162, 163, 164, 166, 167, 168, 169, 170, 171, 172, 180, 220, 230

D

Daniel Goleman 110
David Brooks 132
deficiências éticas 132
depressão 14, 17, 21, 26, 39, 41, 51, 78, 84, 90, 104, 107, 109, 204, 205, 213, 217
desempenho acadêmico 21, 26, 37, 103, 106, 107, 141, 180
desempenho máximo 24, 26, 44, 172, 282
DNA 130
Dr. Seuss 91, 122, 144, 195, 249, 256, 259

E

educadores 5, 17, 18, 21, 22, 62, 71, 74, 138, 151, 172, 202, 207, 281, 285

Efeito Multiplicador 26, 51, 76, 110, 153, 180, 230
Eleanor Roosevelt 57
empatia 17, 24, 28, 44, 51, 67, 68, 69, 70, 71, 72, 73, 74, 75, 76, 80, 81, 83, 84, 85, 86, 87, 88, 89, 90, 91, 92, 93, 94, 95, 96, 99, 110, 164, 180, 220, 230, 283
Empatia 9, 25, 26, 28, 31, 63, 67, 69, 70, 85, 88, 153, 230, 232, 243, 244, 245, 246, 247, 248, 250
Ensino Fundamental 15, 38, 72, 94, 104, 108, 122, 131, 138, 151, 159, 179, 188, 201, 247, 254
Ensino Médio 19, 27, 38, 56, 72, 81, 104, 107, 108, 117, 122, 125, 127, 131, 138, 149, 179, 187, 238, 261, 265
escola 13, 14, 15, 17, 19, 22, 23, 25, 27, 35, 36, 37, 40, 46, 47, 49, 50, 51, 53, 58, 61, 68, 77, 79, 81, 82, 83, 86, 90, 91, 95, 99, 100, 101, 102, 104, 105, 107, 109, 113, 114, 117, 120, 122, 125, 130, 131, 134, 137, 140, 141, 142, 144, 145, 149, 150, 151, 152, 159, 162, 167, 168, 179, 183, 188, 193, 194, 198, 201, 204, 205, 206, 207, 209, 212, 213, 218, 219, 220, 221, 223, 253, 258, 285
esperança 22, 26, 31, 37, 42, 61, 64, 68, 88, 89, 96, 127, 156, 180, 203, 209, 210, 215, 216, 217, 218, 219, 220, 221, 222, 223, 224, 225, 226, 227, 230, 236, 284

esportes 23, 46, 47, 48, 80, 87, 181, 188
Estados Unidos 17, 20, 21, 82, 104, 106, 108, 118, 121, 177, 182, 194, 208, 245, 254, 257, 261, 285
estresse 16, 20, 21, 23, 24, 25, 27, 30, 38, 51, 70, 71, 73, 85, 86, 87, 90, 96, 104, 105, 107, 110, 111, 113, 114, 115, 116, 117, 123, 125, 126, 164, 168, 206, 213, 232, 284

F

Facebook 41, 285
FaceTime 79
família 14, 28, 53, 59, 60, 79, 82, 86, 88, 89, 92, 125, 128, 134, 135, 136, 137, 138, 141, 144, 146, 157, 162, 168, 169, 190, 192, 196, 197, 209, 210, 212, 214, 218, 220, 222, 224, 225, 226, 236, 282, 283
feira de ciências 46
felicidade 27, 38, 40, 43, 49, 50, 70, 74, 75, 85, 86, 104, 204, 283
Ferramentas da Mente 100, 101, 102
filho 21, 22, 25, 27, 28, 29, 31, 36, 37, 38, 42, 43, 44, 45, 46, 47, 48, 49, 50, 52, 53, 54, 55, 57, 58, 59, 60, 62, 69, 70, 75, 77, 80, 81, 83, 84, 86, 88, 92, 93, 94, 95, 102, 109, 110, 111, 112, 113, 114, 115, 117, 118, 119, 120, 122, 123, 124, 125, 126, 132, 135, 136, 137, 138, 139, 140, 142, 143, 144, 145, 151, 156, 157, 158, 159, 162, 164, 166, 167, 170, 171, 179, 183, 185, 186, 187, 188, 189, 190, 191, 192, 193, 194, 195, 196, 197, 206, 209, 210, 211, 212,

213, 214, 215, 219, 222, 223, 225, 226, 282, 283, 284
filhos 16, 17, 18, 22, 23, 27, 28, 29, 35, 36, 38, 39, 40, 41, 42, 43, 44, 45, 46, 47, 49, 50, 52, 54, 55, 57, 58, 59, 60, 61, 62, 69, 70, 72, 73, 74, 75, 77, 78, 79, 82, 83, 86, 87, 89, 90, 92, 93, 94, 96, 99, 103, 104, 106, 107, 108, 109, 117, 118, 119, 122, 123, 125, 126, 128, 129, 131, 132, 133, 134, 135, 136, 137, 139, 140, 142, 143, 144, 145, 146, 147, 148, 150, 152, 153, 154, 155, 156, 158, 159, 164, 166, 167, 168, 169, 170, 171, 172, 175, 178, 179, 181, 182, 183, 185, 187, 191, 193, 194, 195, 197, 201, 204, 205, 206, 207, 208, 209, 210, 211, 213, 216, 217, 219, 220, 222, 223, 224, 225, 226, 227, 236, 252, 264, 282, 284
Forbes 70
Força Aérea dos Estados Unidos 118
Força de Caráter 26, 27, 28, 31, 37, 38, 62, 67, 68, 69, 71, 72, 96, 103, 109, 123, 130, 134, 142, 151, 152, 153, 154, 156, 181, 183, 194, 205, 210, 227, 283
Forças de Caráter 5, 23, 24, 27, 28, 29, 47, 51, 52, 62, 65, 113, 142, 180, 220, 230, 231, 232, 239, 262, 282, 283, 285
Fortnite 112
Fórum Econômico Mundial 24, 152, 261

Frida Kahlo 160, 168
Fundação Judaica para os Justos 128

G
George Floyd 208
George Land 153
George Spivack 160
Google 170, 222
gratidão 31, 68, 84, 85, 86, 94, 95, 233, 235, 248
Greta Thunberg 224

H
habilidades ensináveis 76, 183
Harvard 20, 22, 42, 70, 75, 118, 152, 238, 242, 244, 246, 262, 263
hobbies 29, 47, 60, 80
hobby 60
Holocausto 82, 127, 128, 140, 162, 163, 244

I
infância 22, 47, 55, 83, 88, 91, 104, 108, 109, 118, 122, 137, 140, 142, 148, 168, 194, 221, 229, 249, 266, 283
Instagram 41, 112, 285
integridade 24, 28, 51, 76, 129, 130, 131, 132, 133, 134, 135, 136, 138, 140, 141, 142, 143, 144, 145, 146, 180, 192, 214, 220, 230, 283
inteligência 89, 103, 110, 152, 184, 185, 186
Irena Sendler 127, 128, 129, 143, 146, 256

J
Jardim de Infância 16, 38, 55, 59, 99, 106, 107, 150, 154, 160, 207, 227, 248, 253, 265

Jean Twenge 74, 163, 206, 236
Jim Abbott 54, 60, 195

L
Lewis Terman 187
Líbano 35, 61

M
Madre Teresa 57, 88
mãe 14, 18, 36, 43, 52, 59, 68, 69, 70, 73, 75, 79, 84, 86, 87, 88, 89, 90, 94, 102, 115, 118, 120, 121, 122, 124, 134, 135, 136, 141, 142, 143, 144, 155, 157, 167, 168, 178, 183, 187, 189, 191, 192, 193, 197, 203, 206, 208, 209, 215, 217, 220, 222, 225, 226, 229, 240
Mahatma Gandhi 141, 143, 225
Malala Yousafzai 59, 140, 143, 146, 195, 258
Marie Curie 168
Marin E. P. Seligman 205
Martin Luther King, Jr. 144
meditação 115, 255, 284
Michael Jordan 192, 193, 195
Michael Phelps 120, 121, 188, 195
Mihaly Csikszentmihalyi 51, 148, 182
MIT 27, 147, 148, 149, 150, 151, 159, 161, 261
Mozart 155, 168
mudança climática 201, 224, 284
Myrna Shure 160

N
NASA 153
National Education Association 207

New York Times 19, 250, 257, 265, 266
Nova Zelândia 58

O
Odyssey of the Mind 160, 161, 171
ONG 53
Organização das Nações Unidas 141
otimismo 17, 21, 24, 26, 39, 51, 64, 76, 84, 180, 202, 203, 205, 208, 209, 210, 211, 213, 216, 219, 220, 221, 222, 223, 225, 226, 227, 230, 284
Outdoor Odyssey 177

P
pai 21, 22, 36, 42, 43, 44, 45, 49, 50, 52, 54, 56, 60, 62, 73, 90, 93, 118, 122, 123, 129, 134, 135, 136, 139, 141, 142, 147, 157, 166, 167, 168, 179, 180, 183, 187, 193, 196, 197, 205, 206, 208, 215, 229, 230, 231
pais 5, 14, 15, 16, 17, 18, 21, 22, 27, 36, 38, 39, 40, 41, 42, 44, 45, 46, 47, 48, 50, 51, 54, 55, 56, 57, 68, 71, 72, 73, 74, 75, 77, 79, 81, 83, 86, 87, 88, 89, 92, 94, 95, 99, 102, 103, 105, 108, 109, 113, 115, 117, 118, 122, 124, 126, 128, 129, 130, 131, 132, 133, 134, 135, 140, 141, 142, 145, 146, 155, 156, 166, 167, 168, 171, 172, 175, 178, 181, 182, 183, 190, 193, 194, 197, 201, 203, 205, 207, 208, 209, 217, 219, 220, 226, 229, 235, 246, 252, 255, 264, 267, 281, 282, 284, 285

pandemia 14, 15, 51, 71, 74, 77, 78, 106, 147, 164, 201, 205, 207, 208, 217, 222, 229, 284

parentalidade 20, 21, 38, 41, 42, 43, 57, 69, 72, 74, 87, 119, 131, 133, 141, 154, 155, 161, 167, 172, 180, 181, 182, 206, 210, 236

Parque Internacional de Yellowstone 45

perseverança 17, 24, 25, 28, 44, 51, 59, 76, 88, 178, 179, 180, 181, 182, 183, 185, 187, 192, 193, 194, 195, 196, 197, 198, 199, 220, 230, 267, 268, 284

pessimismo 202, 203, 204, 205, 206, 209, 210, 212, 213, 217, 219, 222, 223, 226, 233

Polônia 129

pré-escolas 35, 99

Prêmio Nobel da Paz 129, 140

Princeton 20

professor 28, 35, 36, 52, 56, 73, 74, 81, 88, 94, 95, 99, 121, 127, 129, 136, 139, 150, 151, 154, 161, 162, 163, 164, 168, 180, 182, 188, 191, 195, 196, 221, 223, 230, 264, 270

Project I Am 225

próspera 17, 37, 88

  prósperas 22, 23, 27, 29 42, 102, 191

prósperos 5, 9, 10, 13, 20, 22, 24, 26, 35, 40, 67, 76, 99, 103, 105, 118, 127, 145, 147, 173, 177, 183, 198, 201, 209, 213, 214, 220, 227, 230, 281, 282

psicologia 20, 21, 38, 74, 83, 86, 101, 104, 179, 182, 191, 238, 239, 240, 242, 244, 248, 250, 251, 261, 262, 263, 265, 267, 270, 271

psicólogo 20, 51, 69, 85, 148, 181, 187, 194, 202, 205

psicólogos 21, 23, 27, 160, 203

Q

QI 21, 23, 25, 103, 105, 179, 180, 181, 187, 251, 283

R

racismo 27, 70, 82, 130, 138, 201

refugiados 61, 62

Regra de Ouro 136, 142, 146

religião 81, 129

Revolução Industrial 24

Riverdale Country School 182

Robin Williams 81

S

San Diego State University 104, 163

saúde mental 18, 20, 21, 22, 25, 38, 42, 51, 71, 72, 74, 81, 84, 102, 104, 109, 110, 116, 125, 180, 183, 204, 205, 206, 207, 232, 282

século XXI 17, 24, 29, 152, 156, 160, 164, 230

Segunda Guerra Mundial 35, 229

Skype 67, 80, 285

Snapchat 46

solidão 19, 21, 71, 73, 84, 159, 220

sono 14, 107, 108, 110

Steve Jobs 157, 159, 169, 196, 266

supercriança 42, 99

T

Talibã 140, 141, 258, 259

TDAH 107

Tenacidade 44
Termômetro do Sentimento 76
Terrorismo 209, 216
Thomas Edison 57, 195
trauma 21, 23, 77, 206, 209
treinamento emocional 77
Trunfo Essencial 44, 55, 57
    Trunfos Essenciais 43, 44, 45, 47, 48, 55, 58, 59, 61, 62, 64, 65, 230, 283

U
UNICEF 106, 252
Universidade de Chicago 51, 118, 165, 182
Universidade de Stanford 105, 187
Universidade de Tel Aviv 107
Universidade Estadual de Nova York 183

V
Vantagem do Caráter 125, 126, 134, 173, 209, 227, 230
vazio de caráter 17, 283
videogames 46, 49

W
WhatsApp 41
William Damon 51, 52, 136, 145, 236

Y
Yellowstone Wolf Project 45
YouTube 46

Guia para discussão do livro

Como iniciar e facilitar um clube do livro para discutir o livro *Prósperos*

- Identifique pais ou educadores interessados em formar um clube do livro para discutir *Prósperos*.
- Determine os dias, horários, locais e frequência específicas para as reuniões do seu grupo. Há várias formas de dividir o conteúdo da discussão. Aqui estão três possibilidades, mas escolha o número total de sessões baseada nas necessidades do grupo e depois de um consenso entre os participantes. **1.** Sete reuniões discutindo um capítulo por mês. A maioria dos clubes do livro se encontram uma vez por mês. **2.** Clube do livro tradicional: total de uma reunião. Encontrem-se apenas uma vez e discutam as questões que os participantes acharem mais relevantes. **3.** Dois capítulos por reunião em um total de quatro reuniões. Você pode dividir o livro em quatro partes e discutir a introdução e o primeiro capítulo na primeira reunião e mais dois capítulos em cada uma das reuniões adicionais.
- Escolham um líder de discussão ou revezem-se no papel a cada debate.
- Usem as questões fornecidas para facilitar a discussão. Alguns grupos pedem para cada participante desenvolver uma pergunta para cada reunião. O importante é tornar suas reuniões significativas para os participantes.

PERGUNTAS PARA A DISCUSSÃO DO LIVRO

1. Por que você ou seu grupo escolheram ler *Prósperos*? Quais preconcepções a respeito de resiliência e prosperidade você tinha antes de começar a ler? Quais das suas visões foram desafiadas ou alteradas por sua leitura?
2. Você acha que a criação de filhos que possam prosperar hoje é mais fácil, igual ou mais difícil de quando seus pais o criaram? Por quê?
3. Muitas pessoas acham que há uma crise de saúde mental nas crianças hoje em dia. O que você acha? Quais outras preocupações, se houver alguma, você tem a respeito das crianças atualmente? Quais fatores podem estar impedindo as crianças de desenvolver suas capacidades para prosperar?
4. O livro apresentou muitas citações de crianças que a autora entrevistou. Você se identificou ou se preocupou com alguma citação? Se sim, qual e por quê?
5. Um grande tema do livro é que as habilidades de prosperidade podem ser aprendidas e os pais fazem uma diferença enorme influenciando o potencial de prosperidade dos seus filhos. Quanto de influência você acha que os pais têm na verdade? Como seus pais influenciaram no desenvolvimento do seu caráter? Em qual idade você acha que os pais começam a perder sua influência? Você acha que a habilidade de influenciar os filhos volta? Se sim, em qual idade? O que mais influencia o caráter dos filhos e o desenvolvimento da prosperidade dos filhos: colegas, mídia, educação, pais, cultura popular, ou algo mais?
6. O livro descreve sete Forças de Caráter essenciais para atingir o desempenho máximo e prosperar. Qual traço você considera mais essencial para as crianças hoje? Qual você considera o mais difícil de estimular? Qual traço você enfatiza mais na sua família? E qual enfatiza menos? Qual gostaria de enfatizar mais? O que poderia fazer para ajudar seu filho a adquirir a virtude? Se fosse ranquear

as sete Forças de Caráter por ordem de importância para as habilidades das crianças em prosperar, qual seria sua lista? Por quê?

7. *Prósperos* afirma que as Forças de Caráter podem ser ensinadas. Você concorda? Qual das sete Forças de Caráter você acha mais difícil de ensinar para crianças hoje? Por quê?

8. O livro salienta que uma das melhores formas para nossos filhos aprenderem as Forças de Caráter é nos observando. Como seu filho descreveria seu comportamento? Quais das sete Forças de Caráter melhor exemplificam o seu caráter? Qual Força você gostaria de aumentar em si, e como faria isso?

9. Que tipo de pessoa você quer que seu filho se torne? Como ajudará seu filho a se tornar essa pessoa?

10. O livro salienta que um motivo para o vazio de caráter é nossa obsessão por notas, médias e classificações. Você concorda? Se perguntasse ao seu filho o que mais importa para você, o caráter ou as notas dele, como você acha (ou espera) que ele responderia?

11. A primeira Força de Caráter é a autoconfiança que emana da consciência de si das crianças e suas forças e interesses. Como você descreveria seu filho para alguém? E como seu filho se descreveria? Quais forças ou interesses você vê no seu filho que poderiam ajudá-lo a ganhar um autoconhecimento preciso? O que você identifica como seus Trunfos Essenciais na Enquete sobre os Trunfos? O que você está fazendo para ajudar seu filho a desenvolver esses trunfos e forças?

12. O livro enfatiza que as crianças nascem com o potencial para a empatia, mas se não for estimulada de propósito permanecerá dormente. De fato, estudos demonstram que a empatia em adolescentes diminuiu 40% em 30 anos. Quais fatores externos estão atrapalhando o desenvolvimento dessa segunda Força de Caráter? O que você está fazendo para acentuar a empatia no seu filho? O que poderia fazer para acentuar ainda mais este traço crucial?

13. Quais são alguns dos ditados, provérbios ou experiências que você lembra da sua infância que ajudaram a definir seus valores? Como

você está transmitindo suas crenças morais ao seu filho para ajudá-lo a desenvolver a integridade? O que você fez com seu filho recentemente para reforçar suas crenças morais para que ele se veja como um ser moral?

14. Como se lidou com a disciplina na sua família enquanto você crescia? Como isso afetou sua integridade ou autocontrole? Qual é o método mais comum que você usa para disciplinar seu filho? O quanto ele é eficaz para melhorar seu conhecimento do certo e do errado e sua disposição em aderir a esses valores?

15. Uma pesquisa demonstra que o autocontrole é um indicador melhor de riqueza, saúde e felicidade na vida adulta do que notas ou QI. Você concorda ou discorda disso e por quê? As crianças de hoje estão sendo criadas para terem autocontrole? Você está notando uma mudança na habilidade das crianças (e dos adultos) de regular seu autocontrole? Se sim, a que você atribui o aumento? Seus filhos controlam bem suas emoções? O livro descreve várias abordagens (como atenção plena, ioga, meditação e controle do estresse) para estimular o autocontrole das crianças. Alguma delas te interessa? Você consegue se reunir com outros pais (grupos de brincadeiras, escotismo, companheiros de brincadeiras) para ensinarem juntos práticas para controle do estresse e autocontrole aos seus filhos?

16. O capítulo sobre perseverança realça a necessidade de os pais elogiarem seus filhos por seu esforço, não por notas ou resultados. Que tipo de elogio você costuma fazer ao seu filho? Você acha que ele ajuda a incutir uma mentalidade de crescimento? Depois de ler o que a pesquisa de Carol Dweck sobre a mentalidade do poder fala sobre garra, você considera mudar como elogia ou ajuda seu filho a lidar com erros ou falhas? Se sim, como?

17. É importante ter um filho otimista? Que impacto você acha que eventos como a pandemia, a injustiça racial, a mudança climática ou tiroteios em escolas têm nas opiniões dos seus filhos? Você acha que é mais difícil criar uma criança com esperança e otimismo a

respeito do mundo? De que forma você e sua comunidade poderiam ajudar as crianças a verem o "bem" em seu mundo?
18. Qual o maior legado que você gostaria de deixar para seu filho? O que fará para garantir que seu filho concretize tal legado?

Como entrar em contato com a Dra. Michele Borba

A seguir, veja como se conectar com Michele para dar às crianças a Vantagem de Caráter em seu lar, escola ou comunidade para ajudar as crianças a prosperar.

- Assistir a vídeos das últimas palestras e aparições de Michele na mídia e ler seu *blog*, onde ela discute as novidades para cultivar as sete Forças de Caráter de prósperos: www.micheleborba.com ou inscreva-se em seu canal no YouTube, "Dr. Michele Borba".
- Trazer Michele como uma palestrante convidada em sua escola, conferência ou evento empresarial e ouvir suas formas práticas e baseadas em evidências de ajudar os jovens a prosperar. Saiba mais em www.micheleborba.com ou entre em contato com o American Program Bureau para convidá-la a discursar para seus pais, professores, alunos ou comunidade: https://www.apbspeakers.com/speaker/michele-borba/ ou entre em contato com sua agente de palestras, Laura Obermann, lobermann@apbspeakers.com.
- Acompanhe as reflexões e postagens de fotos sobre construção de caráter e suas visitas a escolas pelos Estados Unidos e ao redor do mundo no Twitter: www.twitter.com/micheleborba.
- Junte-se a Michele para conversar com outros pais e educadores sobre estratégias para o desenvolvimento da prosperidade: Instagram: @drmicheleborba, Facebook: www.facebook.com/drmicheleborba ou LinkedIn: Dr. Michele Borba.
- Entre em contato com Michele para marcar uma reunião de clube do livro virtual via Skype ou entrar em contato com ela diretamente: http://micheleborba.com.